美国困局

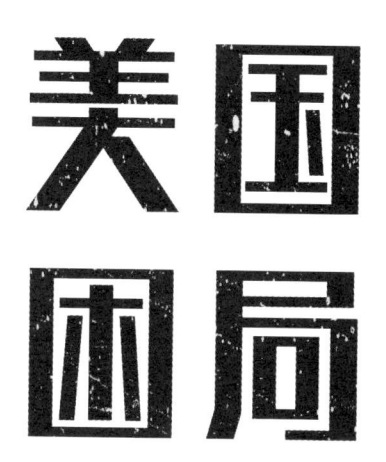

"新右翼"的兴起与挑战

强舸 ◎ 著

中国人民大学出版社
·北京·

图书在版编目（CIP）数据

美国困局："新右翼"的兴起与挑战 / 强舸著. --北京：中国人民大学出版社，2024.6
ISBN 978-7-300-32819-5

Ⅰ.①美… Ⅱ.①强… Ⅲ.①政治－研究－美国 Ⅳ.①D771.2

中国国家版本馆 CIP 数据核字（2024）第 094469 号

美国困局
"新右翼"的兴起与挑战
强　舸　著
Meiguo Kunju

出版发行	中国人民大学出版社			
社　　址	北京中关村大街31号	邮政编码	100080	
电　　话	010-62511242（总编室）		010-62511770（质管部）	
	010-82501766（邮购部）		010-62514148（门市部）	
	010-62515195（发行公司）		010-62515275（盗版举报）	
网　　址	http://www.crup.com.cn			
经　　销	新华书店			
印　　刷	德富泰（唐山）印务有限公司			
开　　本	890 mm×1240 mm　1/32	版　次	2024年6月第1版	
印　　张	11 插页2	印　次	2024年9月第3次印刷	
字　　数	203 000	定　价	79.00元	

版权所有　侵权必究　印装差错　负责调换

目 录

导　论　｜　从美国内政视角研究美国变局　/ 1
　　　　　　一、缘起　/ 2
　　　　　　二、理解特朗普和"新右翼"的一些误区　/ 5
　　　　　　三、本书框架　/ 9

第一章　｜　"新右翼"是什么？　/ 15
　　　　　　一、政治而非经济："新右翼"带来的欧美政治议题
　　　　　　　　转换　/ 19
　　　　　　二、公权与私权："新右翼"的核心诉求　/ 23
　　　　　　三、西方民粹主义的现实面向　/ 31

第二章　｜　"奥巴马选民" vs "特朗普选民"：关键性选举与美国
　　　　　　政党选民联盟重组　/ 39
　　　　　　一、变局："奥巴马选民"联盟浮现　/ 42
　　　　　　二、共和党的两个应对思路　/ 58
　　　　　　三、"特朗普选民"联盟：颠覆性的新议题　/ 63
　　　　　　四、2020年大选：例外的大选与稳固的政党选民联盟　/ 80
　　　　　　五、小结与前瞻　/ 88

第三章 "人权优先"还是"主权优先":美国政治中的非法移民议题 / 93
  一、特朗普与民主党的政策逻辑差异 / 96
  二、地域与阶层:白人群体的分裂 / 103
  三、"反常"的亚裔 / 113
  四、拉美裔美国人未必欢迎非法移民老乡 / 122
  五、小结 / 126

第四章 从"和稀泥"到"旗帜鲜明":美国政治营销模式变迁 / 131
  一、政治风格:个人特质与外在环境的共同产物 / 132
  二、反非法移民:特朗普 vs 克鲁兹 / 136
  三、"Love Trumps Hate":特朗普 vs 希拉里 / 140
  四、变革时代需要"旗帜鲜明"的政治风格 / 144
  五、"想当总统首先要身体好":零售政治在美国的复兴 / 148

第五章 "新右翼"执政方略(一):特朗普"减税"计划 / 167
  一、经济政策的政治分析 / 168
  二、为什么富人反对给富人"减税"? / 172
  三、"减税"计划背后的阶层冲突 / 180
  四、一个失败的"减税"先例:"茶党"的堪萨斯实验 / 187
  五、特朗普"减税"计划的配套举措 / 192

第六章 "新右翼"执政方略(二):其他举措 / 201
  一、能源与气候政策 / 202

二、产业政策：以威斯康星州富士康项目为例 / 214
　　三、贸易政策 / 226
　　四、医保改革 / 238

第七章　从"驯服特朗普"到"被特朗普驯服"：共和党的党内斗争 / 253
　　一、从2016年大选至今共和党党内斗争的四个阶段 / 255
　　二、失败的"驯服特朗普" / 259
　　三、共和党的"特朗普化" / 278

第八章　民主党的路线之争 / 295
　　一、民主党的传统派系格局及其政治主张 / 297
　　二、桑德斯与激进派 / 304
　　三、激进派崛起与民主党现实政治格局的变化 / 315

第九章　"自由派主张＋进步派标签＋工人家庭的孩子"：拜登政府的执政策略 / 319
　　一、2020年民主党初选与"自由派主张＋进步派标签"竞选策略的诞生 / 320
　　二、拜登执政后对"自由派主张＋进步派标签"策略的进一步运用 / 325
　　三、"宾夕法尼亚州工人家庭的孩子"：拜登政府的贸易政策与社会议题 / 332

后记 / 341

导 论

从美国内政视角研究美国变局

一、缘起

2016 年,唐纳德·特朗普(Donald Trump)赢得美国大选,"新右翼"运动在多数西方国家强势兴起。虽然特朗普因新冠疫情等影响未能连任,但是他和"新右翼"运动并非美国政治中的一个插曲,卸任后的特朗普依然是美国政治的焦点,是许多共和党选民唯一认同的领袖,依然牢牢地控制着共和党,并展现出了在 2024 年大选中重返"王座"的态势。

显然,特朗普输掉 2020 年大选并不意味着"新右翼"运动的衰退。它正在从根本上改变美国政治格局,引发深远变迁。同时,包括中国在内的整个国际社会也因此深受影响。美国发生了什么?"新右翼"运动为什么会强势崛起?可能将美国带向何方?

理解世界尤其是理解美国,是中国发展所必需的。不仅是官员和学者,全球化时代的普通中国人也希望更多地了解世界,这确实关乎我们的生活,例如美国总统的一条推特就可能引发第二天我们股票账户的显著变化。然而,由于特朗普和"新右翼"运动强势介入,过往很多我们所熟知的有关美国乃至西方世界的常识或多或少失效了。因此，我们急需研究"新右翼"运动带来的新问题，重新认识正在发生巨变的美国，认识西方世界的变化趋势。

我较早开始研究特朗普和"新右翼"运动。在2016年美国大选中，我坚持预测特朗普会赢。不仅押对了选举结果，在投票日前我还撰写多篇文章阐述为什么我认为特朗普会赢，分析了"反非法移民""把工作带回美国"等主张的目标对象和选举效用，指出特朗普将从民主党手中赢得其传统支持者白人蓝领的选票，"反非法移民"等主张不仅不会导致特朗普在少数族裔选票上的损失，还会使密歇根、威斯康星、宾夕法尼亚等关键州倒向共和党。

在特朗普上任当天（2017年1月20日），我撰文预测了他在"反非法移民"、"减税"、能源政策、医保改革、贸易政策、共和党党内整合等方面将要采取的措施、潜在阻力及相关政策的可能走向①，几年后看大致不差。特别是在医保改革、党内整合等领域，我作出了与当时主流观点相反的判断，后来

---

① 强舸."四个全面"：特朗普执政方略前瞻.(2017-01-22). https://www.guancha.cn/QiangGe/2017_01_22_390609_2.shtml.

事实证明了我的正确①。本书就是希望呈现这些观察和思考——"新右翼"运动和当下美国政治的演变趋势。

在特朗普宣布参加 2016 年大选前,我对他所知不多。在共和党初选前,随着特朗普支持率不断升高,一个问题引起我的思考:按照当时美国主流媒体报道,特朗普参选是荒谬的行为艺术,但是,为什么荒谬的行为艺术会有那么高的民意支持率?如果上述前提成立,那么答案就只能是,近半美国人的智商有问题。虽然反智主义确实长期在美国有一些市场,但是假如这么多的美国人都智商不足,美国不可能成为世界强国、全

---

① 举几个例子。其一,当时多数观点认为,特朗普上任后必然会以废除"奥巴马医保"为核心任务,但我指出"奥巴马医保"在特朗普任期内不会被废除,而是有保留地修改。其二,当时多数观点认为,虽然特朗普的竞选活动离经叛道,但是上任后他会逐步向共和党传统建制派靠拢,变为"体制内"总统。我强调特朗普是"新右翼"运动的代言人,他的崛起意味着美国政党选民联盟体制的根本性变迁(参见第二章,该章的主要观点我在 2016 年 9 月至 10 月发表的几篇网络文章中就已经提出),他不会变为"体制内"总统。相反,"新右翼"运动将从根本上改造共和党乃至美国政治,保罗·瑞恩(Paul Ryan)等共和党建制派政客将大批量地被特朗普及其支持者逐出共和党高层乃至被迫暂时退出政坛。不过,"茶党"将依然保持实力并持续对特朗普产生影响。我在发表于 2017 年 2 月的一篇文章[强舸.特朗普面临的党内挑战.学习时报,2017-02-06(2).]中阐述了对共和党党内斗争的预判。2018 年中期选举、2022 年中期选举、2024 年初选均证实了这些预判。其三,当时多数观点认为,迫于社会和舆论压力,特朗普不会坚决兑现其"反非法移民"承诺。我指出,不论反对声音、行动有多激烈,势力有多强大,特朗普一定会坚决推行"反非法移民"举措。这些论述在《"四个全面"》一文中均有阐述,在我另外一些文章中也有讨论。

球霸主。刘慈欣在《三体Ⅲ：死神永生》中写过一句话："愚昧和无知不是生存的最大障碍，傲慢才是。"我们要警惕在看待美国政局时的过度轻视和娱乐化问题。

为了解惑，我决定开始研究"新右翼"运动。此前，虽然政党政治是我的研究领域，但是我对美国政治研究不多。不过，现在看来，这恰恰成了我的优势。原因在于，"新右翼"运动从根本上改变着美国政治的主题、结构和机制，过去丰富的知识积累未必能够帮助研究者更好地理解美国变局，相反却可能变成认识今天"新右翼"运动的思维误区。

二、理解特朗普和"新右翼"的一些误区

总的来说，现在我们对美国的理解存在一些误区。

第一，过度参考美国主流媒体声音。由于利益冲突、党派倾向和意识形态等原因[①]，美国有线电视新闻网（CNN）、《纽约时报》等多数美国主流媒体对"新右翼"运动有很强的敌

---

① 长期以来，自由主义价值观在美国主流媒体中占据主导地位，这使得它们更倾向于民主党，不支持以保守主义立党的共和党。而特朗普在共和党里都算是极其离经叛道，更不可能获得主流媒体青睐。

意①，它们很多报道首先要表达的是与"新右翼"不共戴天的鲜明政治立场，而非提供事情的完整全貌。对我们来说，只做美国主流媒体的搬运工就会带来两个问题：一是低估了特朗普。在2016年大选前，基本没有考虑过他获胜的可能性，也就少做了一些准备工作。同样，在2020年大选后，对特朗普依旧牢牢掌控着共和党并在2024年大选中很可能上演"王者归来"考虑不足。二是对"新右翼"运动缺乏了解。如果只是简单接受西方建制派精英关于"新右翼"运动的定义而不去深入了解它兴起的原因、诉求和目标，那我们在与欧美各国日益强大乃至掌握政权的"新右翼"势力打交道时就会遇到困难。

第二，仅从中美关系视角而没有从美国内政视角出发。在学科划分上，美国政治一般被划归国际政治领域，中美关系又是国际政治领域的显学，因而很多关于特朗普、"新右翼"的研究都是从中美关系视角展开的。然而，美国政治的主要内容是政党政治、选举政治，应当归属狭义的政治学范畴。狭义的政治学（国内政治）与国际政治（国家间关系）

---

① 即使是特朗普经常表扬的福克斯新闻台（Fox News Channel），也只能说是支持共和党的媒体而非支持特朗普的媒体。在特朗普赢得2016年共和党初选前，福克斯新闻台也是特朗普的坚决反对者，同样属于特朗普所谓的"Fake News"的一员。在特朗普成为共和党提名人特别是当选总统后，福克斯新闻台才秉承党派立场慢慢开始正面报道特朗普。

是两个不同的学科方向①。它们的研究对象和研究范式有着很大不同。特别是对美国、中国这样的大国来说，内政始终比外交更为重要，外交需要为内政服务。如果只是从中美关系视角考察特朗普或拜登或其他什么人的举措，就很可能过高估计中国对美国的重要性，不自觉地把中美关系放在美国政治的核心位置。实际上，中国在美国政治中（不论是在特朗普还是在拜登的政治纲领中）至少不是最重要的事。反之亦然，美国在中国政治中也不是最重要的事。

例如，2018年10月，时任美国副总统迈克·彭斯（Mike Pence）在哈德逊研究所就美国对华政策发表演说。这次演说一度被国内很多声音视为"新冷战"的宣言。然而，当时我就撰文指出，这次演说在美国乏人问津，当时美国政坛乃至全社会的关注焦点是"卡瓦诺是不是强奸犯""怎么能让强奸犯当联邦最高法院大法官"②。事实上，"卡瓦诺是不是强奸犯"问题在美国政治中确实比一时的对华政策重要得多。因为，在三权分立的美国政治体制下，保守派卡瓦诺获任大法官将打破自由派（民主党）和保守派（共和党）在联邦最高法院中维持了

---

① 在学科分类上，广义的政治学包括了狭义的政治学（国内政治）和国际政治。在专业设置上，它们对应的专业分别是"政治学理论"和"国际政治/国际关系/外交学"。

② 布雷特·卡瓦诺（Brett Kavanaugh）是特朗普提名接替宣布退休的安东尼·肯尼迪（Anthony Kennedy）大法官的人选。

三十年的均势，大法官的终身制任期更是会让这次任命对今后数十年美国政治和意识形态产生深远影响。2022年在美国社会引起轩然大波的联邦最高法院堕胎权判决、持枪权判决等重大事件，均与这次任命密不可分①，而这些事件又对2022年中期选举结果造成了直接影响，并且仍将在2024年大选中成为重要议题。相反，现在彭斯却因为在2020年大选舞弊问题上与特朗普产生分歧，政治生命似乎已经终结。

第三，迷信消息。学者并非情报官，核心竞争力应当是分析问题的能力而非拥有获取消息的渠道。有意思的是，在2016年特朗普当选后，曾有学友非常郑重并且刻意压低了声音问我："你在美国是不是有什么特别的消息渠道？"简而言

---

① 在2016年大选中，很多不喜欢特朗普的共和党人之所以依然支持特朗普的竞选活动，关键原因就是下一任（2017—2021年）总统将有机会提名2~3名联邦最高法院大法官（总共9名大法官）。所以，他们认为，只要特朗普上任后能够提名保守派大法官，不管他在其他领域干成什么样，共和党也是赚的。相反，如果希拉里上台，将使自由派主导联邦最高法院，保守主义价值观很可能永无翻身之日。特朗普也早早领会到了这一点，在2016年8月就作出明确承诺。他列出了一份大约有20人的保守派大法官名单，承诺上任后只会从这份名单中选择联邦最高法院大法官的提名人选。后来，他也兑现了承诺，2017年提名的尼尔·戈萨奇（Neil Gorsuch）、2018年提名的布雷特·卡瓦诺和2020年提名的埃米·巴雷特（Amy Barrett）都来自这份名单。相比之下，美国的外交政策特别是外交态度是可以经常变的。这几年来，我们已经在特朗普、蓬佩奥乃至拜登、布林肯等人身上多次见到"上午把酒言欢，下午突然翻脸"的剧情了。

之,学术研究不能变成搞关系或者搞情报,再内幕的消息也不能代替对问题和公开材料的深入分析。二十多年前,我在复旦大学读政治学专业本科时,沈丁立教授的一句话让我铭记至今。在一场美国问题讲座上,沈丁立教授被问到他在美国有没有什么特殊的消息渠道,他的回答是:"我在美国政界、学界有很多朋友,但是我没有消息。我只靠公开资料做研究,用公开资料就能做出最好的研究。"

三、本书框架

因此,本书将从政治学(美国内政)视角出发,研究美国"新右翼"运动的起源、诉求和行动,探讨其背后美国经济社会变迁与政治结构变化的深层原因和演变机制。我们的核心问题是:为什么"新右翼"运动会在美国兴起?特朗普和"新右翼"运动将给共和党、美国政治乃至美国社会带来怎样的深远改变?

本书基本分析框架是马克思主义阶级理论。1925年,毛泽东在《中国社会各阶级的分析》中写下了这段名言:"谁是我们的敌人?谁是我们的朋友?这个问题是革命的首要问题。"[①] 这

---

① 毛泽东选集:第1卷.2版.北京:人民出版社,1991:3.

是马克思主义阶级理论在中国的有力应用。同样,"谁是敌人,谁是朋友"也是当下美国内政和"新右翼"运动所面临的首要问题。二战后,由于生产力提高、福利改革、对外"剪刀差"等原因,西方世界一度形成了橄榄形的社会结构。在很长一段时间里,我们认为,以阶级分析为核心的马克思主义理论框架不再适合用于研究西方国家。然而,近年来,"新右翼"运动和"激进左翼"运动的同时兴起用确凿无疑的事实告诉我们,橄榄形社会已经是西方世界的过去式(甚至它是否真的存在过都值得怀疑)①。阶层割裂的鸿沟、不同群体的尖锐对立是西方国家当下常态。因此,本书旨在重新用阶级分析的马克思主义理论框架来研究特朗普、"新右翼"运动与美国政治变迁。具体分析将从三个层面展开:

第一,美国社会不同利益集团和社会群体(阶层、职业、族裔、地域)的利益差异、矛盾冲突与不同诉求。特朗普和拜登以及希拉里、桑德斯,共和党和民主党分别代表哪些利益集

---

① 2014年,法国经济学家皮凯蒂的专著《21世纪资本论》出版,在全世界引起广泛热议,可以说是本世纪以来最受关注的经济学著作。他在这本书里实际是用新的数据和方法重新论证了马克思在《资本论》中的基本观点:资本的收益一直显著高于劳动的收入。西方世界的贫富鸿沟始终是难以跨越的,所谓中产阶级只是一个幻象。之所以20世纪西方世界相对于19世纪曾经一度比较平等,主要是因为两次世界大战的偶然因素,而非资本主义的固有活力。参见皮凯蒂. 21世纪资本论. 巴曙松,陈剑,余江,等译. 北京:中信出版社,2014.

团和社会群体?并由此阐释特朗普(以及桑德斯)那些看似"离经叛道"的政治主张为什么会逐渐成为美国政治主流议题。在本书分析框架中,美国社会可以分为三个阶层:大企业主大富豪、主要依靠劳动获取报酬的中产阶层(工业州的蓝领、农业州的农场主都属于这一阶层)、很大程度上依赖国家福利的低收入阶层(以非洲裔、拉丁裔以及非法移民为主)。并且,在三个基本阶层之上,族裔、地域、文化、职业还会叠加更为复杂的影响。全书各章会从不同角度详细阐述。

第二,在当下美国阶层利益分歧、矛盾对立的基础上,特朗普和"新右翼"运动兴起所带来的美国政治议题变迁、政党选民联盟重组、选举模式与政治规则变化,共和党与民主党的党际斗争以及各自党内的分歧、斗争、妥协与整合。

第三,特朗普的执政举措如何回应"新右翼"的诉求?进而,这些在短暂的四年间推出的举措又对共和党乃至美国政治产生了怎样的长期影响?与过去数十年美国政治主流不同,特朗普、拜登以及其他美国政客现在都不再想做"全民总统",他们总是坚定地回应特定支持群体的诉求,对反对者激烈的抗议乃至行动不太在乎。

根据上述思路,全书总共设有九章,可以分为三大部分。前四章是第一部分,核心问题是:"'新右翼'是什么?""'新右翼'运动为什么能在美国有广泛的社会基础?""特朗普是如何崛起的?"这一部分将从"新右翼"的政治理念和现实指向、美国政党选民联盟变迁、非法移民、全球化与反全球化以及当下选举政治的技术操作等方面分析"新右翼"崛起的社会基础及其核心诉求,探讨特朗普崛起背后的美国政治根本性变迁。

第五章和第六章是第二部分。"新右翼"运动在西方世界全面兴起,不过目前有过稳定执政经历的只有2017年至2021年间的特朗普政府。在野发起政治运动和上台执掌国家政权有着很大不同,只有充分关注这两个方面才能全面理解"新右翼"。因此,这部分将探讨2017年以来在"新右翼"政治纲领指引下的特朗普新政举措(以对内经济政策为主),包括影响最大的"减税"计划以及能源与气候政策、产业政策、贸易政策、医疗保险改革等五项具体举措,分析"新右翼"的国家治理思路、现实举措与成效。

第七章、第八章和第九章是第三部分。目前大多数关于特朗普与美国政治研究的焦点主要放在共和党和民主党两党之间,即两党围绕选举、立法、社会运动产生的分歧、斗争与妥协。然而,两党各自内部也并非铁板一块,特别是特朗普和"新右翼"运动兴起后,两党内部关于意识形态、基本纲领的分歧也在显著变大,党内不同派系及其所代表的不同利益集团之间的矛盾日益激化。目前,两党都存在着激烈的内部斗争,其结果同样会给今后美国政局乃至世界政治走向带来深远影响。因此,第七章将讨论近年来共和党的党内斗争和"特朗普化"的历程;第八章将分析与"新右翼"运动相伴随的民主党激进派崛起引发的民主党内部格局变换;第九章则从应对"新右翼"运动和民主党激进派崛起的双重挑战角度介绍2021年以来拜登政府的执政策略。

第一章

"新右翼"是什么?

首先简要解释几个关键概念。特朗普被视作"新右翼"的代言人。经过数年时间沉淀，全世界已经清楚地认识到，特朗普崛起绝不只是美国一次普通的总统轮换和执政党更替，而是西方世界"新右翼"运动的一部分和标志性事件。从参加大选时的竞选口号、政治主张到执政四年时间里的具体政策措施，包括"建墙"（Build the Wall）、"反非法移民"、"旅行禁令"、"反全球化"等，特朗普和"新右翼"运动以一系列颠覆性行动重新划定了美国社会的焦点议题，从根本上改变着美国政治走向，并在一定程度上逆转着全球化进程乃至重塑整个国际社会。

与此同时，"新右翼"运动也在欧洲各国不断地攻城拔寨。2016年，"脱欧派"在英国全民公投中胜出；意大利"五星运动"成功阻止了"修宪公投"，以意大利民主党为主导的执政联盟和时任总理马泰奥·伦齐（民主党党首）被迫下台，解散政府。2017年，"新右翼"的荷兰自由党①、法国"国民阵线"② 和德国选择党分别在荷兰议会选举、法国总统大选和德国议会选举中跃升为本国的第二大党、第二大党和第三大党；在奥地利，右翼的奥地利人民党赢得议会选举，与"新右翼"的奥地利自由党组成执政联盟，新的执政联盟推行了诸多自由

---

① 2023年，荷兰自由党赢得选举，成为议会第一大党，党首海尔特·维尔德斯（Geert Wilders）获得组阁权，有望出任荷兰首相。
② 2018年6月1日，法国"国民阵线"（Front National）更名为"国民联盟"（Rassemblement National）。

党倡导的反非法移民、反难民举措，因而奥地利也被视作欧洲首个"新右翼"政党正式上台执政的国家。

2018年3月，"五星运动"赢得意大利选举，成为议会第一大党，并与同为"新右翼"谱系的意大利"北方联盟"组成联合政府，意大利成为欧洲第二个"新右翼"政党正式上台执政的国家。随后，意大利政府推行了坚定的反非法移民举措。

2018年9月，在欧洲最左翼的同时也是受非法移民等问题困扰最深的瑞典的议会选举中，反非法移民、反欧盟的"新右翼"政党瑞典民主党得票率也从2014年大选时的12.9%大幅提升至17.6%，执政的瑞典社会民主党虽然在选举中得票率依然排名第一（28.4%），但跌破三成的得票率已是这个百年老党数十年来最差的选举战绩。随后，瑞典民主党就和中右翼的瑞典温和党联手罢免了时任首相的瑞典社会民主党党首斯特凡·勒文（Stefan Lofven）。

2019年5月，在五年一度的欧洲议会选举中，以反欧盟为己任的"新右翼"政党更是大获全胜[①]，刚刚成立的英国脱

[①] 不过，"新右翼"政党在欧洲议会选举中大获全胜在很大程度上也是由于欧洲议会采取的比例代表制的选举制度、欧洲议会并不承担太多国家治理职能等因素。对此的详细论述参见强舸．欧洲议会制度如何促进着反欧盟政党成长？．（2019-05-29）．https://www.guancha.cn/QiangGe/2019_05_29_503540.shtml.

欧党①、法国"国民联盟"② 和意大利"北方联盟"③ 都赢得了最多席位。这些反欧盟政党纷纷成为本国在欧洲议会中的第一大党,德国选择党的得票率也有显著上升。2019 年 6 月,由于领导"脱欧"进程不力和欧洲议会选举失利,特雷莎·梅(Theresa May)被迫辞去英国保守党党首和英国首相职务。随后,保守党举行了新任党首选举(由于保守党是当时英国执政党,这次选举同时也就是英国首相选举),赢得保守党党内最多支持、接替特雷莎·梅的鲍里斯·约翰逊(Boris Johnson)政治立场更加右倾。这意味着英国第一大党保守党也在向"新右翼"迈进④。此外,捷克、匈牙利、波兰等多个东欧

---

① 脱欧党是 2019 年成立的,其主席奈杰尔·法拉奇(Nigel Farage)是英国独立党的前主席,两党都是个人化色彩(即法拉奇色彩)非常浓厚的政党。脱欧党和独立党的核心诉求都是反欧盟、反非法移民,因而两党在很大程度上可以看成是一党。脱欧党的很多成员也来自独立党。两党在 2014 年和 2019 年欧洲议会选举中有显著的替代关系。在 2014 年选举中,独立党是英国在欧洲议会的第一大党;在 2019 年选举中,脱欧党则取代了独立党的位置。

② 即之前的"国民阵线"。

③ 需要指出的是,相较于 2018 年意大利议会选举,"北方联盟"的得票率涨幅很大,但是它的反欧盟伙伴"五星运动"的得票率相较于 2018 年意大利议会选举有一定幅度下降。因此,两者相加,意大利反欧盟同盟得票率总体上升不算太多。

④ 2024 年 1 月,时任英国首相的里希·苏纳克(Rishi Sunak)虽然在政治光谱上一向不被认为属于"新右翼",并且还是印度移民后裔,但他推动"卢旺达法案"以 320 票对 276 票在下议院通过。"卢旺达法案"允许英国通过与卢旺达的两国协议,将无法查明国籍的非法移民转送至卢旺达。2016 年的时候,连欧洲最激进的"新右翼"分子也不会奢望这一主张能变为现实,而现在不仅得到身为移民后代的首相的力挺,在国会中也获得多数支持。

国家的执政党也主动在意识形态和政策举措上向"新右翼"靠拢。简而言之,"新右翼"崛起是当前西方世界政治版图变迁的最大特征和最重要事件,也是世界政局的最大变数。

因而,研究和理解欧美变局,我们首先需要回答的问题就是:从新闻媒体到社会大众,全世界几乎处处都在谈"新右翼",那么,"新右翼"究竟是什么?"新右翼"运动的核心主张是什么?世界政治版图在怎样因为"新右翼"的崛起而改变?

一、政治而非经济:"新右翼"带来的欧美政治议题转换

第二次世界大战以后的数十年中,西方国家政局长期处于意识形态和政治主张"中间化"、"选谁上台都差不多"的平稳状态。"新右翼"运动兴起则从根本上颠覆了这一格局。现在,欧美多个国家正处于"新右翼"运动和传统左右翼关于政治议题设定、政治主导权的"路线之争"的关键时刻。

在"新右翼"运动兴起上,欧美各国各有一些特殊因素。基于本书主题,我们主要以美国为主、以特朗普的政治活动为线索,从共性角度探讨"新右翼"兴起的核心动因。首先,什么是"新右翼"?在西方主流媒体话语中,"新右翼"常常也被

称作"极右翼"。按照字面意思理解,"右"的"右边"是"极右",也就是说,"新/极右翼"应当是提出了比传统右翼更"右"的诉求。然而,并非如此。过去数十年里,欧美各国政坛的主流议题是经济。例如,在美国,秉承保守主义的传统右翼——共和党的经典诉求是"小政府,大市场,低税收,低福利"①,秉承自由主义的传统左翼——民主党的经典诉求则与之一一对立,即"较大的政府,较受控制的市场,高税收,高福利"②。然而,现如今欧美任何一个国家的"新右翼"政党在经济议题上非但不比传统右翼政党更"右"(即提出系统的"更小的政府,更大的市场,更低的税收,更低的福利"的政治主张),相反,"新右翼"政党很多时候在经济议题上站在了传统右翼政党的"左边",有着许多偏向左翼的经济诉求。

那么,为什么在许多传统议题上持有中间立场会被称为"极右"?为什么左翼政党并未把在经济议题上与自己有不少相似之处的"新右翼"政党视作可以拉拢的潜在盟友?根本原因在于,传统左右翼关注的经济议题(也就是过去长期主导欧美

---

① 共和党在经济上的"保守"指的是相对于亚当·斯密开创的古典自由主义传统而言保守。

② 欧洲各国与之类似。不过,从意识形态谱系来说,欧洲整体上比美国更"左"。所以,在"新右翼"运动兴起前,德国联盟党(基督教民主联盟和基督教社会联盟)等欧洲各国的右翼政党放在美国只能算是中间派别甚至是左翼民主党的自由派。

各国政治的焦点争议）并不是如今"新右翼"运动的核心诉求，政治议题才是"新右翼"政党的关注根本，这是它与传统左右翼政党的根本不同。

在美国，特朗普执政后虽然回应了"减税"这一传统右翼的经典诉求，但是反全球化、反非法移民、强化边境管理、加强法律执行才是真正令他强势崛起、赢得众多选票当选总统并从根本上改变美国政治走向的核心议题。具体来说，"减税"是罗纳德·里根（Ronald Reagan）以来共和党一以贯之的政策诉求，2010年中期选举时崛起的共和党"茶党"（Tea Party）[①]派系才是当下美国政坛"减税"主张的首要倡导者。也就是说，"减税"不能被归入"新右翼"运动的标志性政治主张（否则，里根、布什父子就都变成"新右翼"了）；仅仅依靠"减税"主张，特朗普也不可能在2016年大选的共和党初选争夺中战胜特德·克鲁兹（Ted Cruz）、马尔科·卢比奥（Marco Rubio）、本·卡森（Ben Carson）等"减税"政策诉求更系（并且过往有不少推动"减税"举措实际的政绩）的"茶党"旗手，更不可能在2024年大选（至少也是共和党初

---

① "茶党"的名字"Tea Party"有双重含义：一是纪念美国独立战争的起点"波士顿倾茶事件"，这一事件也有着当时殖民地民众反抗英王征税权的意义；二是作为"Tax Enough Already!"（"税已经够多了！"）口号的首字母缩写（TEA），体现其鲜明的要求"减税"、反对民主党"大政府"举措的政治主张。

选)中有机会上演"王者归来"戏码。在欧洲,限制接收难民、反非法移民则是英国脱欧和法国、德国、意大利、荷兰、奥地利等国"新右翼"政党支持率飙升乃至在大选中赢得国家执政权的直接动因,也是捷克、波兰、匈牙利等东欧国家执政党最鲜明的执政举措。

简而言之,严守边境、保护国民安全、强调国家主权完整、反对全球化(特别是人口可以无视法律、违反各国国境和国籍管理规定的随意流动),秉持这些政治主张的"新右翼"运动的强势兴起意味着西方世界政治版图的根本性转变,传统左右翼政党数十年来赖以安身立命、吸引选民选票的经济议题已经没有以前重要了。也正是因为如此,"新右翼"运动才会被传统左右翼政党视为它们的共同敌人。

需要补充说明的是,我不太认可西方主流媒体所使用的"极右翼"称谓,所以本书使用的是"新右翼"。"极右翼"一词很容易让人误以为它们提出了比传统右翼更"右"的主张。在美国政治中,传统意义上的"极右翼"是共和党"茶党"派系。"茶党"确实提出了比传统共和党建制派(右翼)主张更"右"的政治诉求,例如"大规模减税"、"大幅度缩小政府规模"、"大力减少市场监管"、废除"奥巴马医保"(全民医保)以及削减其他福利等。在特朗普步入政坛之前(即 2015 年宣布竞选美国总统以前),美国学术界和主流媒体一直将"茶党"称为"极右翼",这个叫法也是名副其实的。

当特朗普强势崛起后,他以及他所代表的政治势力也被称为"极右翼"。但是,特朗普势力和"茶党"存在本质的不同,都称作"极右翼"就很容易引发严重误解,会让我们无法清楚地区分"茶党"和特朗普势力的差异,也就无法真正理解当下美国政坛格局和政治版图变迁。本书将特朗普及其美国支持者、欧洲各国有着类似政治主张的政党和群众运动称为"新右翼",因为,在政治议题、政治主张乃至政治运作方式上①,与已有的右翼势力乃至欧美国家政坛传统相比,它们都是截然不同的"新",而不是"更右","茶党"所代表的"极右翼"却并不"新"。本书多个章节也会具体介绍特朗普势力与"茶党"在美国政局中的差异。

二、公权与私权:"新右翼"的核心诉求

(一) 私权需要公权保护

数十年来,西方世界所谓的"普世价值"让主权和公权几

---

① 欧美国家传统左右翼的主要政治运作方式就是依托选举政治,擅长议会斗争、密室协商。而现今欧美国家"新右翼"在不放弃选举政治、议会斗争的同时,十分擅长发动社会运动,它们希望以此甩开欧美政坛背离民众的精英政治体制和意识形态偏见甚深的主流媒体。

乎成为"罪恶"的代名词,似乎它们天然就是人权和私权的迫害者。然而,人们之所以需要国家,就是因为主权和公权才能为个人权利提供最有效的保护。正如托马斯·霍布斯(Thomas Hobbes)所指出的,只有存在国家这个"利维坦",才能避免"一切人伤害一切人的战争"。对大多数人来说,公权力不但不是个人权利的敌人,如果没有公权的保护,普通人的人权反而很可能陷入危险的境地。

若一味地贬抑国家主权和公权力,则只有富豪和坏人(罪犯)两类人的"私权"可以获益。富豪有能力为自己提供更好的私权保护,因而不需要国家提供的安全、福利等保障。例如,全世界大多数国家万人平均拥有警察数量一般是1~5人,而一个富豪可以雇佣10个乃至更多的专业保镖。近年来,欧美各国普遍存在着非法移民和难民不断涌入带来的严重社会安全问题,但是这些问题只会影响普通人,并不会影响居住在深宅大院、出入都有保镖环绕的富豪。因此,他们更倾向于呼吁保护非法移民,并谴责缺乏安全保障的普通人没有同情心,以占据道德上的制高点。与此同时,国家权力的削弱则可以让他们的许多行为受到更少限制,获得更多便利,谋取更多利益。

在公权虚弱的地方,坏人(罪犯)就可以随意侵害他人的人权,国家想对他们施以惩罚却会被所谓的"人权"和"普世价值"束缚手脚。例如,墨西哥早就废除了死刑,结果贩卖过导致成千上万个家庭毁灭的毒品的，杀戮过许多平民甚至武装捕杀过警察、市长的大毒枭即使被捕，也依然能够在豪华监牢里遥控自己的贩毒集团继续犯下滔天罪恶。同样，极端主义者在欧洲多个国家的种种侵害他人权利、违反法律的行为（例如童婚、强奸、杀人、打砸抢烧）不但很少受到公权的严厉惩处（在曾经的人权保护典范瑞典，近年来有大量强奸犯罪嫌疑人被法官以受害人没有非常强烈地反抗、受害人在性侵中感受到快感等荒谬理由判处不足两年的轻刑、缓刑甚至无罪），而且，他们甚至趁势建立起了严重侵犯他人自由和人权的"无政府"社区（No-Go Zone）①。"无政府"社区在瑞典、英国、法国、比利时等国已经存在了不短的时间，近年来在德国、意大利等西欧国家也快速涌现。其中，瑞典的问题最为严重，瑞典多年来一直稳居世界强奸案发生率第一名的"宝座"②。由于长期对犯罪行为打击不力乃至实质纵容导致的严重治安问题，2018年1月，瑞典被英国和加拿大列为"旅行警告"国家，和阿富汗、伊拉克等长期战乱国家处于同一名单之中，瑞典"享受"的这一待遇在西方国家中还是前所未有的。

---

① 治安非常差，各类帮派活动、犯罪活动盛行，警察不敢进入执法，守法居民要么忍受不断恶化的治安，要么抛弃财产主动搬离。

② 当然，关于这一排名存在争议。有观点认为，由于报案率、立案率较低以及对强奸的认定标准严苛等原因，一些发展中国家的实际强奸案发生率恐怕远高于瑞典。但是，至少在同样的标准下，瑞典的强奸案发生率在发达国家中是相当高的。

私权和公权、人权和主权,"新右翼"正是在这一层面上站在了传统左右翼的共同对立面。"新右翼"运动代表着欧美国家很大一部分普通民众对过去所谓"普世价值"的西方主流意识形态的反抗,直指当今西方乃至全世界最突出的问题:国家弱化、主权虚化、公权力污名化。反对"政治正确"、反对所谓"普世价值"、支持"以强有力的国家捍卫个人安全"是西方各国"新右翼"政党借此迅速赢得众多民众支持从而强势崛起的核心诉求。特朗普在2016年7月的共和党全国代表大会(也就是他的提名大会)上发表的主旨演讲的题目就是"政治正确,我们再也承受不起"①,在这次演讲中特朗普阐述了加强国家主权、强化法律执行的政治主张。他指出:

> 由于本届政府执法不力,数十年打击犯罪的成就如今遭遇倒退。在美国最大的50座城市里,去年谋杀率上升了17%。这是25年来的最大增幅。在我们的首都,谋杀案甚至增加了50%。在其附近的巴尔的摩,这一数字更是上升了60%。
>
> 在奥巴马总统的家乡芝加哥,仅在今年,就有超过

---

① 这次会议是共和党四年一度召开的全国代表会议,会上不仅通过总统候选人提名,还制定并通过共和党的新党纲(在这一点上民主党和共和党一样)。2016年特朗普这次演讲对美国政治的发展极为重要,因为演讲系统阐述了他若当选总统将会采取的施政纲领、他和共和党设想的美国前进方向,他上任后也确实实施了不少竞选承诺。

2 000人遭到枪击。而自他担任总统以来,这座城市更是有将近4 000人死于非命。

与去年同期相比,死于执法过程中的警员数量也差不多增加了50%。接近18万有犯罪案底的非法移民,本应被勒令驱逐出境,如今却可以到处游荡,并威胁和平市民的安全。

今年到现在为止,穿越国境到达美国的新增非法移民数量已超过2015年全年总和。在无视对公共安全和公共资源的冲击下,成千上万的移民涌入我们的社区。

他在演讲开篇中明确点出自己的竞选主旨:"在此,我向你们传达这样的信息:今天困扰我们国家的犯罪与暴力将很快——我是说真的很快——归于终结。自2017年1月20日(美国新总统就职日)起,我们将重获安全。"

(二)"新右翼"的诉求

"新右翼"的诉求包含两个层面。第一,重申国家主权,反对人口无序并且非法的跨国流动,严守国家边界,强化国家认同。特朗普最著名的竞选口号同时也是他执政期间最具争议性的政策举措就是"建墙"和"遣返非法移民",均是强化国家主权的举措。在欧洲,捷克、波兰、匈牙利等国出台了"难民/非法移民一个不要"的严格政策,奥地利(在人民党踢开原来的盟友奥地利社会民主党转而和自由党联合执政后）与意大利（在"五星运动"和"北方联盟"取代意大利民主党联合执政后）也推出了严格控制难民和非法移民数量的系统举措，德、法、荷等西欧诸国的"新右翼"乃至传统右翼政党也都提出了系统的强化国家认同以及限制接收非法移民和难民的政治主张①。就连常常被保守党同僚指责在"脱欧"问题上态度暧昧的英国前首相特雷莎·梅也在2016年保守党大会上明确宣称："如果你相信自己是世界公民，那么你将不属于任何一个国家。"2024年1月，在印度移民后裔苏纳克首相的带领下，英国更是通过了将无法查清国籍的非法移民遣送出境的"卢旺达法案"。

同样，英国脱欧党（独立党）和保守党、意大利"北方联盟"和"五星运动"、法国"国民联盟"、德国选择党等"新右翼"政党掀起"脱欧"运动的根本原因也就是它们认为"欧盟破坏了国家主权，威胁公民正当权利"。具体来说，在政治上，近年来被欧洲各国民众诟病最多的是难民/非法移民强制分配

---

① 在2017年法国大选中，传统右翼政党、萨科齐担任主席的法国共和党直接照抄了法国"国民阵线"的"反非法移民""限制接收并遣返难民"等核心主张。虽然在大选中没有明确提出，但是赢得大选的马克龙和他所领导的"前进运动"执政后也开始"限制接收难民"。

制度①。是否以及如何接收外国移民、接收多少外国移民本来是国家主权的当然范畴，非法移民是对国家主权和相关法律的直接破坏，反非法移民本应是一国政府捍卫主权、依法治国的正当举措。然而，在欧盟体制下，各国政府实际上已经失去了决定难民/非法移民事务的权力，需要按照欧盟规定的配额接收乃至供养非法移民，否则将遭受欧盟的严厉制裁。在经济上，欧盟的货币一体化（欧元）制度和对各成员国财政政策的管控举措则意味着成员国部分经济主权的丧失，意大利等东南欧各国普遍认为这是德国等北方国家通过货币政策对它们进行的剥削，进一步激发了这些国家的反欧盟情绪。

第二，在国家治理中，强化公权力，要求法律被严格执行，反对少数人以"人权"为名追求无限制的"自由"和实质上的特权。"新右翼"强调"法律和秩序"，它们认为，只有法律被严格地执行了，才能确保普通公民的安全和利益。特朗普在任时反复标榜的政绩是"现在，美国的法律在美国的国土上

---

① 对真正的难民来说，他们的遭遇是值得同情的。但是，有些所谓难民是"经济难民"，并没有遭受战乱威胁，就是想去欧洲高福利国家不工作白拿钱。相应地，现在难民救助在欧洲已经成为一系列生意的源头。许多蛇头组织摇身一变成了"人道主义"救援团体、非政府组织（NGO），靠把非法移民运到欧洲海岸骗取捐款。许多政客则利用难民扶助政策，既在相应项目中赚钱（例如，有德国政客被揭露出，在他支持下通过的扶助难民项目租用了多套他的闲置房屋用以安置难民，而政府支付给他的租金要远远高于市场价)，又占据道德制高点骗取选票。

真正被严格地执行了"①，在 2024 年预选中，他继续反复强调自己是"唯一能捍卫美国法律的总统"。意大利、奥地利、法国、德国、荷兰等国"新右翼"政党也都在各自党纲中提出了严格法律执行、强化警察权力、提高惩处力度和司法量刑的政策诉求。

相比之下，"新右翼"在过去主流的经济议题上反倒处于传统右翼的"左边"。例如，特朗普政府坚决反对《跨太平洋伙伴关系协定》（Trans-Pacific Partnership Agreement，TPP）、反对自由贸易。然而，经济全球化和自由贸易一直是传统右翼政党共和党的立党基石。虽然特朗普也迎合了传统右翼的"减税"诉求，但是他还强调通过行政手段大规模干涉企业市场经营、提供高额补贴和税费优惠以创造工作岗位②。在法国，被视为走中间路线的马克龙总统（"前进运动"）提出了一系列改革主张，如延长职工工作时间、推迟退休年龄、限制工会权力等。相比之下，玛丽娜·勒庞（Marine Le Pen）和她领导的"国民阵线"的竞选纲领却是反对推迟退休年龄、支持贸易保护主义并且作出了增加公共福利的承诺，在这些方面明显比"前进运动"更"左"一些。

---

① 例如，在执政后的历次国情咨文中，特朗普一直将他采取的反非法移民和强化法律执行举措作为核心政绩宣扬。

② 例如，第六章会详细分析的威斯康星州富士康项目。为了吸引富士康投资，威斯康星州政府提供了 30 亿美元的财政补贴。

那么，为什么"新右翼"政党会提出不少"左"的政治主张？其原因在于，第一，"新右翼"政党希望建立强有力的国家，这就必然需要更多资源和税收，传统右翼政党的"什么都不管的最小政府"主张不能满足其需求；第二，"新右翼"运动遭到了传统左右翼的共同敌视，它的崛起极度依赖于广大普通民众的支持，因而"新右翼"政党必须在一定程度上满足普通民众的福利诉求。

三、西方民粹主义的现实面向

（一）民粹主义的判断标准

与特朗普强势崛起和"新右翼"运动相伴生的另一个问题是"民粹主义"。2016年以来，欧美政局巨变让"民粹主义"成为学术界和舆论场上的热门词语，各类研究和讨论不胜枚举。这些文献系统梳理了民粹主义纷繁复杂的概念内涵，较为充分地阐释了其内在理论逻辑，但是也存在一些不足：当下民粹主义受到广泛关注，关键在于它是现实社会和政治生活中的焦点，然而，相关讨论却过多地引经据典，对延续数百年的学术史阐述十分深入，却较少直接回答西方政治变迁的现实问题，这在一定程度上反而让人们更难以理解民粹主义了。诚然，前辈思想家们的洞见性哲言可以为我们理解世界提供很多启发，但是先贤们也有其局限性。在作出民粹主义经典论述时，他们并不会知道今天欧美各个国家究竟发生了什么。因此，我们应当充分吸收前辈思想家们关于民粹主义的哲思，但是，他们的洞见并不能替代我们对当下西方民粹主义现实的深入分析。

其实，如果不是进行专门的思想史研究，而是以理解现实政治变迁为研究出发点来探讨民粹主义，并不需要构建太复杂的概念体系，两个基本问题就足以定义民粹主义。第一，民众有没有提出诉求的权利？有，在西方这被称作政府的回应性。第二，民众有没有提出无限诉求的权利？没有。因此，判定民粹主义的标准就很简洁：民众提出合理的诉求，是民主；民众提出不合理的诉求，是民粹。当前，西方主流媒体判断民粹主义的标准往往是自由主义的价值观（并在很大程度上影响着我们对西方民粹主义的认识）：合"我"心意的（符合自由主义价值观）就是民主，不遂"我"愿的就是民粹。然而，相比动辄诉诸价值观，回归现实分析不同群体具体诉求才是理解当下西方民粹主义政治的更优途径。

总的来说，根据具体诉求差异，我们可以将当前西方现实政治中的民粹主义分为"新右翼"民粹倾向和自由主义的民粹主义两大类。

（二）"新右翼"民粹倾向

在西方主流话语体系下，"新右翼"被视为民粹主义的主要来源，特朗普上台、英国脱欧以及欧洲各国"新右翼"政党崛起都被归结为民粹主义使然。本书认为，"新右翼"民粹主义的提法并不准确，这在很大程度上是西方传统政治精英和主流媒体对民粹主义概念的滥用，将这类现象称为"新右翼"民粹倾向更为合适。

具体来说，要求工作岗位和反非法移民是当前所谓"新右翼"民粹主义的主要诉求。首先，在全球化时代，一国政府推行贸易保护主义当然是不合时宜的，但是民众要求政府采取积极措施创造更多工作岗位、希望自己工作挣钱养活自己并无任何不妥之处，是合理的诉求。当然，其诉求细节可能会有不合理的地方。例如，在现在西方国家人力成本很高并且熟练工不足的现实下，复兴劳动密集型产业显然难度很大。富士康在美国威斯康星州计划投资100亿美元兴建电子产品工厂（号称最多可创造3万个工作岗位）曾被特朗普政府视为重大政绩。但是，为了吸引富士康的投资，联邦政府和威斯康星州政府提供的中短期内的各类税收优惠和补贴加起来就有30多亿美元。对比富士康项目吸纳的就业人口，相当于美国政府用公共财政雇人去给富士康免费打工。现在，这个美国的"总统工程"已经宣告失败，威斯康星州却因此耗费了大量财政资金。

其次，反移民诉求可以分为"反非法移民"和"反合法移民"两类。在美国，"新右翼"的主要诉求是"反非法移民"，这符合美国以及世界通行的边境管理和国籍法律。非法移民确实是违法了，"法律就是法律"，应当被严格执行。民众要求依法治国无论如何也不该被称作民粹主义。此外，英国保守党、法国"国民阵线"等欧洲政党及其支持者则是既坚决反非法移民，也在一定程度上反合法移民，它们在最新党纲中都写入了大幅压缩入籍名额、减少签证发放数量等排外性诉求。这些国家一方面受益于合法移民的经济贡献，另一方面又想在利用尽他们的价值后将其赶回老家，这不是合理的诉求。

（三）自由主义的民粹主义

总的来说，从西方政治视角看，"新右翼"民粹倾向大方向上是合理的，但在具体诉求方面有不少问题，如何应对、保证它处于民主框架内而不退变为真正的民粹主义是西方政治面临的重要问题。不过，与"新右翼"民粹倾向相比，当前更值得关注却并未得到充分讨论的是自由主义的民粹主义，三个无理诉求构成了其核心主张：

第一，不劳而获，"不工作只领钱"。"新右翼"民粹倾向要求国家提供已经不符合发达国家经济现状的劳动密集型制造业工作当然有不合理之处,但是,至少其希望的是"自己工作养活自己"。相比之下,近年来西方主流政党常常无视国家严重的财政危机,频繁提出明显超出国家财政能力的福利承诺以争取选票。在它们上台执政后,这些福利承诺的付诸实践在西方社会培养出了规模日益庞大的"懒汉"阶层,并导致了西方各国目前普遍的严重债务危机,希腊等国经济更是因此一度崩溃。进一步来说,如果只是白白领钱也就算了,但是有的人领了政府救济转身就用来买毒品。这样比较起来,特朗普政府在威斯康星州富士康项目上的做法都有不小的正面效用了。政府让人干了活后再发钱,怎么也比政府直接给人发钱(不需要干活),然后钱被拿去买毒品强。

第二,无限制的"自由"。追求自由无可厚非,但是个人自由应当有边界。然而,自由主义的民粹主义却热衷于追求无限制的、害人害己的"自由"。

例如,吸毒的"自由"。大麻乃至更恶性的毒品的合法化是当前西方政治的热点议题。美国民主党在多个州大力推动大麻合法化运动。近年来,加利福尼亚、科罗拉多、华盛顿等州已经陆续立法实现了娱乐用大麻的合法化,大麻商店如雨后春笋般涌现。法国社会党则将"大麻合法化"写入党纲,加拿大自由党更是在2015年上台执政后在全世界率先实现了娱乐用大麻在全国范围内的合法化(讽刺的是,这可以说是加拿大自由党执政近十年唯一完全兑现了的竞选主张)。欧美各国泛滥的大麻也溢出国境，让很多严禁大麻的国家深受其害。例如，近年来走私进入我国的大麻数量持续增加，给我国禁毒工作带来极大挑战。现在，西方国家常常出现一幅十分诡异的画面：一方面，控烟法令越来越严格，个人在公共场所吸烟会受到严厉惩罚；另一方面，公共场所聚众吸毒越来越常见，由于吸毒者仗着人多势众和打着"自由"的大旗，警察甚至不敢对聚众吸毒这一严重恶性犯罪行为（即使在大麻合法化国家，在公共场所吸食大麻也是不被允许的，更何况是聚众，并且吸的还不止大麻）采取执法行动。

又例如，男人上女厕所的"自由"。性少数群体（LGBTQ）① 运动是近年来自由主义的另一重要议题。反对歧视、要求公平对待性少数群体的诉求无可厚非，但是，LGBTQ运动极端化倾向日益明显。例如，2016年5月，奥巴马签署颁布了"厕所令"，要求公立学校必须让学生根据心理性别而非生理性别选择厕所。也就是说，一个生理男性（女性）可以时男时女，不用做任何性别手术，只要他（她）自认为这时他（她）是女人（男人）就可以上女（男）厕所，这显然会给他

---

① 性少数群体也叫彩虹族群，包括女同性恋（Lesbian）、男同性恋（Gay）、双性恋（Bisexual）、跨性别认同（Transgender，指一个人在心理上无法认同自己与生俱来的性别，相信自己应该属于另一种性别）、酷儿（Queer），广义上还包括间性人（Intersex）、无性恋（Asexual）等群体。

人特别是给女性带来巨大心理压力和安全隐患,大大增加性骚扰乃至性侵案件的发生概率。当有人质疑公立学校"厕所令"对未成年女生的负面影响时,美国主流媒体却评论道:"她们被过度地保护了,她们该学会尊重别人的自由。"就任总统后,特朗普立即签发新的行政令,废除了奥巴马的"厕所令"。但是,拜登上任不久,就又再次签发行政令,不仅恢复了奥巴马的"厕所令",还进一步要求体育比赛不得禁止运动员按照心理性别参赛,即一个生理男性只要宣称自认为是"女性"就可以参加女子比赛,这将轻易毁掉真正女性运动员数十年的努力。

第三,颠倒次序的"基本人权"。保护人权是全世界共识,但是,何为基本人权?不同群体有不同答案。目前,在欧美一些国家公共医疗保险中,变性手术的报销优先性和比例居然高于一些严重影响个人健康乃至生命的疾病。其原因在于,在自由主义的民粹主义看来,极少数人的变性自由是基本人权,必须优先保障,由全民买单。相比之下,许多危及根本生命健康的疾病却不被视作"基本人权",更重要的生命权利的优先性被排在了后面。更让人看不懂的是,美国西雅图等一些城市甚至用公共财政向瘾君子提供毒品注射站和免费海洛因。

简而言之,自由主义的民粹主义认为自己的主张占据了人类道德制高点,掌握了相对于其他人的绝对真理,因而敢于以"自由"和"普世价值"为名追求无限制的、凌驾于他人之上的特权，这恐怕才是当今西方社会的最大威胁。然而，在"政治正确"的庇护下，西方社会在很大程度上对此丧失了反思能力，对其最精彩的批判反倒来自中国。2017年5月，"baizuo"（即"白左"，指信奉自由主义教条、好为人师的白人）一词正式被收入西方主流的英文在线辞典，该词源自中国网民，收录它的英文辞典对其释义是"蕴含着对某些西方价值观的嘲讽，对其虚伪性的揭露，以及对不平等的世界经济旧秩序的批判"。福克斯新闻台专门向全美观众系统地介绍了"baizuo"的含义和用法，引起了美国网友的广泛共鸣和热烈讨论。这一事件倒是值得铭记，此前虽然也有"kongfu"（功夫）、"toufu"（豆腐）等中文词语进入英文辞典，但是，"baizuo"是首次用中国价值观来定义西方现象并被西方世界接受的事例。西方世界自由主义主导的"政治正确"对本国言论的压制居然让中国网民成功输出了一次价值观。

第二章

"奥巴马选民"vs"特朗普选民":关键性选举与美国政党选民联盟重组

选举是研究美国政治的重要窗口，也是"新右翼"崛起的关键平台。选举结果既是美国社会结构、意识形态、政党选民关系和公民投票行为变化的反映，又反过来影响和塑造美国的政治进程。美国政党体制以共和党、民主党关于主要议题的政策立场、两党的选民群体及其社会构成为区分。以政党体制变更为标准，美国学者将美国总统选举分为一般性选举和关键性选举两类，一般性选举维系现有政党体制，关键性选举则打破并重塑政党体制。关键性选举又称关键性选举重组（critical electoral realignment）或政党选民联盟重组选举（realigning election），指的是"在一系列选举中出现了新的政党选民联盟和投票模式，从根本上改变了国家政治和公共政策的进程"，体现着美国政党政治和选举政治的长期变化。美国政党政治历经200余年，关键性选举仅出现6次。与此相对应的是，美国经历了6次政党体制更替。

作为"美国最有影响的政治学理论之一"，关键性选举理论为我们理解美国选举政治与政党体制的中长期变迁脉络提供了一个系统分析框架。具体来说，关键性选举理论强调两个层面的分析。第一，结构性因素分析。关键性选举植根于美国经济社会条件重大结构性变化之中，选民的政党认同和作为政治体制基础的社会及经济现实之间关系的日益紧张是关键性选举发生的首要原因。第二，政党选民互动分析。在关键性选举中，政党或政党候选人用新的政治纲领吸引新的选民,新的社会群体加入某一政党的选民队伍中,通过政党表达其政治诉求。在政党与选民基于选举的充分互动中,新的政党选民联盟逐步形成,给美国政治议题和公共政策带来深远改变。

总的来看,2016年美国大选是一次久违的关键性选举,引发20世纪60年代以来美国政党选民联盟的根本性重组。第一,民主党曾经的核心支持者"锈带"蓝领转投共和党阵营,成为特朗普赢得大选和共和党夺取国会多数席位的关键力量。第二,议题巨变。"反非法移民"和"把工作带回美国"虽然在过去选举中也时常被提及,但是并未成为选举焦点。它们在2016年大选中一跃成为美国政治的核心议题,并在特朗普执政后引发美国公共政策的根本转向。2020年美国大选结果虽然不同,但在政党选民联盟上则延续了2016年大选奠定的基本格局。2024年大选则进一步呈现了新格局的定型。相比精彩纷呈的2016年共和党初选(即代表共和党传统选民联盟的政客仍有一战之力,用尽各种手段试图击败特朗普),2024年共和党初选中虽然仍有为数不少的候选人,例如佛罗里达州州长罗恩·德桑蒂斯(Ron DeSantis)、美国驻联合国前大使妮基·黑利(Nikki Haley)等,但无一例外地都只敢侧面展现一下自己相较特朗普"本普"的"优势"(比他年轻、比他丑闻少、比他理性),却无人敢背离特朗普主义、"让美国再次伟大"运动、"新右翼"运动,甚至不敢直接批评特朗普。

因而，本章将在关键性选举理论框架下，以"奥巴马选民"联盟和"特朗普选民"联盟两个概念为线索，分析近年来美国经济社会结构变化、选民联盟变迁和政治议题变化的原因及相互作用机制，初步回答"新右翼"的政治基础、美国政党政治可能的走向等重要问题。

一、变局："奥巴马选民"联盟浮现

（一）选民结构变化

20世纪60年代以来，白人蓝领和少数族裔共同构成民主党选民联盟的核心群体。近年来，美国的人口结构变化和产业结构变化给民主党同时带来了挑战和机遇。

一方面，全球化导致制造业的蓝领工作岗位大幅流失。1979年7月，美国制造业从业人数达到最高的19 531 000人，而2017年1月只有12 341 000人①，下降了36.8%。同期，美国人口总量则增长了四成左右。这意味着，白人蓝领选民越来越难以向民主党提供赢得选举的足够支持。

---

① Bureau of Labor Statistics（美国劳工统计局）. Employed Persons in Nonagricultural Industries. [2016-12-10]. https://data.bls.gov/pdq/SurveyOutputServlet.

另一方面，少数族裔人口增长也为民主党带来了重大机遇。21世纪以前，白人长期占美国总人口八成以上，因而少数族裔对选举格局影响不大。彼时，民主党和共和党都以白人选民为基本票仓，区别在于白人选民的职业阶层、所处地域和宗教背景。然而，由于近年来移民不断涌入、白人生育率低迷和部分少数族裔生育率较高等因素，2020年美国白人占总人口比例已经下降至57.8%，拉美裔美国人①比例则迅速上升至18.7%，非洲裔美国人比例也略有上升，达到12.4%，少数族裔在选举中的作用日渐重要。

---

① 拉美裔，又称拉丁裔、西班牙裔、西语裔，美国的拉美裔全称是西班牙裔和拉丁裔美国人（Hispanic and Latino Americans）。拉美裔是一个范围很广的概念，各个国家的定义都有一定区别，有时候甚至会相互矛盾。广义来说，血统上源自伊比利亚半岛的西班牙和葡萄牙及其邻国意大利、法国的人，还有拉丁美洲母语为西班牙语或葡萄牙语的混血种人，都可以称为拉丁裔。狭义的北美拉丁裔则指移居到美国和加拿大、母语为西班牙语或葡萄牙语的拉丁美洲印欧混血种人，这些人多从墨西哥、古巴、巴西等地移民过来，是大航海时代以来西班牙或葡萄牙白人殖民者和美洲印第安人等其他人种的混血种人。本书是在狭义上使用这个概念，所以具体使用"拉美裔"而非"拉丁裔"表述。美国西南部与墨西哥交界的州，比如新墨西哥、得克萨斯、加利福尼亚、亚利桑那等州的拉美裔有更大比例的美洲原住民（印第安人）血统，而在加利福尼亚州南部、路易斯安那州和亚拉巴马州这些非洲裔美国人最多的地区，拉美裔却有着更大比例的非洲裔血统。拉美裔是美国最大的少数族群，他们拥有自己独特的民族文化，通用西班牙语和英语，主要信仰天主教。在拉美裔中，墨西哥裔美国人又占比最高。2017年在美国居住的墨西哥裔人口约有3 460万，占美国人口约11%。

(二)"奥巴马选民"联盟

针对选民结构的变化,以 2008 年奥巴马参选为契机,民主党调整了选举策略和纲领主张,重新整合了民主党选民群体,打造了包括非洲裔、拉美裔、东西海岸白领、受过大学教育的年轻人、众多少数群体以及白人蓝领等在内的"奥巴马选民"联盟,并在八年执政期间,通过各类政策举措和意识形态进一步巩固选民联盟。

需要强调的是,虽然"奥巴马选民"联盟体现出了不同于以往的鲜明特征,但它本质上仍然是 20 世纪 60 年代以来民主党选民联盟的延续,而非政党选民重组的产物,因为并没有新的重要选民群体加入其中。所以 2008 年美国大选还不是关键性选举。

1. 非洲裔和拉美裔

增强对人口快速增长的非洲裔和拉美裔诉求的回应性是"奥巴马选民"策略的首要内容,最低工资、公共福利和族裔身份是民主党用以吸引非洲裔和拉美裔等少数族裔选民的主要手段。

第一,最低工资。2008 年以来,"提升最低工资标准"一直是民主党的主要经济主张。此前,美国联邦最低工资标准是克林顿时期确立的 5.15 美元/小时,此后十几年未有增长。在 2008 年和 2012 年两次大选中,奥巴马先后提出了将联邦最低工资标准提高至 7.25 美元/小时和 9.5 美元/小时的竞选主张，并且在第一个任期内兑现了前一个承诺。在 2016 年大选中，希拉里·克林顿进一步提出了将联邦最低工资标准提高至 12.5 美元/小时直至 15 美元/小时的竞选主张①。在 2020 年大选中，拜登同样继承了这一主张，并在 2022 年 1 月通过行政令方式首先将联邦机构雇员的最低工资标准上调至 15 美元/小时。需要注意的是，"提升最低工资标准"对白人蓝领的意义并不大，因为，2015 年美国制造业工人平均年薪是 49 550 美元，平均时薪是 18.61 美元②，明显高于 15 美元/小时。"提升最低工资标准"主张主要影响的是以拉美裔和非洲裔为主要就业人群的低端服务业。目前，美国低端服务业主流薪资水平一直紧卡联邦或者所在州的最低工资标准③。民主党在两次大选中的承

---

① 在 2016 年大选的民主党初选中，希拉里最初主张的是将联邦最低工资标准提高至 12.5 美元/小时，桑德斯则主张将联邦最低工资标准提高至 15 美元/小时。希拉里取得初选胜利成为民主党总统大选提名人后，为了笼络、争取桑德斯的支持者，将自己的最低工资标准主张修正为 15 美元/小时。

② Bureau of Labor Statistics（美国劳工统计局）. May 2016 National Industry-Specific Occupational Employment and Wage Estimates. [2016 – 12 – 10]. https://www.bls.gov/oes/current/naics2_31-33.htm.

③ 根据美国法律，各州可以根据自身实际制定相应的最低工资标准，州的最低工资标准不得低于联邦最低工资标准，但可以高于联邦最低工资标准，例如目前联邦最低工资标准仍然是 7.25 美元/小时，加利福尼亚、华盛顿、纽约等经济较为发达、物价较高的州的最低工资标准则是 9.5 美元/小时乃至 12 美元/小时。

诺意味着给从事低端服务业的拉美裔和非洲裔大幅加薪。

第二，公共福利。美国人口普查局统计数据显示，2015年24.1%的非洲裔和21.4%的拉美裔处于低收入阶层，远高于美国平均水平①。因而，他们更需要国家提供的医疗、教育、食品、救济等公共福利保障。民主党积极回应他们的诉求，"奥巴马医保"是典型代表。在"奥巴马医保"实施以前，22.4%的非洲裔和41.8%的拉美裔没有任何医疗保险；"奥巴马医保"实施以后，没有任何医疗保险的非洲裔和拉美裔分别下降了11.5%和10.3%②。教育方面，近年来民主党在加利福尼亚、纽约等"深蓝州"一直努力推动通过以提升非洲裔和拉美裔的大学录取比例为主要内容的教育"平权法案"。

第三，族裔身份。奥巴马的非洲裔身份也增强了民主党对非洲裔以及其他少数族裔的吸引力。执政期间，奥巴马利用各种机会继续强化自己少数族裔代言人的身份。例如，2008年到2016年间美国频繁发生警察过度执法导致非洲裔犯罪嫌疑人乃至普通民众死亡的恶性事件。针对不同族裔的差异化执法确实一直是美国司法体制的痼疾。然而，面对这类情况，奥巴马最

---

① Census Bureau（美国人口普查局）. People in Poverty by Selected Characteristics: 2014 and 2015. [2016 - 12 - 11]. http://www.census.gov/data/tables/2016/demo/income-poverty/p60-256.html.

② More Whites Gain Obamacare Coverage than Blacks and Latinos Combined. [2016 - 11 - 23]. http://talkingpointsmemo.com/dc/obamacare-white-black-hispanic-numbers.

常做的却是以政治活动家角色发表演讲，鼓励街头运动。普通民众抱怨体制有问题是正当的，因为个体民众确实没有改变体制的力量。但是，作为美国总统，打着"变革"（"Change"）和"是，我们能"（"Yes, We can"）口号的奥巴马有很大的改变体制的力量，他应该做而且也有助于改变现状的是改革司法体制和执法机制，在政府框架内破解难题。然而，奥巴马执政八年，美国种族冲突不仅未如人们的期望下降，反而大幅增加。这在很大程度上是因为民主党更多是从政党选举利益而非国家治理绩效出发来处理问题。

大量拉美裔美国人是第一代新移民（其中多数曾经是非法移民），他们大多受益于民主党较为宽松的移民政策和福利政策，在获得选举权后，从现实利益和感恩心理出发，往往会给民主党投票。反过来，民主党则会继续主张宽松的非法移民政策，以期扩大自己未来的选民基础。

2. 东西海岸白领和受过大学教育的年轻人

全球化造成的制造业外流损害了白人蓝领利益。与之不同，美国东西海岸各州的金融业和科技行业白领则大大受益于全球化。不过，仅仅依靠经济主张，民主党并不能确保这一群体成为自己的票仓，因为共和党在特朗普从政前一直更支持全球化。自由主义意识形态则是另一个关键因素。相比以"保守"立党的共和党，民主党的自由、多元和进步等意识形态对这一群体更有吸引力。

而对其他行业白领和受过大学教育的年轻人来说，他们的现实利益近年来损失了不少，例如日益昂贵的大学学费、沉重的助学贷款，除了金融业和科技行业，白领工作越来越难找。1990年，美国大学本科以上学历人群的就业率是93.3%，而2015年大学本科以上学历人群的就业率只有88.9%[①]。他们中的白人也较难从民主党的福利政策中获益。但是，共和党更少关注他们的利益诉求（例如降低高昂学费和助学贷款利率、创造就业岗位等）。民主党的自由主义意识形态至少能满足他们的精神需要。并且，自20世纪60年代起，左翼思潮一直在美国大学占据绝对优势，教师的言传身教和同伴压力不容忽视。

3. LGBTQ、女权主义者、环保主义者、穆斯林[②]等少数群体

秉持不同价值观的各类少数群体也一直是民主党选民联盟的成员，但是他们在美国人口中所占比例较小，过去对选举并

---

① National Center for Education Statistics（美国教育统计中心）. Employment to Population Ratios of Persons 16 to 64 Years Old, by Age Group and Highest Level of Educational Attainment: Selected Years, 1975 through 2015. [2017-01-11]. https://nces.ed.gov/programs/digest/d15/tables/dt15_501.50.asp.

② 穆斯林具有少数群体和少数族裔的双重特点，目前穆斯林更多地是从宗教层面提出诉求，民主党与之相呼应的是其"多元"价值观，因此在当下美国政治中穆斯林的少数群体色彩要高于少数族裔色彩。

不能产生有意义的影响。近年来，少数群体的人数虽然有一定增长，但是占美国选民总数比例依然不大。不过，在自由主义意识形态影响日益增强的大背景下，少数群体及其诉求在美国政治中逐渐从"政治不正确"变成了"政治正确"。由于占据意识形态高地和具有凝聚力强、行动力强的组织优势，少数群体在美国政治中常常能发挥远高于其所占人口比例的作用。

因此，近年来民主党越来越重视少数群体，奥巴马执政期间推行了一系列激进社会政策回应他们的诉求。例如，2015年6月，联邦最高法院裁决同性婚姻在全国范围内合法。2016年5月，奥巴马签署"厕所令"，要求公立学校必须让学生根据自己的性别认同而非生理性别选择厕所。同时，奥巴马也有一系列亲善穆斯林的政策举措，气候变化政策则被他视作自己最大的政治遗产。希拉里则一直标榜自己是女性代言人。在2020年大选中，拜登和哈里斯可以被视为奥巴马和希拉里相关特质重新组合后的翻版。民主党希望，一方面，塑造"LGBTQ、女权主义者、环保主义者、穆斯林等少数群体就必须支持民主党"[①]的观念，将少数群体选票全部纳入囊

---

① 例如，硅谷著名投资人、脸书（Facebook）公司早期投资人兼董事彼得·蒂尔（Peter Thiel）是一名男同性恋（gay），但是因为公开支持特朗普，他被知名同性恋杂志 *The Advocate* 开除了"gay籍"。此后，LGBTQ团体还通过游行、媒体刊文等多种途径，指责彼得·蒂尔歧视少数群体，要求脸书公司将彼得·蒂尔开除出董事会。

中；另一方面，以上述行动强化自身的自由、多元属性，通过意识形态进一步巩固前述第2类选民群体的支持。

4. 大企业主和大富豪

这一群体人数很少，直接提供的选票无关紧要，但是他们掌控的资本、媒体和社会影响力在选举政治中十分重要。过去，民主党的"加税"主张、劳工政策与他们的利益存在结构性冲突，因而他们大多支持主张"减税"和打压工会的共和党。然而，在全球化浪潮中，大企业主和大富豪不仅将生产车间转移至海外，全球避税也逐渐成为众人皆知的惯例①。这样一来，"加税"与"减税"对大企业主和大富豪来说就没有太大差别了（反正他们也不怎么缴税）。特朗普的"反全球化"主张却直接威胁着他们的利益，因而将他们中的大多数推向了民主党②。

5. 白人蓝领

白人蓝领曾经是民主党的头号选民群体。近年来，经济危机和全球化造成的制造业岗位外流让他们的工作和生活陷入困

---

① 例如沸沸扬扬的苹果避税案，苹果公司通过将大部分收入转至公司所得税率仅2%左右的爱尔兰，少缴上百亿美元的税款。详细论述参见本书第五章。

② 详细论述参见本书第五章。

境，民主党对此却缺乏有效回应。不过，他们在 2008 年和 2012 年美国大选中依然把自己的选票投给了奥巴马。这是因为，第一，共和党在这两次大选中也没有回应他们的诉求；第二，2008 年经济危机的始作俑者是小布什的共和党政府，2008 年大选的共和党候选人约翰·麦凯恩（John McCain III）和 2012 年大选的共和党候选人米特·罗姆尼（Mitt Romney）都很难与小布什政府进行切割①。

表 2-1 "奥巴马选民"联盟构成、诉求及两党回应（2016 年大选前）

群体	诉求	民主党回应	共和党回应	大选倾向
非洲裔	工资	提高最低工资标准	维持现有标准	民主党
	福利	"奥巴马医保"	低福利	
	族群政治	首位非洲裔总统	无	
拉美裔	工资	提高最低工资标准	维持现有标准	民主党
	福利	"奥巴马医保"	低福利	
	非法移民入籍	"梦想法案""暂缓遣返计划"等	反对非法移民入籍	
东西海岸白领	全球化	支持	支持	民主党
	自由主义意识形态	政党指导思想	保守主义	

---

① 麦凯恩和罗姆尼在小布什执政期间就已经是共和党重量级政客，作为参议员的麦凯恩更是多次投票支持了后来被视作导致 2008 年经济危机爆发因素的多项法案。与他们不同，特朗普是 2015 年才正式步入政坛的，与小布什政府的一系列政策毫无瓜葛，在美国政坛上也没有留下过黑历史。

续表

群体	诉求	民主党回应	共和党回应	大选倾向
受过大学教育的年轻人	学费负担、就业	无回应	无回应	民主党
	自由主义意识形态	政党指导思想	保守主义	
少数群体	身份政治	同性恋婚姻合法、"厕所令"、环保法案等	反对	民主党
大企业主和大富豪	全球化	支持	支持	偏向共和党，但力度日益减弱
	减税（吸引力越来越小）	加税	减税	
白人蓝领	反全球化、提供制造业岗位	略有回应	无回应	民主党

（三）特点与隐忧

虽然是传统民主党选民联盟的延续，但是"奥巴马选民"联盟也有两个新变化：其一，联盟内部各选民群体的人数和力量对比发生较大变化，少数族裔超越白人蓝领成为民主党的头号票仓，少数群体的行动力和影响力大幅提升；其二，少数族裔和少数群体对民主党的忠诚度显著增强，白人蓝领的政党认同则在不断削弱。与之相对应的是，过去民主党在选举中和执政时擅长应对的是经济、就业、劳工等议题，如今却越来越依赖于身份政治。

此外,"奥巴马选民"联盟虽然以较大优势赢得了 2008 年美国大选和 2012 年美国大选,但是也存在四点隐忧:

第一,如何留住白人蓝领是"奥巴马选民"联盟的最大隐患。即使人数大幅减少,白人蓝领也仍然是民主党第二大选民群体。过去,民主党通过扶助工会、支持集体谈判、出台劳工法令等方式回应其向雇主争取更好待遇的诉求。现在,全球化导致的工作岗位外流让以上议题失去了意义。

奥巴马也认识到了这一点,他很早就提出了与特朗普的"把工作带回美国"主张类似的"振兴制造业"主张。然而,并未收到实际成效。原因在于,其一,跨国公司不配合,极少响应奥巴马的号召把产品生产车间迁回美国。例如,苹果公司创始人兼时任首席执行官史蒂夫·乔布斯(Steve Jobs)还在世时,奥巴马就曾经提出请求:"苹果公司前一年销售的 7 000 万部 iPhone、3 000 万部 iPad 几乎都是在国外生产的,可以把这些工作岗位迁回美国国内吗?"乔布斯当场直接回绝:"那些工作岗位不会回来(Those jobs aren't coming back.)。"其二,意识形态限制。石油、天然气等传统能源产业是美国的优势产业,又能吸纳大量就业人口,奥巴马执政期间也曾积极支持页岩油气等产业发展。然而,环保主义让传统能源产业扩张举步维艰,高举气候政治旗帜的奥巴马则不得不支持环保主义诉求,反过来否决自己曾经的能源政策。达科他(Dakota Access)和克斯通(Keystone XL)两条输油管线原本是在奥巴马支持下立项开工建设的，又因为诸多环保组织强烈反对而被奥巴马主动叫停就是典型案例①。其三，为了保护制造业企业和蓝领劳工利益，民主党一直秉承一定程度的贸易保护主义。然而，奥巴马任期内力推的《跨太平洋伙伴关系协定》（TPP）② 和《跨大西洋贸易与投资伙伴关系协定》（Transatlantic Trade and Investment Partnership，TTIP）彻底背弃了贸易保护主义，从根本上损害了白人蓝领的利益，削弱了他们

---

① 详细论述见本书第六章。
② 《跨太平洋伙伴关系协定》前身是《跨太平洋战略经济伙伴关系协定》（Trans-Pacific Strategic Economic Partnership Agreement），是由亚太经合组织成员中的新西兰、新加坡、智利和文莱四国发起，从2002年开始酝酿的多边自由贸易协定。2008年，美国宣布加入谈判。2009年11月，美国正式提出扩大《跨太平洋伙伴关系协定》，借助TPP的已有协定开始推行自己的贸易议题，全方位主导TPP谈判，自此《跨太平洋战略经济伙伴关系协定》更名为《跨太平洋伙伴关系协定》。其特点包括：（1）威胁相关国家主权，加剧将权力让渡给跨国公司（大多数是美国的公司）。在TPP提出的解决争端的准则下，跨国公司可以在国际商业法庭因为该国引入新的法律——如保护消费者的法律——损害公司的投资和生意而对有关国家提出起诉。（2）全覆盖。涵盖关税（相互取消关税，涉万种商品）、投资、竞争政策、技术贸易壁垒、食品安全、知识产权、政府采购以及绿色增长和劳工保护等多个领域。（3）宽领域。既包含货物贸易、服务贸易、投资、原产地规则等传统的自由贸易协定（Free Trade Agreement，FTA）条款，也包含知识产权、劳工、环境、临时入境、国有企业、政府采购、金融、发展、能力建设、监管一致性、透明度和反腐败等亚太地区绝大多数FTA尚未涉及或较少涉及的条款。（4）高标准。如在环保、劳工、原产地和政府采购等方面设置了诸多高标准的条款。TTIP的内容和性质与TPP类似。

对民主党的政党认同。

第二,"奥巴马选民"联盟各群体间也存在冲突。一方面,少数族裔并非铁板一块。民主党以教育平权拉拢非洲裔和拉美裔,但是,为此付出最大代价的并不是对非洲裔落后教育水平和经济地位有某种程度原罪的白人,反而是历史上也曾遭受严重不公正待遇的亚裔。加利福尼亚州的"SCA5法案"便是典型代表。由于有重视教育的传统,占加利福尼亚州总人口13%的亚裔在加州公立大学在校生中占比35%。2013年,加州议会中民主党人提出了"SCA5法案",其核心诉求是,加利福尼亚州公立大学在录取学生时应充分考虑族裔平衡。显然,该法案的实际效果就是"压缩亚裔录取比例,提升非洲裔和拉美裔录取比例"。

另一方面,多元化如何包容排斥多元、唯我独尊的价值观?民主党希望以"多元"价值观将各类少数群体凝聚在一起,但是一些少数群体相互间存在严重的价值观冲突,相应地少数群体也就未必能始终在民主党的"多元"旗帜下和睦相处。2016年6月,一名穆斯林青年袭击了佛罗里达州奥兰多市一家同性恋酒吧,制造了举世震惊的、造成50死53伤的奥兰多恐袭事件。这给民主党选举动员出了不小的难题,美国一家知名LGBT社团甚至因为此事转而背书特朗普。

同时,LGBTQ群体也不是铁板一块,其内部存在严重冲突,例如在许多女同性恋者眼中,很多所谓男性跨性别自我认同为女性者其实是想伪装成女性认同搞性骚扰（事实上，由于跨性别认同完全没有生理指标要求，确实很容易被犯罪分子利用，给许多女性的安全带来威胁，类似的性侵案件在美国并不少见）。因此，女同性恋者往往非常排斥男性跨性别自我认同为女性者，但是跨性别认同者也会以此指控女同性恋者是性别歧视，体现了传统基督教男权社会对他们的压迫。

这种冲突还体现在现实利益上。例如，2018年9月加利福尼亚州议会通过法案，为了保障女性权益，要求注册地在加利福尼亚州的公司的董事会中必须有一定比例的女性董事。然而，加州又允许性别自我认同，这意味着，一家加州公司董事会成员即使全部是标准的、没有进行过任何变性治疗的生理男性，也未必违反了"董事会中必须有一定比例的女性董事"的规定，因为这些生理男性可以宣称自己是跨性别认同者，自己认为自己是"女性"。谁敢质疑生理男性自我认同的"女性"身份，谁就是性别歧视，就是基督教社会男性霸权对跨性别认同者的压迫。

第三，如何维持非洲裔的高投票率？在2008年大选和2012年大选中，非洲裔投票率分别达到了66.1%和66.2%，高于其他所有族裔[1]。但是，高投票率与两个特殊因素有关。

---

[1] Census Bureau（美国人口普查局）. The Diversifying Electorate: Voting Rates by Race and Hispanic Origin in 2012. [2017-02-22]. https://www.census.gov/prod/2013pubs/p20-568.pdf.

其一,奥巴马是首位非洲裔总统候选人,这在社会心理上给非洲裔以巨大激励,他们因此更愿意出门投票。但是,白人候选人甚至下一个非洲裔候选人都很难再引发类似效果。其二,非洲裔因为族裔认同投票给奥巴马,但是投票后,他们更看重的是实际利益。如果竞选承诺的兑现率偏低,在下一次选举中,虽然不太可能直接转投共和党,但是他们的投票意愿会下降。在 2016 年大选中,非洲裔选民在全体投票选民中占比 12%,2012 年大选的对应数据则是 13%[①]。事实上,近年来民主党推出了越来越多的少数族裔候选人(例如 2018 年中期选举、2020 年大选、2022 年中期选举),然而,目前来看这些候选人的少数族裔号召力很少能达到当年奥巴马的效果。在 2020 年大选中,拜登在非洲裔选民中的得票率同样小幅下降(特朗普在非洲裔选民中的得票率则有所上升)。不过,非洲裔选民的投票率大幅增长,因此为拜登赢得了更大的选票优势,但是这主要是新冠疫情的特殊因素导致的临时性现象,并不是选民认同或选民结构变化的长期性结果。

第四,拉美裔对民主党的政党认同度不高。一方面,拉美裔大多是比较虔诚的天主教徒,重视家庭,社会保守主义氛围较浓,因而对民主党的宗教多元和支持堕胎、同性恋等主张存

---

① How Hillary Clinton Lost?. (2016 - 11 - 09) [2016 - 11 - 11]. http://edition.cnn.com/2016/11/09/politics/clinton-votes-african-americans-latinos-women-white-voters/.

在一定不满；另一方面，刚入籍的拉美裔移民会因为感恩心理支持民主党，可是，随着时间流逝和代际更替，他们会更多地从自身境遇和现实利益出发考虑投票选择，就像是共和党解放了黑奴，而现在大部分非洲裔却支持曾经力主蓄奴、为了捍卫奴隶主权益不惜发动内战的民主党。

二、共和党的两个应对思路

在"奥巴马选民"联盟崛起的同时，共和党的少数族裔支持率则在持续下降，白人选民票仓也面临着萎缩危机。对此，在输掉2008年和2012年两次大选之后，为了扭转劣势，共和党内部也产生了拉拢拉美裔和唤醒基本盘这两个应对民主党挑战的竞选思路。

（一）拉拢拉美裔

这一思路认为，仅仅依靠白人选民已经很难赢得今后的总统大选，拉拢拉美裔选民是共和党的唯一选择。原因在于，第一，拉美裔是美国人口规模最大、增长速度最快的少数族裔。第二，拉美裔大多是天主教徒，共和党的社会保守主义价值观对他们有一定吸引力。同时，民主党近年来的宗教多元倾向也使得拉美裔天主教徒和共和党核心支持者白人新教徒的宗教分歧相对变小。第三，拉美裔在2008年大选和2012年大选中的投票率偏低，分别只有49.9%和48%①，这意味着他们的政治热情和对民主党的认同度都不高，有较大潜力可供共和党发掘。第四，共和党在拉美裔中曾经有过较高的支持率。在2000年大选和2004年大选中，小布什分别收获了35%和44%的拉美裔选票②。

在2016年大选中，老布什总统的小儿子、小布什总统的弟弟、前佛罗里达州州长杰布·布什（"Jeb" Bush）③和现任佛罗里达州联邦参议员马尔科·卢比奥是上述思路的实践者，他们试图从两个方面吸引拉美裔选民。一是候选人特质。杰布·布什的妻子哥伦巴·加尼卡（Columba Garnica）是墨西哥移民后裔，杰布在婚后随妻子改宗天主教，他和三名子女也都能说流利的西班牙语。卢比奥本人就是拉美裔（第二代古巴移民）。二是温和的移民政策和福利政策。

---

① Census Bureau（美国人口普查局）. The Diversifying Electorate: Voting Rates by Race and Hispanic Origin in 2012. [2017 - 02 - 22]. https://www.census.gov/prod/2013pubs/p20-568.pdf.

② Pew Research Center. Hispanics and the 2004 Election: Population, Electorate and Voters. (2005 - 06 - 27) [2016 - 11 - 11]. http://www.pewhispanic.org/2005/06/27/hispanics-and-the-2004-election/.

③ Jeb并非布什州长法律意义上的名字，而是他的全名"John Ellis Bush"（约翰·埃利斯·布什）的首字母缩写，Jeb其实是外号。

然而，他们的策略并不成功，不仅未能赢得拉美裔青睐，反而在 2016 年大选的共和党初选中早早掉队，两人在共和党建制派促成联手的情况下都在他们共同的大本营佛罗里达州共和党初选中惨败给特朗普 20% 以上的选票①。其原因在于，第一，选民更看重的是候选人提供的现实利益，而不是所谓的亲戚老乡关系；第二，在提供现实利益上，两人的政治主张都是模仿民主党，而且模仿得远远不够。"提升最低工资标准"一直是民主党的主张，这是主要在低端服务业就业的拉美裔的根本利益所在。然而，"提升最低工资标准"与共和党的立党基石——经济自由主义相背离，杰布·布什和卢比奥均不敢背离共和党的主流意识形态和核心利益，因而他们的经济主张只能是"工资已经够高了"。那么，拉美裔选民怎么会舍民主党而选共和党呢？

（二）唤醒基本盘

白人选民在 2008 年大选和 2012 年大选中的投票率偏低，分别是 64.7% 和 64.1%，比非洲裔选民低 2% 左右②。而在美

---

① 为了确保集中火力压制特朗普，2016 年 2 月 20 日，杰布·布什在共和党高层劝说下退选，转而支持卢比奥的竞选活动。
② Census Bureau（美国人口普查局）. The Diversifying Electorate: Voting Rates by Race and Hispanic Origin in 2012. [2017 - 02 - 22]. https://www.census.gov/prod/2013pubs/p20-568.pdf.

国大选历史上,白人特别是白人新教徒的投票率一直是最高的。共和党认为,只要能让白人新教徒的投票率回升至历史水平,共和党就有望赢得大选。因此,共和党的竞选策略不应当是以中间化主张讨好少数族裔和其他群体,而是应该用更坚定的保守派主张将那些不愿意出门投票的白人新教徒动员起来。

在2016年大选中,得克萨斯州联邦参议员特德·克鲁兹和著名神经外科医生本·卡森是上述思路的践行者。他们试图从两个方面动员白人新教徒。一是强调宗教信仰和社会保守主义价值观。两人均为虔诚的福音派基督徒,近年来,为了争取中间选民,许多共和党政客在堕胎、同性恋等涉及宗教的社会保守主义议题上的立场日渐软化,引起了福音派基督徒极大不满,降低了他们出门投票的意愿。克鲁兹和卡森则提出了近年来最为严苛的社会保守主义主张,自由派媒体甚至将这些主张称为"不信上帝,就下地狱"。二是财政保守主义。2010年以来,"茶党"运动异军突起,它代表着中产阶层对奥巴马政府"高税收、大政府"政策的反对。克鲁兹是"茶党"运动的核心人物,有"茶党太子"之称,也正是"茶党"运动在2012年中期选举中将他推上了得克萨斯州联邦参议员宝座。在2016年大选中,他提出了废除"奥巴马医保"、放松市场监管、大幅减税等激进的财政保守主义主张。卡森虽然没有"茶党"组织背景,但他的政坛成名战就是在2013年2月全美祈祷早餐会上当着邀请人奥巴马的面痛批税收、福利、"奥巴马医保"等"大政府"政策。此后,越来越多的保守派选民开始呼吁他竞选总统。参选后,废除"奥巴马医保"、放松市场监管也就顺理成章地成了卡森的核心主张。

值得一提的是,两人都是货真价实的少数族裔。克鲁兹与卢比奥一样是拉美裔(第二代古巴移民),卡森是非洲裔,出身黑人贫民区单亲家庭(卡森的祖上是黑奴。相比之下,奥巴马只有一半黑人血统,并且出身精英家庭)。然而,两人却是最保守的白人福音派基督徒最青睐的候选人。由此可见,虽然共和党选民中确实有一些种族主义者,但是绝大多数人并不具有种族偏见,肤色和身份并不是他们看重的政治议题。

在2016年大选的共和党初选中,卡森是唯一一位全国民调曾经超过特朗普的共和党候选人,克鲁兹则是特朗普最有威胁的初选对手。从成效上看,"唤醒基本盘"策略要比"拉拢拉美裔"策略更成功一些,但是也仅此而已。他们终究以显著劣势败给了特朗普,也不可能战胜希拉里和"奥巴马选民"联盟。具体来说,福音派基督徒主要分布在美国中南部各州。在2008年大选和2012年大选中,共和党也赢下了这些州的选举人票。在选举人团制度下,选民票赢1%还是赢10%毫无差别,再多的福音派基督徒出门投票也无法增加共和党候选人的选举人票。相反,激进的社会保守主义主张会在其他区域引起较为强烈的反感。这在初选中就已经显露无遗,克鲁兹在中南部各州之外只赢过缅因、威斯康星和阿拉斯加三个州,他在初选大票仓新英格兰诸州的表现还不如"打酱油"的俄亥俄州州长约翰·卡西奇（John Kasich）。财政保守主义主张在中南部各州之外的吸引力更大一些，但也不足以动摇民主党的优势地位。

表 2-2 共和党的两个应对思路

应对思路	选民群体	策略	直接效果	总体评估
拉拢拉美裔	拉美裔	温和的移民和福利政策	没用	没用
		候选人个人特质	没用	
唤醒基本盘	白人新教徒	社会保守主义	有用	可以赢更多选票，但改变不了大选结果
		财政保守主义	有用	

三、"特朗普选民"联盟：颠覆性的新议题

（一）共和党怎样才能赢得大选？

在"奥巴马选民"联盟不断扩大、自身票仓面临萎缩的大背景下，共和党想要再次赢得大选，至少要实现以下三个条件：第一，必须争取新的选民群体加入共和党选民联盟；第二，为了赢得更多的选举人票，新选民群体必须处于非传统红州，拉美裔和福音派基督徒对此目标均难发挥较大作用；第

三,必须调和新的选民群体与传统支持者之间的潜在矛盾(过去两者没有形成联盟,就是因为存在利益冲突或意识形态冲突),否则,吸引到了新的选民群体,却可能失去更多传统支持者。

特朗普的出现,让共和党实现了以上条件。着眼于美国社会结构变化和当前突出问题,他大胆采用新的竞选策略,有效避免了过多纠缠于(民主党预设的)族群之争和身份政治,放弃了(共和党擅长的)社会保守主义议题,从选民最关切的现实需要出发提出了全新的议题——"反非法移民"和"把工作带回美国"。"新右翼"独特的政治议题让他成功塑造了不同于共和党传统的"特朗普选民"联盟,这不仅帮助他赢得了2016年总统大选,更从2017年起在整体上重塑着共和党和美国政治。即使在输掉2020年大选后,他依然可以依靠"新右翼"的力量在2024年大选中再度冲击总统宝座。

(二)"特朗普选民"联盟

"特朗普选民"联盟以中南部白人和"锈带"蓝领的同盟为核心,部分亚裔、少数非洲裔和拉美裔也开始加入。

1. "反非法移民"赢得中南部白人支持

中南部白人是共和党的基本盘,但是特朗普吸引他们的议题与共和党传统议题截然不同。中南部各州基督教氛围浓厚,过去共和党善于炒作社会保守主义议题以获取支持，但是，特朗普无法借此立足。原因在于，第一，他并不是克鲁兹、卡森那样的全美知名的虔诚基督徒；第二，他结过三次婚，并且第二段婚姻是第一段婚姻中婚内出轨的产物，因而他的个人特质严重背离了社会保守主义价值观；第三，在堕胎和同性恋等议题上，他的基本立场是"不赞成，不反对"，他认为这些议题不应属于联邦事务，应当由各州自行决定①，这在共和党内已经是前所未有的"左"了。

那么，特朗普为什么还能在共和党内脱颖而出？关键在于，他提出了更触及中南部白人核心利益的新议题。

具体来说，堕胎、同性恋等都是私人事务，一般不影响公众实际利益。在过去美国繁荣昌盛、民众丰衣足食的情况下，选民有闲暇把以上议题当作神学、哲学或者生命科学问题来讨论。然而，今天的美国与过去不同了，更严重的危机开始显现。

在中南部各州，现在最为突出的就是大规模非法移民和形同虚设的边境管制造成的安全问题。虽然多数非法移民只是想

---

① 简单来说，加利福尼亚、华盛顿、纽约这些自由派主导的州，那就自己立法允许堕胎等；阿拉巴马、得克萨斯这些保守派主导的州，那就自己立法禁止堕胎等。相关人群可以用脚投票去自己想去的州。在"让美国再次伟大"的关键时刻，政坛不应当继续充斥着这些永远吵不明白的议题。

来美国多挣点钱的普通人，但是其中也确实混杂了一些恶性刑事犯罪嫌疑人（绝对数量并不算少），他们造成的实际恶果和社会恐慌更是远大于他们的人数占比所带来的影响。在多次演讲中，特朗普反复列举了很多美国公民被非法移民犯罪嫌疑人杀害的案例，并强调凶手反复得到不恰当的"庇护"（也就是说，如果严格执法、强化边境管理，这些悲剧本可以避免）①。这些个案未必能在统计意义上证明非法移民会造成多么严重的谋杀犯罪问题，但是，从现实来看，他的这些言论显然在南部地区赢得了广泛认同。

边境失控导致的毒品犯罪则有详细的统计数据证明。美墨边界已经成为世界上最大的毒品走私通道，美国70%的可卡因、80%的大麻和30%的海洛因来自墨西哥。2014年平均每天有129名美国人吸毒身亡。1990年到2016年3月，美国西南边境共发现224条运毒路线。美国政府和墨西哥政府的一次联合行动就曾查获各类毒品13 297公斤②。墨西哥官员估计，

---

① 例如，他在2016年7月的共和党全国代表大会的演讲中列举了3个案例（非法移民犯罪嫌疑人杀害美国公民）。在2018年2月的首次国情咨文中，他列举了4个案例。执政以来，他更是频繁在各类演讲中和社交媒体上发布类似的案例，控诉非法移民给美国造成的安全问题。

② Drug Enforcement Administration（美国辑毒局）. 2016 National Drug Threat Assessment Summary. [2017-03-11]. https://www.dea.gov/resource-center/2016%20NDTA%20Summary.pdf.

墨西哥贩毒集团每年通过毒品走私从美国获利 380 亿美元①。换句话说，也就是每年至少有价值 380 亿美元的毒品被美国人吸食了，这足以让无数人家破人亡。特朗普当选后红极一时的 J. D. 万斯（J. D. Vance）②所著的畅销书《乡下人的悲歌》中就写道："我的家乡小镇仅仅去年就有几十人因过量服用海洛因死去。"③并且，贩毒的不仅有专业毒贩，有研究显示，许多非法移民也会以携带毒品偷渡的方式来偿付蛇头集团的佣金。因此，特朗普反复强调："我们的边境敞开着，随意让任何人、让毒品以前所未有的速度涌入。"

在这样的情况下，特朗普果断抛弃了无关痛痒的老议题，从最重要的现实问题出发，提出了（至少在选民看来）积极应对的政策主张（"建墙"、强化边境管控、大规模遣返非法移民）。对中南部各州白人选民来说，特朗普坚定的"反非法移民"主张要比他有问题的社会保守主义立场重要得多。一个例子能更直观地说明中南部白人的观念转变。中南部各州是美国

---

① 墨西哥打响毒品战争 10 万毒贩对抗 13 万军队．（2010 - 09 - 05）．[2017 - 03 - 11]．http://news.sina.com.cn/w/2010 - 09 - 05/093021041681.shtml．

② 在 2022 年中期选举中，J. D. 万斯更是以特朗普忠实拥趸的身份成功赢得俄亥俄州联邦参议员席位，现在是美国国会中最年轻的参议员。

③ 万斯．乡下人的悲歌．刘晓同，庄逸抒，译．南京：江苏凤凰文艺出版社，2017：2．

农业重镇，非法移民是当地农场雇工的重要来源，因而"反非法移民"会明显损害白人农场主的经济利益。过去几十年，农场主集团一直是"反非法移民"的主要政治阻力，他们曾多次通过游说等方式反对严格的非法移民执法。然而，在2016年、2020年大选，2024年党内初选中，他们却一直是特朗普的坚定支持者，极少发声反对"反非法移民"主张。这意味着，现在他们认为，非法移民造成的安全损失要远大于他们从雇佣非法移民中获得的经济利益。

表2-3 面向中南部白人选民的议题转变

议题	共和党建制派方案	特朗普的方案	结果
社会保守主义	反堕胎、反同性恋	不在意	选民抛弃建制派，投向特朗普
自由贸易	TPP	退出TPP	
非法移民廉价劳动力	暂缓遣返但反对入籍	驱逐非法移民	
非法移民带来的安全问题	无回应		

2. "把工作带回美国"吸引"锈带"蓝领

新英格兰地区、西海岸和五大湖区是民主党的传统票仓。然而，与以金融业和科技行业为主的东西海岸诸州依然欣欣向荣的景象不同，曾经制造业发达、蓝领众多的五大湖区工业带日益衰落，密歇根、俄亥俄、威斯康星、宾夕法尼亚等州有了一个新的名字——"锈带"。在全球化冲击下，这些州的工厂大量倒闭，或者迁出美国，大量蓝领因此失业，曾经日夜开工的厂房如今锈迹斑斑。过去，民主党主要通过劳工政策（即支持工人向雇主争取更高工资、更多福利、更好的工作环境等）争取蓝领支持，但是现在"锈带"蓝领的核心利益已经不是如何从雇主处争取更多利益，而是要想方设法地保住工作岗位。这时，民主党的劳工政策反倒可能因导致工作岗位进一步外流而损害蓝领利益。

共和党曾经的明星斯科特·沃克（Scott Walker）三度赢得传统蓝州威斯康星州州长选举的经历就是很好的例子。任职期间，打压工会、削减职工福利、限制集体谈判是沃克的核心施政举措，威斯康星州多个工会组织因此联合起来在2012年掀起了史无前例的罢免州长公投。然而，沃克却在这次公投中以及此后多次投票中赢得了越来越多的工会会员选票。他能做到这些，根源在于他的一系列看似不利于蓝领的施政举措却遏制甚至略微扭转了威斯康星州工厂外迁和工作岗位外流的趋势。

因此，特朗普的"把工作带回美国"主张也就抓住了"锈带"蓝领的核心关切点。他主张，对外，与美国所有主要贸易国重新谈判贸易协约甚至设置关税壁垒、开打贸易战，让搬到国外的制造业企业无利可图，让美国国内生产的产品能更好地卖到国外；对内，大幅减税，吸引企业回流，并让回来的企业和新创立的企业活得更好。企业好了，美国的就业率和蓝领工资水平也就会随之上升。

需要强调的是,特朗普并不比早就提出"振兴制造业"的奥巴马更有远见,在任职总统之前也显然不比沃克等人(沃克也是特朗普 2016 年共和党初选的对手)更有实际政绩。但是,特朗普的独特之处在于:第一,奥巴马只是"呼吁"美国制造业企业回流,但是缺少实际举措,特朗普则是反复"威胁"要对搬走的大公司和以美国为主要市场但不在美建厂的外国企业施加惩罚。在特朗普的施压下,通用、丰田、开利、福特等跨国公司在 2017 年特朗普刚刚上任时就公布了新的在美建厂计划。并且,特朗普还直接运用政治手段"吸引(强迫)"外国政府投资,日本、沙特等国在 2017 年均已做出了千亿美元级别的在美投资承诺(虽然直到他卸任前也兑现得不多,但总算比奥巴马的政绩多一些)。第二,沃克虽然有"强硬"之名,但是其政策举措归根结底都只是对民主党和工会(劳工政策)强硬,他从不敢对共和党和大企业(自由贸易)强硬。所以,虽然沃克两次连任威斯康星州州长,但是威斯康星在沃克执政期间的总统选举中依然是支持民主党的蓝州。相反,为了"把工作带回美国",特朗普首先要推翻的就是共和党传统的自由贸易和全球化主张①。

由此导致的不同结果是,一方面,跨国公司和大富豪在 2016 年和 2020 年两次大选中均可以算是一边倒地反对特朗

---

① 第六章第三部分对此有详细阐述。

普,甚至采取了拒绝给共和党捐款①、发布公开信等一系列打破美国政治惯例的激烈行为,约翰·麦凯恩、米特·罗姆尼、保罗·瑞恩等众多共和党要员也同样打破政治惯例在2016年共和党全国代表大会之后依然频繁抨击已经成为本党总统提名人的特朗普;另一方面,特朗普的强硬态度、不惜与跨国公司和大富豪乃至共和党主流决裂的决心以及跨国公司和共和党要员的激烈反应,也让他赢得了"锈带"蓝领的充分信任乃至政治忠诚。

表2-4 奥巴马、沃克(共和党传统方案)和特朗普对蓝领诉求的回应

议题	奥巴马	沃克	特朗普
振兴制造业	有倡议	无	有倡议
	不限制跨国企业外流		打击外流的跨国企业
自由贸易	TPP	TPP	退出TPP,开启诸多双边贸易谈判
工会	支持工会	限制工会	限制工会

3. 部分亚裔

一直以来,民主党被认为是关注少数族裔的政党。早期亚裔移民大多受教育程度较低甚至是非法移民,他们确实受益于

---

① 按照美国政坛的政治惯例,跨国公司和大富豪可以根据自身倾向给共和、民主两党提供不同金额的捐款乃至其他帮助,但是总体上都会两头下注(具体金额上可以有差异),而不会只支持其中一方,拒绝另一方的募款请求。

民主党主导的许多扶助政策。然而，近年来民主党对少数族裔的界定越来越受制于其选举利益，他们更重视选票众多的非洲裔和拉美裔，又不能让人口最多的白人付出太多。这样一来，人数最少又不关心政治的亚裔就常常成了"被切走蛋糕"的对象，也享受不到"政治正确"的保护。

现在，美国社会常常出现这类对比鲜明的景象：娱乐界明星们一方面集体抗议奥斯卡获奖名单中没有非洲裔是种族歧视，另一方面又常在颁奖典礼上对亚裔发表歧视性言论。美国CNN等亲民主党媒体一方面大力支持"黑人的命很珍贵"（Black Lives Matters）等社会运动，指控特朗普"反非法移民"主张是对拉美裔的种族歧视，另一方面它们的节目中又不时出现"抢劫华人"等极其恶劣的煽动性言论，并在遭到抗议后始终拒绝为此道歉甚至不肯下架相应节目。

以上还主要是情感因素，更大的冲突体现在现实利益上。最触动亚裔核心利益的是民主党的"教育平权"主张。亚裔是美国受教育程度最高的族群，25岁以上有学士以上学位的亚裔比例是51.3%，显著高于美国人总体三成的大学学历水平[1]。华裔具有研究生以上学历的比例是21.4%，远高于美国

---

① 最新数据指美国华人总数达452万 受教育程度高. (2015-05-04). [2016-10-04]. http://news.xinhuanet.com/overseas/2015-05/04/c_127762167.htm.

人总体12%的水平①。但是，亚裔美国人进入大学的难度也是所有族裔中最大的。美国大学理事会数据显示，被同一所大学录取的亚裔学生 SAT 平均分要远高于其他族裔。在这种情况下，2013年加利福尼亚州民主党人仍然在州议会中提出了"SCA5法案"，要求压缩加州公立大学的亚裔录取名额。虽然"SCA5法案"当时未能获得通过，但阴影并未退去。2016年，民主党掌控的加利福尼亚州议会和纽约市议会先后高票通过了"亚裔细分法案"（即亚裔在出生、入学、就医、购买保险等时，要标明来源于哪个国家）。"亚裔细分法案"表面上看不会直接影响亚裔利益，但在亚裔特别是华裔看来，该法案显然是为了分化亚裔，孤立华裔，为类似 SCA5 的各种法案卷土重来做准备。

特朗普在竞选时并没有专门吸引亚裔的政策主张，但是亚裔在"反非法移民"中找到了他们的利益契合点。反对所谓"教育平权"是亚裔的核心诉求，2013年"SCA5法案"未能在加州议会通过是因为共和党议员的反对，共和党看到了借此争取民主党亚裔选民的机会。但是，如果民主党政客提出的"1 200万非法移民入籍"②主张变成现实，拉美裔选民数量将

---

① Census Bureau（美国人口普查局）. Educational Attainment in the United States：2015. [2016 - 12 - 10]. http://www.census.gov/content/dam/Census/library/publications/2016/demo/p20-578.pdf.

② 拜登在2020年大选中也提出了类似的"非法移民合法化"主张。

暴增三分之一左右，必将彻底改变加利福尼亚州乃至联邦的政治均势。那时，肯定会有越来越多的政客（不论是共和党还是民主党）提出或支持类似 SCA5 的法案，牺牲亚裔利益以争取庞大的拉美裔票仓。因此，在亚裔看来，特朗普的"反非法移民"主张至少能让他们保住已有的有限的话语权，不损失更多核心利益①。

4. 少量非洲裔和拉美裔

特朗普在福利政策上是历年来最"左"的共和党候选人。废除"奥巴马医保"是共和党全党的共识，然而，与众多党内对手不同，特朗普虽然也反"奥巴马医保"，却是唯一认同全民医保的共和党候选人。他的主张是，"奥巴马医保"效率太低、浪费太大，他要提供一个"更棒的"全民医保计划②。同时，特朗普的"反非法移民"主张对非洲裔和拉美裔美国人也有一定吸引力。基于数十年的实证研究，美国经济学界的一项共识是：由于其主要是在低端服务业就业，受拉美裔非法移民

---

① 第三章将系统讨论这个问题。

② 2017 年，特朗普数次试图在国会废除"奥巴马医保"并通过新的医保法案，然而最终未能成功。当时，共和党在国会参议院和众议院都掌握着多数席位。医保相关法案之所以未能通过，并不是因为民主党阻挠，而是因为共和党"茶党"派系觉得特朗普的新医保法案太"左"了，和"奥巴马医保"有很多相似之处，所以坚决反对，从而导致医保改革在特朗普首个任期内以失败告终。详细论述参见第六章。

冲击最大的恰恰是拉美裔和非洲裔美国人。

当然，特朗普对非洲裔和拉美裔的吸引力还是远不如民主党候选人（民主党主张"提升最低工资标准"，福利政策更优惠、更有确定性，这都是特朗普所不能比的），但至少不是其最讨厌的共和党人。

（三）成效与分析

1. 中南部白人和"锈带"蓝领为什么能达成同盟？

2016年大选结果表明特朗普的策略成功了。第一，虽然他的个人特质、社会政策主张都不讨中南部白人喜欢，但是由于提出了更符合他们核心利益的"反非法移民"主张，特朗普在共和党初选中轻松战胜了诸多党内对手。在大选中，虽然特朗普在中南部各州的得票率普遍比罗姆尼在2012年大选中的得票率低，但是，他依然赢了罗姆尼赢过的所有州①。

---

① 例如，在共和党头号票仓、美国人口第二大州得克萨斯州，罗姆尼在2012年大选中的得票率是57%，特朗普在2016年大选中的得票率降至52.5%；在亚利桑那州，罗姆尼在2012年大选中的得票率是54%，特朗普在2016年大选中的得票率降至49%。降幅最大的是犹他州，罗姆尼在2012年大选中的得票率是73%，由于有美国众议院共和党大会前政策事务主任、中央情报局前官员、摩门教徒艾文·麦克马林（Evan McMullin）以独立候选人身份搅局，特朗普在2016年大选中在犹他州的得票率仅为45.5%。

第二,"把工作带回美国"主张让特朗普在"锈带"地区大获全胜,不仅赢下了俄亥俄等摇摆州,而且使威斯康星、密歇根、宾夕法尼亚等近三十年没有在大选中支持过共和党总统候选人的传统蓝州成功翻红,在明尼苏达等州也只是以十分微弱的劣势惜败。

中南部白人和"锈带"蓝领构成了"特朗普选民"联盟的基石,是特朗普赢得大选的关键。然而,20世纪60年代以来,中南部白人与"锈带"蓝领一直分别是共和党和民主党的核心选民群体,相互间存在尖锐的利益冲突。其一,以农业、能源业为主的中南部各州受益于全球化,主张自由贸易;以制造业为主的"锈带"各州抵制全球化,要求贸易保护主义。其二,这两类选民群体虽然大多同为基督教新教徒,但是他们相互间存在保守与自由的宗教分歧。因而,关键问题就是:为什么两者能摒弃前嫌,在特朗普的旗帜下结成同盟?

这与民主党未能回应"锈带"蓝领的诉求有关。更重要的是,"反非法移民"超越自由贸易和社会保守主义成为中南部各州头号议题,构成了中南部白人和"锈带"蓝领结盟的基本前提。具体来说,其一,过去共和党在中南部各州的支持者是白人新教徒,现在,特朗普的支持者则是中南部白人。虽然两者基本是同一群人,但是他们关注的政治议题(也就是他们的核心利益)发生了根本性转变,从社会保守主义变成了安全议题。这就淡化了"锈带"蓝领和中南部白人在宗教与社会议题上的分歧。

其二，为了更重要的安全利益，中南部白人在贸易利益上做出了重大让步（退出TPP），从而能和"锈带"蓝领结盟，相应地，"锈带"蓝领支持他们的"反非法移民"主张。具体来说，TPP的关税减免和打破贸易壁垒会严重损害美国制造业和"锈带"蓝领利益，却有利于中南部各州的贸易利益，这也是2015年6月国会共和党人在投票中会与奥巴马结盟通过TPP谈判所必需的"贸易促进授权法案"的原因。然而，从2016年至今，面对特朗普的反全球化主张，中南部白人却少有反对声，国会共和党人也因此迅速转变立场。

其三，特朗普也给中南部白人提供了一定补偿。一方面，中南部各州的石油等传统能源产业极具发展潜力，页岩油气技术又已经成熟，正是大有可为之时，但是传统能源产业在奥巴马时期遭遇环保主义的多方限制。特朗普则不在乎环保主义，主张大力发展能源产业，上任后立刻恢复了因环保问题停滞的克斯通和达科他两条输油管线建设，废除了《清洁电力计划》，退出《巴黎协定》，将传统能源产业发展限制一扫而空[①]。另一方面，美国农产品出口一直在世界许多国家遭遇重重限制。特朗普虽然反TPP（TPP可以改善这一困境），但是他也提出用双边贸易谈判破解问题，减少外国对美国农产品的限制。上

---

① 详见第六章第一部分。

任后，他通过谈判一度兑现了一些关于农业贸易的承诺。2016年至 2017 年上半年，中国、日本等多国放松了对美国农产品的贸易限制。例如，2017 年 5 月 12 日中美两国达成《中美经济合作百日计划早期收获》，中国解除了自 2003 年起的美国牛肉进口禁令。当然，美国发动贸易战后，这个协议就基本作废了。

进一步来说，虽然特朗普输掉了 2020 年大选，但这并不足以证明他的选举策略失败了（他输掉大选主要是因为新冠疫情和邮寄选票等美国选举政治传统之外的因素），他所构建的选民同盟依然没有出现不可调和的矛盾，更是在 2024 年大选中继续为他提供着强大的支持，并让共和党初选变得毫无悬念。

2. 亚裔、非洲裔和拉美裔动向

在 2016 年大选中，特朗普在亚裔、非洲裔和拉美裔中也有所斩获，虽然对胜负影响很小，但是长期来看可能进一步动摇"奥巴马选民"联盟。

第一，亚裔开始加入"特朗普选民"联盟。在 2016 年竞选期间，一向不太关心政治的华裔、印度裔等亚裔族群纷纷成立特朗普助选团，并且迸发出了前所未有的激情和行动力。例如，2016 年 10 月，数十万华人集巨资租用飞艇在芝加哥、洛杉矶等 20 多个民主党重镇上空宣传特朗普竞选口号，令世人瞩目。在 2016 年大选中，虽然亚裔对民主党的整体支持率并未有大的改变，却在数个摇摆州倒向特朗普过程中发挥了重要作用。在 2020 年大选中，虽然特朗普丢掉了总统宝座，但是亚裔特别是华裔支持他的比例和力度却进一步加大。

第二，拉美裔和非洲裔虽然不可能整体加入"特朗普选民"联盟（因为特朗普没有回应他们的核心利益诉求），但是特朗普在他们中的得票率也略有提升。根据美国皮尤研究中心（Pew Research Center）调查数据，在 2016 年大选中，特朗普得到了 28% 的拉美裔选票，比罗姆尼在 2012 年大选中 27% 的得票率增长了 1%；在 2016 年大选中，希拉里得到 66% 的拉美裔选票，比奥巴马在 2012 年大选中 71% 的得票率下降了 5%。在非洲裔中，特朗普在 2016 年大选中的得票率是 8%，比罗姆尼在 2012 年大选中 6% 的得票率上升了 2%；希拉里在 2016 年大选中的得票率是 88%，比奥巴马在 2012 年大选中 93% 的得票率下降了 5%。值得一提的是，民主党对此产生了强烈的危机感，奥巴马甚至说出"非洲裔美国人不给希拉里投票就是对我的侮辱"的言论，更是在 2016 年大选冲刺期间放下公务满天飞地为希拉里拉票①。而在 2020 年大选中，拜登在非洲裔选民中的得票率比希拉里还略

---

① 奥巴马此举有违美国政坛惯例，在美国历史上是极其罕见的。具体来说，现任总统虽然有党派身份，但其主要应当是履行总统职责，而不应在大选中过多地介入党派竞选活动，不顾自己应当承担的公职任务。

有下降。

四、2020年大选：例外的大选与稳固的政党选民联盟

2016年大选引发了美国政党选民联盟重组，但它是一场关键性选举还是昙花一现的例外插曲，需要更多的选举来验证。由于突然袭来的新冠疫情，2020年大选变成了一次与过往截然不同的总统选举。不过，若从政党选民联盟角度来看，"特朗普选民"联盟与"奥巴马选民"联盟的格局却是十分地清晰和稳固。换言之，2020年大选进一步证明了2016年大选的关键性选举性质，巩固了新的政党选民联盟。

（一）"特朗普选民"联盟十分稳固

在很大程度上，是新冠疫情决定了2020年大选的结果。不过，其作用机制并非直接的，即特朗普并不是因为应对疫情不力导致失去选民信任。事实上，新冠疫情并未影响两党绝大多数选民的政党认同，糟糕的疫情应对并未让特朗普失去多少选票。在2020年大选中，"特朗普选民"联盟在巨大外部冲击下反倒表现得非常稳固。

具体来说，其一，"锈带"蓝领和中南部白人这两大基本

盘仍然稳定。虽然2016年大选特朗普获胜的关键——威斯康星、密歇根和宾夕法尼亚等"锈带"三州在2020年大选中重新倒向民主党，但是，拜登的获胜优势极其微弱，"锈带"蓝领依然青睐特朗普，并未在此次选举中重回民主党阵营。从两位候选人在威斯康星、密歇根和宾夕法尼亚等三州州内的选票区域分布看，特朗普在蓝领群体中的支持率或许还有所提升。拜登获胜的关键则在于邮寄选票导致的非洲裔选民高涨的投票率。

其二，民主党和美国主流媒体长期抨击特朗普歧视少数族裔，并且少数族裔在新冠疫情期间确实遭受了更大损失。然而，虽然整体水平很低，但是特朗普在少数族裔选民中的支持率并未下降。他在拉美裔选民中的支持率甚至有了显著上升，这使得佛罗里达这样几十年的摇摆州正在逐步变成红州；他在亚裔选民中的支持率也略有上升；就连非洲裔选民支持率，在新冠疫情和"黑人的命很珍贵"运动的双重影响下也没有下滑。

其三，由于疫情防控不力和众多反智言论，特朗普在城郊富裕白人这一传统共和党选民群体中的支持率有所下降。不过，相比奥巴马、布什父子、克林顿等人竞选连任时选民群体的变化，这一变化并不算大（而且可能只是暂时性的），并非结构性变化。

相应地，民主党的"奥巴马选民"联盟同样十分稳固，为拜登提供了坚定的支持。

（二）特朗普怎么输的：新冠疫情影响 2020 年大选的间接机制

不过，特朗普终归是输掉了 2020 年大选。为什么"特朗普选民"联盟未能让共和党第二次摘下桂冠？从选举地图来看，在 2020 年大选中，全美有 45 个州和华盛顿特区的选举人票归属与 2016 年大选一致，只有威斯康星、密歇根、宾夕法尼亚、佐治亚和亚利桑那等 5 个州变换了支持对象（从支持共和党候选人变为支持民主党候选人）。这一变化幅度是二战以来历次出现过政党轮替的美国大选中最小的一次。这一变化与结构性因素关系不大，而是被新冠疫情的间接机制左右的。

1. 拜登获胜的关键是邮寄选票机制

邮寄选票在美国选举政治中久已有之。不过，由于邮寄选票更容易造假等缺陷，过去全美各州对邮寄选票的适用范围、使用方式均有严格的限定，一般只有选举期间驻在海外的美军士兵以及美国公民（确因不可抗力无法现场投票）才能申请使用邮寄选票。

新冠疫情暴发后，民主党在多个州以防疫为名提出扩大邮寄选票适用范围（选民只要提出申请即可使用邮寄选票）、减少使用限制的诉求，并最终在威斯康星、宾夕法尼亚、密歇根、佐治亚、亚利桑那等拜登胜选的关键州成功修改了州选举法，允许所有选民申请邮寄选票，同时放宽了邮寄时间等多方面的限制（例如，过去要求邮寄选票必须在投票日前寄到计票站，而2020年大选中一些州只要求最迟在投票日寄出，甚至邮戳在投票日后的邮寄选票依然可以被认定为有效）。打着防疫的旗号，民主党推动邮寄选票实则是出于政治目的。在疫情同样严重甚至更加严重的加利福尼亚、纽约等州，民主党人反而没有提出多少有关邮寄选票的诉求，因为这些州是民主党怎么都能赢的铁杆蓝州，无须多此一举。

邮寄选票的主要作用是大幅提升了民主党选民特别是非洲裔选民的投票率，这是拜登胜选的关键。从整体数据来看，虽然2020年大选前"黑人的命很珍贵"运动如火如荼，但是拜登在非洲裔选民中的得票率相较于2016年大选的希拉里并未增加，而特朗普的得票率似乎还略有上升。综合各类出口民调来看，拜登在非洲裔选民中的得票率领先特朗普74%~78%，与2016年的希拉里类似。不过，2020年有更多的非洲裔选民参加了选举，这使得拜登在非洲裔选民中赢到了更多选票。其中的关键逻辑如下：假设在2016年大选中总计有80万非洲裔选民投票，按照希拉里比特朗普的得票率高75%计算，希拉里可以多赢特朗普60万张票；假设在2020年大选中总计有100万非洲裔选民投票，按照拜登比特朗普的得票率高73%（即比希拉里下降2%）计算，拜登可以多赢特朗普73万张票。而且，这些多出来的选票高度集中于威斯康星的麦迪逊和密尔沃基、宾夕法尼亚的费城、密歇根的底特律、佐治亚的亚特兰大、亚利桑那的凤凰城等几个大城市，并最终改变了这些关键州的选举结果。

关于邮寄选票及其他投票和选民资格认定方式，共和党和民主党存在长期争议和斗争，共和党指责民主党企图通过宽松方式进行"选举舞弊"，民主党则指责共和党企图通过严苛方式实现"选民压制"。特朗普更是反复抨击民主党借邮寄选票在2020年大选中舞弊，从而"偷走了胜利"，甚至引发了在美国200多年历史上绝无仅有的国会骚乱事件。从选举角度来说，虽然邮寄选票确实会比现场投票出现更多的舞弊问题，但是邮寄选票的最大影响并非选举舞弊或者选民压制，而是会显著提升或降低少数族裔选民的弃权率。那么，为什么邮寄选票会大幅提升民主党非洲裔选民的投票率（而对共和党选民和民主党的其他选民群体并没有显著影响）？

具体来说，非洲裔等少数族裔选民虽然更支持民主党，但是他们对民主党也有诸多不满，因为他们数十年来对民主党的支持并未换来境遇的普遍改善，他们只是更不喜欢共和党。相反，不同群体的白人选民则往往能在自己支持的政党上台后获得比较明显的回报。因此，许多非洲裔选民都有着这样的心态：共和党不能选，但民主党也不是好选择。这与白人选民不论支持共和党还是民主党都更坚决的心态不同。因而，他们在选举中常常会采取人们在日常生活中常见的一种行为方式——"交给老天决定",例如天气好、限制少、交通方便等,就出门投票支持民主党;反之,就不投票了。也就是说,不同于白人选民是在共和党、民主党中二选一,非洲裔选民理论上的投票选择有三种:民主党、共和党、弃权(两个都不选)。其中大多数人实际上主要是在民主党和弃权中二选一。弃权也是行使民主权利的一种方式,这是长期以来非洲裔等少数族裔选民投票率比白人选民低的首要原因。

邮寄选票意味着减少了非洲裔选民选择"交给老天决定"的客观限制,民主党基层组织更是把选票直接送到少数族裔选民面前,待其填好后还负责寄出,甚至同时还有小礼品赠送。那么,非洲裔选民的弃权率就会大幅下降,相应地就显著提升了拜登获得的选票总数。

2. 共和党内斗

民主党能比较顺利地在一些关键州扩大邮寄选票适用范围,也与共和党内斗有很大关系①,一些建制派共和党人也不希望特朗普赢得连任。例如,威斯康星、宾夕法尼亚、密歇根三州在 2020 年时均由民主党执政,大力推动邮寄选票尚能理解。佐治亚和亚利桑那却都是共和党长期占据显著优势的传统

---

① 详细论述见第七章。

红州，特别是佐治亚州，从州政府到州议院到州法院均由共和党控制，却也大力推动明显不利于共和党候选人（不仅不利于特朗普，还会影响国会议员、州议员、州行政官员等一系列选举）的邮寄选票方式，就很令人费解了。

最终，邮寄选票不仅让特朗普输掉了佐治亚州和亚利桑那州，还进一步让共和党在同期国会选举中丢掉了佐治亚州全部的两个联邦参议员席位和亚利桑那州的一个联邦参议员席位。同时，威斯康星州和宾夕法尼亚州的共和党人一度将邮寄选票的官司打到联邦最高法院，最终却是首席大法官罗伯茨（保守派）和特朗普抵住极大压力提名的大法官卡瓦诺（保守派）投出关键两票，让两州共和党人反对扩大邮寄选票适用范围的努力功亏一篑。

这也反映出特朗普执政四年期间的一个突出问题——忽视了组建自身班底的重要性。急于求成的心理让特朗普满足于共和党要员的效忠宣言，以为这样这些人就可以放心使用，而没有耐心培养"自己的人"。可以看看那些一度被美国主流媒体视为特朗普铁杆盟友乃至密友的共和党要员：南卡罗来纳州联邦参议员林赛·格雷厄姆（Lindsey Graham），2016年大选后主动要求调查俄罗斯干预大选一事的少数共和党要员之一；得克萨斯州联邦参议员克鲁兹，特朗普在2016年共和党初选中的死敌；佛罗里达州联邦参议员卢比奥，在2016年参议员初选中依靠特朗普的支持才拿下共和党提名却又在随后的"荤段子"事件中立即反水。这样的"铁杆盟友"可以共富贵,但不可能共患难。在2020年大选后,他们纷纷试图与特朗普切割,然而,在2021年到2022年间,发现特朗普依然是最受选民认可的共和党领袖后,又再度向特朗普宣誓效忠。

3. 新冠疫情的其他影响

除了邮寄选票的关键性影响外,新冠疫情还通过一些次要途径影响了2020年大选。

其一,让特朗普的政绩化为乌有。2020年2月5日,特朗普在国会山发表了2020年国情咨文,逐个夸赞了执政三年来的历项成绩,雄心勃勃地吹响了竞选连任的号角。虽然依旧是特朗普一贯的夸张风格,但他当时的政绩确实还算不错(例如和奥巴马同期相比)。然而,一个月后,来势凶猛的新冠疫情就让特朗普三年多来的各项政绩纷纷化为乌有了。

其二,大大减少了民主党的内耗。新冠疫情让本该耗时漫长的2020年民主党初选戛然而止(特别是桑德斯迅速主动出局),让民主党避免了再次出现2016年初选时那种斗得太久太难看导致党内最终难以团结起来的情况,让拜登在2020年全年都能幸运地回避了民主党内那些尖锐的政治议题(例如"打击资本""反全球化""反自由贸易"等),以宽泛但缺少实际内容的竞选纲领靠着"我不是特朗普"这一点就打完了整场选举战。

其三，对竞选活动的限制。一方面，通过竞选集会争取选票，是特朗普相对于拜登的巨大优势。在 2016 年大选中，密歇根、宾夕法尼亚等州逆转与特朗普在最后阶段极其密集的竞选活动高度相关。另一方面，领导人的健康状况一直是政治斗争和国家治理的重要因素。拜登身体状况堪忧（甚至有老年痴呆征兆）是美国政坛共识。为此，民主党特别将身体好、必要时能代行总统职权作为副总统人选的前提条件，众议长南希·佩洛西（Nancy Pelosi）等人也多次试图以疫情为由取消大选辩论。如果没有新冠疫情，按照往届惯例开展竞选活动，拜登的身体问题显然将被置于显微镜下反复展示，很可能引发选民的普遍担忧。然而，新冠疫情同时大幅减少了特朗普和拜登公开活动的频率，这让特朗普的优势难以发挥，却让拜登能隐藏自己的劣势。特别是特朗普在最关键的 10 月还感染了新冠病毒，这让他不得不取消了多场在"锈带"地区的竞选集会，同时让拜登躲开了他最头疼的第二场大选辩论。

五、小结与前瞻

过去，中国学界对关键性选举、政党选民联盟重组等美国政治主流理论的研究大多是基于以往的二手资料，最近几次美国大选则为我们提供了充足的一手资料和绝佳机会直接观察美国选举政治运作。在系统实证分析基础上，本章指出，2016年大选是久违的关键性选举（2008年大选开启酝酿期，2020年大选、2024年大选则进一步巩固了在2016年大选奠定的格局），它带来了20世纪60年代以来共和党、民主党两党政党选民联盟的系统性重组：从罗斯福时期就一直是民主党核心选民群体的"锈带"蓝领改换门庭，与议题转变的中南部白人（注重宗教价值观的白人新教徒转变为注重安全问题的中南部居民）一起构成了新的共和党选民联盟。与此同时，"反非法移民"和"把工作带回美国"成为共和党以及美国政治新的主流议题。

本章的分析也将为后文各章提供具体分析的基本思路。简单来说，在新的选民联盟和政治议题之下，后文各章将具体分析不同利益集团与社会群体在2016年到2024年间的利益诉求和实际行动，以及美国政治的发展方向。

2016年大选刚刚结束时，多数观点曾经预测，特朗普将逐步回归共和党主流。然而，执政期间，特朗普坚定地贯彻了"把工作带回美国"和"反非法移民"等多数核心竞选主张。相反，共和党"主流"则主动或被迫向"特朗普选民"联盟及其议题靠拢。在特朗普输掉2020年大选并卸任总统后，共和党"特朗普化"的趋势也并未中断，反倒是在2024年大选中显得更加不可阻挡。简而言之，选举后回归主流，是一般性选举的特征；关键性选举后，"主流"将被重新定义。

第一，特朗普执政期间的一系列举措有助于巩固"特朗普选民"联盟。执政期间，特朗普虽然遭遇"通俄门"、医保改革失败等多次挫折，但是他也兑现了一系列"反非法移民"和"把工作带回美国"主张，包括退出 TPP、开打贸易战、颁布遣返非法移民政策和"建墙令"、推出"减税"和经济振兴计划，特别是退出 TPP、贸易战和"减税"等重大举措，在拜登上台后依然延续着。以上举措确实引起了广泛抗议，甚至引发了难得一见的"总统弹劾案"，但是，特朗普的抗议者大多来自"奥巴马选民"联盟，即使没有这些举措，他们也不太可能支持特朗普或共和党。相反，这些举措成功树立了特朗普言出必行的政治形象，广泛抗议甚至可能持续提升"特朗普选民"的忠诚度。

进一步来说，其一，由于特朗普强硬的"反非法移民"态度和 2022 年联邦最高法院在堕胎权、持枪权等一系列焦点议题上作出了有利于保守派的判决，中南部白人注定继续支持特朗普和"特朗普化"的共和党；其二，特朗普充分满足"锈带"蓝领诉求的难度很大，但是仍然能保有他们的支持。"把工作带回美国"并非易事（例如，曾经被特朗普大肆宣扬的美国"总统工程"威斯康星州富士康项目就已经流产），不过，对"锈带"蓝领选民来说，相比奥巴马、拜登和一些共和党传统政客，特朗普做的确实算是最多的了。一是鲜明的态度。特别是他在社交媒体推特（Twitter）上挨个敲打跨国公司，逼得它们承诺在美国建厂甚至确实搬回了部分生产线。虽然从统计数据来看这并没有在实际上增加多少工作岗位,但是形成了极高关注度,特朗普给蓝领留下了"他真的很关心我们""他不惜为了我们和大公司翻脸"的印象。二是美国的传统能源产业具备全球竞争优势。任期内,特朗普和他的首任环保署署长斯科特·普鲁特(Scott Pruitt)大幅削减环保管制和环保执法力量,为石油、天然气、煤炭等产业发展提供了十分宽松的空间,已经创造出可观的经济效益和为数不少的就业岗位(当然也会造成一定环境损害)。相应地,新能源、环保主义和绿色政治则在美国遭受重创。

第二,民主党虽然赢回了2020年大选,但是至今仍然缺乏明确的政治纲领和选举策略巩固"奥巴马选民"联盟。一方面,奥巴马至少还做过"振兴制造业"的努力(虽然不成功),然而,在特朗普积极回应蓝领诉求时(虽然实际成效也不大),现在民主党却越来越纠缠于意识形态话题,"锈带"蓝领的持续流失也就难以避免。事实上,相比特朗普自2015年起才开始提出制造业外流和蓝领问题,桑德斯在其政治生涯中一直坚定地反对了美国所有与其他不同国家的自由贸易协定,一直在国会中用实际投票行为要求保护制造业蓝领权益。因此,桑德斯在2016年大选中拥有着相比特朗普毫不逊色的蓝领选民支持。但是,2017年以来,桑德斯在一定程度上也被民主党内的各类意识形态话题带偏,对制造业议题的关注变少,他的蓝领号召力已经不如特朗普了,这是他在 2020 年大选民主党初选中迅速落败的一个重要原因。另一方面,民主党缺乏能够有效弥合联盟内部裂痕、整合支持者的纲领体系。从 2016 年大选直到 2020 年大选,民主党内始终只有一项共识——反特朗普。但是,反面共识再大也不能替代正面纲领,希拉里居然用"Love Trumps Hate"作为她 2016 年大选的竞选口号,就是这一困境的明确显露①。

---

① 第四章将从竞选模式和政治营销角度详细阐述这一问题。

第三章

"人权优先"还是"主权优先":
美国政治中的非法移民议题

21世纪以来，非法移民议题在美国政治中日益重要，并随着特朗普的参选在2016年大选中一跃成为最核心的议题之一。"建墙""反非法移民"是特朗普最为人熟知的竞选主张。2017年2月，刚一上任的特朗普即签署了在美墨边境修建隔离墙和加大非法移民执法与遣返力度的两项行政令。在他上任的第一年里，美国遣返非法移民数量同比大幅增长40%。2017年8月，特朗普宣布支持由共和党籍阿肯色州联邦参议员汤姆·科顿（Tom Cotton）和佐治亚州联邦参议员戴维·珀杜（David Perdue）联合起草的"改革美国移民政策以促进经济法案草案"，着手启动移民体制的全面改革（包括合法移民和非法移民两个方面）。2017年9月，美国司法部宣布中止旨在为16岁以下非法移民提供暂缓遣返和便利入籍通道的"梦想法案"。

上述主张和举措为特朗普政府招来了无休止的批评和广泛的抗议行动，民主党多次就"建墙"经费拨款、"梦想法案"等非法移民相关议题在国会中与共和党展开激烈斗争，也为特朗普带来了数量众多的坚定支持者，美国社会因此产生了严重分裂和尖锐对立，吸引了全世界的目光。在2020年大选中，一方面，许多民主党初选竞争者都将非法移民议题列为自己竞选纲领的核心内容；另一方面，特朗普在任期间也在不断颁布行政令乃至与墨西哥再次开打贸易战以彰显自己反非法移民的坚定决心①。可以说，非法移民议题已经成为共和党和民主党在美国政坛中交锋最激烈的战场，并将长期左右美国政治的走向。

那么，美国政治中的非法移民议题争议的实质是什么？我们如何理解特朗普与民主党的不同主张和政策？② 为什么非法移民议题会造成美国社会的严重分裂和尖锐对立？白人、亚裔、拉美裔乃至非洲裔等美国社会不同族群因为哪些原因在非法移民议题上持有截然不同的立场？他们相互间存在怎样的利益冲突和政治博弈？深入阐释以上问题，有助于我们真正理解当下美国深层次的社会矛盾。同样，欧洲社会近年来也因难民问题陷入日益严重的分裂和对立中，探讨美国的非法移民问题也有助于我们理解欧洲的难民/非法移民问题。

---

① 2019年5月，特朗普无视刚刚达成的《美墨加协定》，宣布将向墨西哥输美商品增加关税，其理由就是墨西哥未能尽力并有效地管控自身边境，导致大量非法移民涌入美国。不久后，墨西哥宣布将加强边境管理，防止来自中美洲国家的非法移民利用墨西哥入境美国。

② 虽然存在一些具体的细节差别，但是奥巴马政府的非法移民政策和希拉里、桑德斯的相关竞选主张乃至拜登在2020年和2024年的竞选主张都是承继民主党的一贯政策脉络。而特朗普的非法移民主张是他自己的，至少在他当选总统前不是共和党的主流主张，那时代表共和党主流的是杰布·布什和马尔科·卢比奥。即使是在特朗普已经担任一届总统后的今天，共和党内对他的非法移民相关政策也仍然有很多异议。所以，为了确保概念准确，我们还不能把特朗普的非法移民主张和政策等同于共和党的主张和政策。

一、特朗普与民主党的政策逻辑差异

(一) 严格地执法 vs 人道地执法

法律是特朗普反非法移民的基本依据。法律与秩序（law and order）是特朗普政治主张的核心理念，他在竞选期间和上任后一直在不断强调："我将重塑这个国家的法律与秩序。"

在特朗普看来，非法移民问题是美国法律得不到尊重和严格执行最严重的领域。因而，他主张，美国要有明确的国境管控和国籍管理法律，联邦和地方政府都必须严格执行相关法律规定，对非法移民实行抓捕、惩罚和遣返。在此基础上，他主张通过"建墙"、组建专门的边界巡逻队、执行快捷的司法程序、针对性立法等一系列手段，进一步打造坚实的边境线，从源头上遏制非法入境行为，确保美国民众的安全①。

民主党方面，"人权"则是奥巴马政府非法移民政策的核心原则，也是希拉里、桑德斯以及民主党众多 2020 年大选竞争者反对遣返非法移民、主张 1 200 万非法移民全部入籍的主

---

① 相关主张频繁出现在特朗普的提名演说、胜选演说、葛底斯堡演说、就职演说中，系统论述见于他 2018 年 2 月发表的首次国情咨文。

要依据。希拉里在2016年竞选纲领中明确写道,她"将人道地执行移民法律"。也就是说,如果法律的执行会产生某些她认为"不人道"的后果,她就不会严格执行法律。希拉里在2016年9月与特朗普的第三次总统候选人电视辩论中讲的一个故事是这一逻辑的集中体现(近些年来,类似故事也一直出现在诸多自由派媒体的宣传中):一个女孩是美国公民,但她的父母是来自墨西哥的非法移民①,如果严格执行法律,这个家庭就将骨肉分离,所以美国政府不能严格地执行法律,将那些追求家庭团聚、渴望拥抱"自由世界"的人挡在门外。

(二)人权优先还是主权优先?

国家法律是应该严格地执行,还是人道地(不严格地、有选择地)执行?这是特朗普和民主党以及他们分别代表的美国社会群体的根本分歧。这一分歧背后的根本逻辑是,在处理非法移民问题上应当遵循"人权优先"原则还是"主权优先"原则?

世界上所有国家都制定了一系列国籍国境管理和移民法

---

① 女孩的父母通过非法方式进入美国,然后生下她,女孩依据出生地原则成为美国公民,其父母也就成为我们通常所说的"美国人他爹/他妈"。进而,为了保障美国公民权利,作为"美国人他爹/他妈"的非法移民往往又会被允许滞留(而非遣返)乃至最终取得美国国籍。

律，非法移民是通过非法方式跨越边境的移民，显然违背了相关国家的边境管理法和移民法，损害了一国主权。因此，在"主权优先"原则下，就应当依法对非法移民予以惩处和遣返。与之不同，在自由主义的"人权优先"原则下，首先要考虑的不是法律的尊严而是非法移民的人权状况，如果执法可能导致非法移民的人权问题（例如生活困难），那么就不能执法。联合国《世界人权宣言》第二十五条对基本权利的定义非常宽泛："人人有权享受为维持他本人和家属的健康和福利所需的生活水准，包括食物、衣着、住房、医疗和必要的社会服务。"换言之，在自由主义"人权优先"原则的支持者看来，对于存在生活困难等问题的非法移民（大多数非法移民都或多或少地存在这些问题），主权国家不仅不能依法惩处和遣返他们，反而应当提供一系列福利以保障他们的人权。这样一来，在无法遣返非法移民的情况下，合法化（入籍）就成了处理非法移民问题的唯一出路。然而，这就势必会激励更多非法移民的产生，导致国家边境和移民法律形同虚设，主权不断被破坏，福利体系不堪重负。

需要强调的是，"人权/主权"之争并不意味着人权与主权是绝对对立的，"人权高于主权"的另一面不是"主权高于人权"，而是"没有主权就没有人权"。实际上，不同群体有着不同的权利诉求，相互之间常常发生尖锐冲突。"主权优先"原则的真实含义是根据主权区分不同人群（美国公民、非法移民)的人权。在特朗普及其支持者看来,过度保护非法移民的人权(过度强调保障非法移民的权利,却不追究他们的违法责任),严重损害了美国的国家主权本来应该保护的美国公民的人权(合法权利)。所以,他们要求强化主权、强化法律执行,根本目的是保护美国公民的人权。换言之,"人权优先"还是"主权优先"的另一个表述是:保护本国公民的人权与保护外国人的人权,哪个才是主权国家的首要任务?

民主党一直强调国家应当同等保障境内所有人的人权,无论其身份是本国公民,还是非法移民。相应地,特朗普及其支持者则强调"美国优先""美国人优先":国家应当优先保障本国公民的人权,主权的首要使命是为它的创造者(本国公民)服务,没有强大的主权,就不可能保障(本国公民的)人权。正如特朗普在 2018 年首次国情咨文中所宣称的(也是他反复强调的):"他们全都因为一个简单而关键的需求团结在一起:美国必须把自己的公民摆在一切考量的首位。"

在国际上,联合国及其人权机构是自由主义的"人权优先"原则的主要推动者,阐述联合国的观点以及它与特朗普政府的冲突有助于我们进一步理解"人权优先"原则与"主权优先"原则的差异。联合国人权理事会一直拒绝使用"非法移民"一词,而是坚持使用所谓的"非正规移民"一词。联合国人权事务高级专员扎伊德·拉阿德·侯赛因(Zeid Ra'ad Al Hussein)反复强调:"人权界拒绝使用'非法'两个字来形容没有身份证件的非正规移民……非正规移民仅仅是在没有授权的情况下进入一个国家,他们没有对任何人、任何财产或国家安全犯罪。"①

因而,特朗普政府颁布的"建墙"和"强化非法移民执法"行政令也迅速引发了美国政府和联合国人权机构的激烈冲突。

2017年2月24日,联合国人权事务高级专员办公室对美国发布的有关驱逐非法移民的行政命令和备忘录的执行表示关注,认为这可能违反了美国的人权义务,"虽然执行移徙政策和保障边境安全是一国政府的合法职能,但是在实施过程中必须充分尊重人权法和国际标准。……处于非正规状态的移徙者不应遭受拘留。他们的人权应受到尊重,无论他们是本国国民还是其他国家的国民"②。

次日,美国国务院回应:正在考虑退出联合国人权理事会。2018年6月19日,美国正式宣布退出联合国人权理事会。

---

① 人权高专:移民政策应基于事实而非偏见.(2015-12-15). http://news.un.org/zh/story/2015/12/248602. 扎伊德的这段话后来被联合国官网作为"非正规移民"的名词解释放在多个相关报道的文末。但是,他的这段话有偷换概念之嫌。违反刑法的行为是犯罪。也就是说,犯罪必定是违法,违法未必是犯罪(例如违反边境管理法和移民法),但也应当受到法定处罚。扎伊德先将犯罪和违法两个概念等同起来,再用没有犯罪来否定跨越国境时的违法。

② 联合国相关机构对美国酝酿中的大规模驱逐非正规移民的行动表示关注.(2017-02-24). http://news.un.org/zh/story/2017/02/271412.

(三) 区分两组概念

在展开具体分析之前，我们需要区分两组关键概念。

1. 非法移民与合法移民

我们探讨的是美国政治中的非法移民议题，基本不涉及合法移民问题。特朗普的政策主张是"反非法移民"，他对合法移民特别是其中的技术移民持温和立场①。在"人权/主权"逻辑下，合法移民和非法移民有两个根本区别：第一，合法移民不破坏美国法律和国家主权（特朗普/共和党/保守派不反对）；第二，合法移民一般也不会面临人权困境（民主党/自由派不同情），例如吃不上饭、上不了学、看不起病等。这一区别对下文关于亚裔的论述至关重要。

2."建墙令"和"旅行禁令"

刚一上任，特朗普就颁布两项行政令，分别是"建墙令"②

---

① 例如，2017年8月，特朗普在为"改革美国移民政策以促进经济法案草案"背书时指出："能说英语、有一技之长、能养活自己和家庭的人，在这一申请程序中更有竞争力，他们将对我们的经济作出贡献。"各界普遍认为，特朗普的合法移民改革有利于受教育程度高、谋生能力强的亚洲技术移民。

② 本章用"建墙令"泛指特朗普在2017年1月签署的两项行政命令："建墙"和"大规模遣返非法移民"。

和"旅行禁令"（正式名称为《阻止外国恐怖分子进入美国的国家保护计划》）。舆论界有时会将两者混为一谈，但它们其实是不同的政策举措。首先，对象不同。"建墙令"主要目的是遣返以墨西哥等美洲国家来源为主的拉美裔非法移民，并通过一系列举措（例如"建墙"）杜绝外国人通过非法方式入境（依然可以通过合法方式入境），而"旅行禁令"是要全面禁止七个/六个/八个①国家民众以合法方式（持有美国签证或者已经申请到了难民资格）②入境。其次，权限不同。因为针对的是非法移民，所以"建墙令"完全符合美国法律，是国家主权的正当使用。虽然争议很大，但是反对者很难通过司法途径阻碍其生效，只能在国会通过限制政府预算做文章。"旅行禁令"禁止的则是合法签证乃至美国政府自己颁发的绿卡，一定程度上违背了国际惯例和

---

① 2017年1月27日，第一版"旅行禁令"禁止伊拉克、叙利亚、伊朗、苏丹、索马里、也门和利比亚等七国公民入境美国。3月6日，应美国军方要求，第二次颁布的"旅行禁令"删去了伊拉克（驻伊拉克美军一直以提供美国签证和移民资格吸引一些伊拉克人为其提供情报、翻译等方面服务），改为六个。9月24日，第三次颁布的"旅行禁令"新增乍得、朝鲜和委内瑞拉，去掉了苏丹，变成八个。

② 美国的中东/北非难民问题与欧洲的不同。欧洲接纳的中东/北非难民不少是通过非法方式（偷渡跨越地中海）入境的，现在困扰欧洲的问题是如何遏制这股非法入境潮。而由于浩瀚大西洋的地理区隔，美国基本上不存在非法入境的中东/北非难民，他们只能是先申请到美国政府发放的难民资格签证，才能入境。换言之，美国的中东/北非难民在法律上都是合法移民。2016年底，在奥巴马卸任前，美国政府曾集中发放了6万个难民签证给索马里等国的难民申请者，而特朗普的"旅行禁令"则是要否决上任美国政府的法案效力。

美国法律，反对者也就可以通过司法途径连续否决特朗普政府的行政令①。换言之，"旅行禁令"并不涉及"人权/主权"之争，本书也不讨论这一问题。

二、地域与阶层：白人群体的分裂

在非法移民议题上，美国白人社会发生了严重的分裂，有

---

① 2017年2月3日，也就是法案颁布7天后，华盛顿州西区联邦地区法院法官詹姆士·罗巴特（James Robart）做出裁决，认为各州有权就"旅行禁令"起诉特朗普政府。随后，民主党控制的华盛顿州和明尼苏达州均起诉"旅行禁令"违宪，华盛顿州诉状指出："禁令明确地指出这种歧视是基于国家的起源或信仰，但是却违背了州的保护公民人权和宗教自由的传统。"2月7日，位于旧金山的美国联邦第九巡回上诉法院宣布将暂停"旅行禁令"。特朗普随即表示，华盛顿和明尼苏达两个州挑战"旅行禁令"的官司可能要打到最高法院。

6月26日，联邦最高法院以9∶0推翻了下级法院的大部分判决，"旅行禁令"的大部分条款正式生效。需要注意的是，此时联邦最高法院这一判决还不具备最终效力，它允许个人、民间组织或下级司法机构就此事提起诉讼，只是强调在诉讼未出结果前，总统的行政令必须得到执行（即否定了此前第九巡回上诉法院或其他联邦法院拥有暂停"旅行禁令"的权力）。9月12日，联邦最高法院以7∶2正式裁决特朗普政府赢得有关"旅行禁令"的各类诉讼。

9月24日，特朗普又签署了第三版"旅行禁令"，10月18日，这版"旅行禁令"再次被自由派占主导的夏威夷州和马里兰州联邦地区法官喊停其大部分内容。最终，2018年6月26日，联邦最高法院裁决支持特朗普发布的第三版"旅行禁令"。联邦最高法院首席大法官罗伯茨在陈述多数意见时表示，决定谁能进入美国"完全属于总统权力范围之内"。

的白人坚决支持"反非法移民",有的白人强烈反对"反非法移民"。那么,究竟是哪些白人支持或者说要求特朗普政府采取强硬的"反非法移民"举措?又是哪些白人反对强硬的"反非法移民"举措?什么原因导致了不同的白人群体在非法移民议题上持有不同的主张?

(一) 澄清两个误区

关于以上问题,已经有两个流传甚广的答案,即"白人蓝领害怕非法移民抢走他们的工作岗位,所以反对非法移民"和"美国企业为了获得廉价劳动力反对限制非法移民"。但是,这两个答案都是错误的,非法移民议题的实质并不是经济问题,而是政治问题。

第一,从2016年大选到2024年大选,白人蓝领一直是特朗普的坚定支持者。一个影响甚广的论调是,懦弱的白人蓝领因为害怕非法移民凭借更低薪水抢走他们的工作,所以支持特朗普。这种观点放在100多年前或许是成立的,当时的工业生产对工人的文化程度和技术水平要求都比较低。也就是说,身体健康的成年男性(乃至女性和童工)一般都能胜任大多数蓝领工作岗位。但是,今天美国的工业生产已经高度自动化、智能化,机器操作对工人的文化程度和技术水平都提出了比较高的要求。这就意味着,美国的蓝领工作也需要一定的学历背景和技能教育,而大多数非法移民连英语都不懂,更没有接受过系统的职业教育和技能教育,是难以胜任多数蓝领工作岗位的。

数十年来,美国经济学界的大量实证研究已经证明,非法移民对美国蓝领工人的工作岗位和工资水平的影响微乎其微。低文化素质决定了非法移民只能从事技术含量低、工作环境差、劳动报酬低的简单体力劳动,也就是低端服务业(餐馆、酒吧、超市、旅店等)、农业、建筑业、清洁业等行业,而这主要影响的是在这些行业就业的拉美裔和非洲裔美国人。从地域来看,白人蓝领主要分布在美国北方"五大湖"附近区域各州(威斯康星、密歇根、俄亥俄、宾夕法尼亚等州),而非法移民主要集中在美国南部边境诸州(得克萨斯、亚利桑那、新墨西哥等州)。换言之,两者在地域上就很难构成就业上的竞争关系。真正威胁白人蓝领的是全球化,是国际贸易和制造业工厂外移,他们支持"新右翼"运动是因为特朗普的"反全球化"和"把工作带回美国"主张①。

第二,"美国企业为了获得廉价劳动力反对限制非法移民"同样也是100多年前或许是对的、现在则站不住脚的观点。这

---

① 中南部白人和"锈带"蓝领是"特朗普选民"联盟的核心群体。中南部白人主要是因为"反非法移民"而支持特朗普,"锈带"蓝领则是因为"把工作带回美国"而支持特朗普。所谓"蓝领害怕非法移民抢走工作"实际上是张冠李戴,混淆了两者。相关详细论述参见第二章。

不仅因为大多数非法移民尚不足以胜任蓝领工作岗位，也因为全球化时代的美国大企业已经不需要在美国本土获得廉价劳动力了。具体来说，其一，金融业和科技公司是当前美国经济中最有活力并且在世界范围内处于绝对领先位置的行业。但是，这些行业只需要数量不多的精英员工，不需要多少低端劳动力。其二，对那些制造业大公司来说，它们更青睐于将产品生产的大部分环节外迁到中国、墨西哥等其他国家或者直接外包给这些国家的代工工厂，因为这些国家具有更完善的工业体系、更适合工业大生产的劳动力、更低廉的薪资标准、更宽松的监管法律、更少的环保开支和税费负担。显然，对美国企业来说，把工厂搬到墨西哥，享受更优惠的税收、更低的工资标准、更宽松的监管体制，这要比在美国本土建厂，从墨西哥非法移民中招募员工，承担更多的税收、工资、福利支出好得多。事实上，前者正是美国企业一直在做的。

（二）支持特朗普的白人：完整的主权才能保护本国公民人权

支持特朗普"反非法移民"主张的主要是美国中南部白人。他们支持"反非法移民"的根本原因是安全和福利。

1. 安全

为公民提供安全保障是国家主权的首要作用。霍布斯指出，通过垄断暴力，利维坦（主权国家）使人们得以摆脱一切人反对一切人的自然状态，获得安全。因此，如果一国主权弱化，法律得不到严格执行，该国公民的安全就很可能出现问题。具体到美国当下现实，正如前一章指出的，虽然多数非法移民可能只是想来美国多挣点钱（至多白拿福利）的普通人，但是其中也确实混杂了一些毒贩和其他恶性刑事犯罪嫌疑人（绝对数量并不算少）。在多次演讲中，特朗普列举了很多勤劳守法的优秀美国公民被非法移民犯罪嫌疑人杀害的案例，并强调凶手反复得到不恰当的"庇护"。边境管控不力造成的毒品犯罪问题则有翔实的统计证据①。目前，美墨边境已经成为世界上最大的毒品走私通道。并且，贩毒的不仅有专业毒贩，有研究显示，许多非法移民也会以携带毒品偷渡的方式来支付蛇头集团的佣金。美国特别是南部各州民众对此有着切肤之痛：坏人的"人权"被过度保护了，好人的安全谁来负责？

早在特朗普宣布参加 2016 年大选之前，美国南部边境各州就已经有以退伍老兵、退休警察为主的志愿者组成武装巡逻队，义务守护美国南部与墨西哥交界的边境线。事实上，即使是反对"建墙"的美国人，也很少从安全角度反驳特朗普，除了强调非法移民的人权问题（如生活困难）之外，反对意见往

---

① 在《华盛顿邮报》2017 年 8 月披露的特朗普和时任墨西哥总统恩里克·涅托（Enrique Nieto）的通话中，两人都高度认同美墨边境毒品犯罪对两国国家安全危害的严重性。

往集中在"建墙的预算无法承受""建了墙恐怕也没用(挡不住毒贩,还不如啥都不做省点钱)"等观点上。

其实,正如第二章已经指出的,从经济角度来说,"反非法移民"至少会损害特朗普和共和党的重要票仓——中南部白人农场主的经济利益,因为非法移民是他们农场雇工的重要来源。但是,从2016年大选到2024年大选,他们却一直是特朗普的坚定支持者,极少发声反对"反非法移民"主张。这说明,随着局势的变化,他们开始认为,非法移民带来的安全损失要远大于他们获得的经济利益。

2. 福利

公共福利是现代国家向其公民提供的基本公共物品。在主权原则下,能否拥有享受一国公共福利的资格首先取决于成员身份。在福利制度诞生之初,只有本国公民(至少是绿卡持有者,即拥有永久居留权的外国人)才能享受政府提供的公共福利。然而,在自由主义的"人权优先"原则下,一个人能否享受公共福利与其成员身份和是否对国家履行过相应的义务无关,只与其"人权"状况有关。因而,长期以来,美国政府为非法移民提供了大量食品券、住房、教育、医疗等方面的福利保障。但是,公共福利需要真金白银,公共福利的源头是纳税人缴纳的税费。因而,大量非法移民享受美国政府提供的公共福利势必造成两个问题:第一,美国公民的税费支出不断上升；第二，美国公民的公共福利份额不断缩小。近年来，白人中产阶层深受第一个问题困扰（当然，非法移民只是近年来税费大幅上升的原因之一，而不是全部原因）①，这也是2009年以来"茶党"运动兴起的重要诱因之一。

"奥巴马医保"是这一冲突的集中体现。公共福利具有一定的"均贫富"作用，通俗地说，钱多的要帮钱少的。但是，医保收入是按照人头收费，所以美国的巨富阶层不会为"奥巴马医保"支出太多费用（相对于他们的财富来说），"奥巴马医保"的主要费用是由中产阶层承担的。简单来说，美国医保体系按州划分缴费，如果某州收入水平低于医保缴付标准的穷人少，那么中产阶层的支出就会比较少；如果某州收入水平低于医保缴付标准的穷人多，那么中产阶层的支出就会大幅增加。2016年10月，美国各州相继公布了2017年度的"奥巴马医保"缴费标准，全国平均涨幅25%，而涨幅最高的亚利桑那州（也是非法移民最多的州之一）高达116%。大多数非法移民显然是不太需要缴税但需要公共福利的穷人，由于身份限制，作为非法移民的他们能享受的福利还不算太多，这就已经让美国中产阶层不堪重负了。如果1 200万非法移民全部成为合法的美国公民，中产阶层的各项税费必然继续上涨。这是蓝

---

① 第二个问题对拉美裔和非洲裔美国人影响更大，本章第四部分将专门论述。

领、白领和中小企业主都不愿接受的。可以说，2016年大选前夕医保费用暴涨是特朗普当选的一个重要助攻。

在2020年大选民主党初选中，几乎所有民主党参选人都提出了非法移民应当和美国公民享受同等医保待遇的诉求（这一诉求比希拉里在2016年大选中的主张更为激进）。然而，拜登在执政后并未真正兑现这一承诺，所以冲突仍然处于可控范围。不过，共和党和"新右翼"与民主党显然将在这个问题上更加激烈地斗争下去。

（三）支持"人权高于主权"的白人群体

虽然特朗普的支持者众多，但是，同样也有许多白人强烈反对他的"反非法移民"主张，要求保护非法移民的"人权"。那么，这些白人群体与特朗普的白人支持者有何不同？为什么同为白人，两者却在非法移民议题上持有不同的思想观念和政治主张？

地域是美国白人群体分裂的首要因素。支持"反非法移民"主张的白人群体主要来自非法移民众多的美国南部诸州，反对者则主要来自西海岸和新英格兰地区各州①。

---

① 从特朗普参加2016年大选到执政期间，不论是其当选，还是"建墙令"颁布、"移民法案"改革等关键时间点，美国几乎所有的反对"反非法移民"游行都发生这些地区，却极少发生在非法移民聚集更多的南部诸州。

从意识形态上来说，自由主义价值观在这些地区占据着主导地位，自由主义更倾向于个人权利应当处于国家法律之上，因而"骨肉团聚""生活困难""拥抱自由世界"等口号会比"法律就是法律"等言辞更容易在这些地区引起共鸣。同样重要的原因则来自现实：新英格兰地区地处美国东北部，远离美国南部边界，非法移民会造成严重的安全问题，冲击南方各州的社会福利体系，带来医保费用的大幅增长，却较少会影响到这里。因而，这些地区的白人会更加关注非法移民的可怜境遇。但是，如果将来非法移民问题真的严重影响到了他们的现实利益，他们的态度恐怕就会有所改变。这种转变在西欧各国已经体现得十分明显。在 2014 年和 2015 年，多数欧洲人还是张开双臂欢迎难民。然而，当难民真的来了，出现了本地人的生存空间被挤占，盗窃、强奸、杀人等犯罪率激增，福利体系不堪重负等诸多问题后，越来越多的欧洲人开始要求新难民"一个不要"、老难民"快回老家"。

阶层是另一个重要因素。我们看到，不分地域，美国精英阶层几乎是一边倒地反对"反非法移民"主张。精英阶层之所以反对，并不是因为他们一直渲染的"精英比普通人拥有更高的个人道德水准和社会责任意识"，而是因为阶层（阶级）差异使他们不会受到相关问题的困扰。正如第一章所指出的，精英阶层在很多时候不需要国家提供的公共物品和服务。在安全上，他们的居住、出行都有严格的、比国家提供的公共安全保障好得多的私人安保服务，非法移民带来的治安问题影响不到他们；在福利上，一方面，他们不需要国家提供的医疗、教育、救济等公共产品（他们有能力给自己提供更好的），自然也就不在乎自己的福利份额被非法移民挤占，另一方面，相对于他们的巨额财富，按人头征收的各类税费也是微乎其微。所以，他们才乐于彰显自身的道德优越性，并以此巩固"政治正确"和精英的话语权。

但是，真到了需要付出的时候，他们往往会做出与自己的言论完全不一样的选择。例如，联合国和平大使乔治·克鲁尼（George Clooney）和联合国难民署亲善大使安吉丽娜·朱莉（Angelina Jolie）等明星一直呼吁西方国家接受更多的难民，批评欧美普通民众对难民的抵制态度。然而，英国《每日邮报》数出，两位娱乐明星各有好几套大房子处于空闲状态，足以安置很多难民，热心的欧美网友们纷纷呼吁他们为难民提供自己的住宅，克鲁尼和朱莉却再也没有回音①。同样，脸书首席执行官马克·扎克伯格（Mark Zuckerberg）一直反对特朗普的"建墙"计划，然而，美国媒体曝光显示，扎克伯格夫妇在夏威夷州考艾岛购买了700英亩的庄园，随后着手建造了6英尺高的围墙（这极大地妨碍了当地人的正常生活）以保障自

---

① 联合国亲善大使为难民疾呼 外媒却数起了他们家的空房.（2016-03-16）. http://www.guancha.cn/europe/2016_03_16_354139.shtml.

己的宁静生活，并试图通过强制收购、法律诉讼等手段迫使在这一片土地上同样拥有合法居住权（夏威夷州当地法律允许一块土地为多人所有）的当地居民迁出他的庄园①。

三、"反常"的亚裔

（一）大量亚裔支持"反非法移民"

在特朗普竞选和执政的过程中，亚裔美国人的"反常"举动引起了广泛关注。亚裔是美国第三大少数族裔，一向被视为民主党的铁杆票仓。主流观点曾经认为，特朗普的"反非法移民"主张会招致同为新移民群体的亚裔美国人的强烈反感，从而导致丢失选票。然而，"反常"的是，2016年至今，华裔、印度裔等主流亚裔群体却有不少陆续倒向了特朗普，强烈支持他的"反非法移民"主张。而且，亚裔（特别是华裔）素有不关心政治的传统，但在2016年、2020年和2024年大选中，全美多地都出现了支持特朗普的华裔助选团②。

---

① 扎克伯格发公开信承认犯错 放弃夏威夷土地拥有权诉讼.（2017-01-29）. http://www.guancha.cn/america/2017_01_29_391824.shtml.
② 揭秘特朗普最大华裔助选团 组织集资全靠微信.（2016-11-06）. http://news.sohu.com/20161106/n472416900.shtml.

看起来更不可思议的是，支持特朗普"反非法移民"主张的不仅包括亚裔美国人，还包括数量众多的旅美中国人①，他们中的大多数是等待入籍美国的合法移民。虽然不能投票，但是他们支持特朗普的热情可能更高，不仅在美国积极参与特朗普的助选活动，还通过网络持续向中国介绍特朗普的实际情况和政策主张，他们的举动甚至让知乎这个中国网站引起了美国主流媒体的关注。因而，我们的问题是，为什么同为新移民的亚裔乃至还在等待入籍的旅美中国人会强烈支持特朗普的"反非法移民"主张？

(二) 移民执法中的主权逻辑与人权逻辑

在理解这个问题时，首先要避免一个误区：移民会有同样的立场。立场取决于利益，实际上，亚裔新移民与非法移民的利益冲突要大于本地白人与非法移民的利益冲突。

1. 选择性执法令亚裔新移民不满

近年来，移居美国的华裔、印度裔等亚裔群体主要是通过攻读学位、留美工作取得身份的合法移民。表面看来，非法移

---

① 根据2013年美国人口普查数据，美国有435万旅美中国人，与华裔美国人数量接近。

民与合法移民有着不同的入籍通道，并没有直接冲突。然而，入籍名额的总盘子就这么大，长期以来，美国政府在包容、关照非法移民的同时，却在合法移民入籍通道上越收越紧。在移民问题上，共和党的立场是"选择国家需要的人才"（能缴纳较多税款、具有一技之长）。2008年以来，共和党议员曾经数次提出"为高技术人才提供便捷入籍通道法案"，但是都被奥巴马或民主党议员以"一揽子解决移民入籍问题"为由予以否决。在很长一段时间里，许多外籍高学历技术人才（中国和印度是最大来源地）即使毕业于美国大学，在美国缴纳了很多税费，有与美国公司签订的长期雇佣合同，也必须参加三年一次的 H1B 工作签证抽签，抽不中就会失去工作并且必须离开美国。即使抽中了，H1B 签证也最多只签发两次，超过六年没有拿到绿卡还是要离开美国。这种撞大运式的抽签对作为雇主的美国企业也是一种打击，因为他们提供合同时无法确定外籍员工能否真正履行合同、继续工作。这类因素反过来又增加了亚裔留学生的求职难度。

如果没有抽中 H1B 签证，为了继续留在美国，很多亚裔留学生只得再去申请攻读某个学位以获得教育签证，他们有可能真的就读，也有可能只是空挂学籍。最近几年，美国政府对"空挂学籍获取签证"现象打击愈加严厉，2015年至2016年期间，媒体爆出了多起中国留学生"学籍造假"案件（表面上注册为学生，实际上不去上学，继续打工）。为了打击"空挂学籍"现象,美国联邦调查局(FBI)甚至频繁使用"钓鱼执法",即注册一个假学校,主动向亚裔学生宣传可以提供"空挂学籍"服务,在他们缴费注册后,再予以逮捕。我们不讨论"钓鱼执法"在司法调查中是否合适,仅就"学籍造假"案件处理本身来说,这些手段大致符合美国法律。然而,面对亚裔合法移民时,美国政府的移民执法非常严格,甚至不惜使用"钓鱼执法"等争议性手段;面对非法移民时,却十分宽容。这种选择性执法引起了亚裔合法移民的不满乃至愤怒。

2. 华裔的两条入籍通道

为什么会有选择性执法?不少华裔美国人和旅美中国人将其原因归结为种族因素,即美国移民执法体系存在对亚裔移民的系统性歧视。这一观点,过于情绪化,缺乏理性思考。明显的反例是,长期滞留乃至成功入籍的亚裔(华裔)非法移民也大有人在。也就是说,选择性执法"选择"的不是族裔,而是合法/非法。对待非法移民,无论是哪个族裔,执法都比较宽松;对待合法移民,执法则要严格得多。那么,为什么会出现这种差异呢?

关键在于其背后不同的"人权/主权"逻辑。面对合法移民时,移民执法秉承的是"主权"逻辑或者说法律的逻辑,即是否容许移民居留乃至入籍由本国法律决定。法律规定可能有不合理之处,现实中也可能有特殊情况,但法律就是法律

（Law Is Law），必须严格执行。面对非法移民时，移民执法秉承的则是"人权"的逻辑，即是否容许移民居留乃至入籍取决于申请人的"人权"状况，如果移民执法可能损害他的"人权"，那么可以或者说应当不执法。

老一辈亚裔移民中的许多人都是利用"人权"逻辑长期滞留并最终成功入籍美国的（以华裔、越南裔为主，主要在1949年至20世纪90年代初），具体理由既有所谓的"政治迫害"，也有"经济难民""骨肉团聚"等。但是，今天大多数亚裔新移民很难再利用这一入籍通道了，因为他们没有办法让自己的"人权"出"问题"。以华裔为例，近年来华裔新移民进入美国主要是通过攻读大学学位、留美工作等合法方式。对他们来说，第一，现在中国经济高速发展，美国移民法官基本不可能认可中国人特别是高学历中国人的"经济难民"申请了；第二，"政治避难"路径在美国法律上依然可行，然而，以这种方式入籍美国意味着一段时期内不能再回中国。这对曾经的老华裔影响不大，不论是20世纪八九十年代的偷渡客，还是50年代的逃亡地主、资本家，因为他们在中国已经没有什么利益了，回不回国无所谓。但是，现在的华裔新移民大多出身中产阶层乃至富豪家庭，一旦不能回国，他们在家庭生活、经济利益、社会关系、未来发展上都会遭受巨大损失。所以，他们只有以合法方式入籍一条路可走。在入籍名额总量有限、自身利益受损的情况下，他们自然会支持特朗普的"反非法移民"主张。

(三) 主权更多为谁服务？

1. "平权行动"只顾及选票众多的少数族裔

过去，相对于共和党，民主党被认为是更注意维护少数族裔利益的政党。民主党一直主张针对少数族裔的"平权行动"。按照最初的逻辑，"平权行动"应当是负有原罪的白人向曾被奴役的非洲裔以及也曾受过不公正对待的亚裔和拉美裔提供补偿。然而，近年来，民主党对"少数族裔"的界定、对"平权行动"的操作越来越多地受制于选举利益。它更加重视选票众多的非洲裔和拉美裔，但又不能让依然占美国人口六成的白人付出太多。这样一来，人数最少的亚裔就常常成为被剥夺的对象，这在教育上体现得最为明显，第二章已经就加州的"SCA5法案"和几个州的"亚裔细分法案"进行了详细阐述。

此外，民主党还有将"平权行动"向就业领域大范围推进的趋势。以往，就业方面的"平权行动"大多发生在公共工程领域，即一定比例的政府工程必须由少数族裔开办的公司承包或者承包公司雇佣的少数族裔员工必须达到一定比例。这时的矛盾主要发生在白人与非洲裔之间，因为亚裔极少在这些领域经商、就业。然而，近年来奥巴马多次呼吁科技公司（苹果、脸书、微软、谷歌等）招收员工时考虑族裔多元化（即提升非洲裔和拉美裔比例），而大量华裔、印度裔新移民都是在科技行业就业的①。

2. 非法移民入籍将彻底改变美国政治格局

表面上看，"平权行动"是不同族裔美国人的内部矛盾，并不涉及非法移民。但是，如果非法移民入籍成为拥有投票权的美国公民，不同族群的力量对比就可能彻底改变。正如第二章举过的例子，2013 年加州"SCA5 法案"未通过是因为共和党议员的反对，而共和党议员之所以反对，不是因为他们"路见不平拔刀相助"，而是因为出于自身利益考虑，他们看到了借此拉拢亚裔、撬动民主党票仓的机会。亚裔担心的是，一旦"1 200 万非法移民（以拉美裔为主）入籍"主张得以推行，拉美裔选民数量将暴增三分之一左右，必将彻底改变加利福尼亚州乃至联邦的政治均势。相比之下，亚裔的选票将变得无足轻重，这就必然使得越来越多的政客（不论是共和党还是民主党）提出或支持类似 SCA5 的法案，牺牲亚裔利益以争取庞大的拉美裔票仓。

简而言之，在美国目前的族群政治格局之下，"非法移民

---

① 实际上，由于有华裔、印度裔大量在科技行业就业，因此美国科技公司的少数族裔员工比例一直很高，而且来源也很多样，按说是符合"族裔多元化"标准的。但是，现在民主党的"族裔多元化"往往特指非洲裔、拉美裔（以及穆斯林）。

入籍"关乎国家机器将更多为谁服务的根本性问题。对亚裔来说,"反非法移民"至少能让他们继续保持在美国政治中已经很有限的话语权,不进一步损失更多核心利益。

3. 亚裔与白人结盟

认识亚裔的现实主义态度,是理解他们在非法移民议题上的立场的关键。诉诸"平等"的观点认为,拉美裔、非洲裔、亚裔等受到不公正对待的各个少数族裔应当联合起来在美国社会与白人这一多数族裔展开斗争,争取更好的社会地位和权益。但是,这一观点在现实中是不具有可行性的。例如,在最核心的教育问题上,拉美裔、非洲裔的诉求是"按族裔比例录取",而亚裔的现状是,由于高度重视教育,大量投入金钱、时间与精力,亚裔美国人的大学在校生比例远高于亚裔人口在美国总人口中所占的比例(白人的在校生比例只是略高于白人人口在美国总人口中所占的比例),如果"按族裔比例录取"政策真的落地执行了,白人不会受到太大的影响,亚裔利益才会首当其冲地受到严重损害。所以,结构性因素决定了,无论情感上是否有共鸣、有多少共鸣,亚裔也不可能与非洲裔和拉美裔联合。相反,与白人联合,共同推进"按学生表现录取"原则才更加符合亚裔的现实利益。

特朗普执政后,也开始着手积极回应亚裔选民诉求,打造更广泛的选民联盟。共和党在 2017 年 8 月提出的"改革美国移民政策以促进经济法案草案"就被认为有利于(以亚裔为主的)技术移民,某种程度上是对他们在大选中给予支持的回报,但是不利于缺少职业技能、受教育程度低的拉美裔移民。

更为重要的是,"新右翼"以十年之功推翻了教育领域的"平权法案"。2014 年 11 月,"学生公平录取联盟"(Students for Fair Admissions,SFFA)就对哈佛大学和北卡罗来纳大学提起诉讼,指控它们在招生过程中歧视亚裔申请者,而给予其他族裔特别优待,导致很多成绩优异的亚裔申请人未能进入"梦校",但在当时未产生较大影响。2017 年 8 月 2 日,《纽约时报》披露,美国司法部正在着手调查"平权行动"教育系统录取中存在的歧视现象。诉讼标的是"歧视亚裔",但"学生公平录取联盟"是一家白人社会组织,因此这一事件可以被视作亚裔和白人的联手行动。白人(右翼)拥有足够的政治能量并且政治斗争经验丰富,是特朗普有动力(回应诉求)也有能力着手修正"平权行动"的主要原因,作为少数族裔的亚裔则能为白人社会组织和司法部的行动提供一定程度的"政治正确"保障。2019 年,联邦地区法院裁定哈佛大学和北卡罗来纳大学胜诉。一审、二审均败诉的"学生公平录取联盟"继续上诉。最终在 2022 年初,促使联邦最高法院受理了此案,并将哈佛大学案和北卡罗来纳大学案拆分审理。2023 年 6 月 29 日,联邦最高法院正式裁定哈佛大学和北卡罗来纳大学的"平权行动"招生计划违反了美国宪法,并宣布全美的公立和私立大学必须停止在招生时考虑种族因素。

四、拉美裔美国人未必欢迎非法移民老乡

（一）特朗普并未损失拉美裔选票

以拉美裔为主的非法移民入籍可以提升拉美裔美国人的政治影响力，也符合一些拉美裔美国人家庭团聚的直接需要。因而，过去主流观点认为，宽松的非法移民主张可以赢得拉美裔美国人的好感，吸引他们的选票。相反，特朗普严苛的"反非法移民"主张则会使他在拉美裔美国人的选票上损失惨重。

然而，事实却并非如此。据美国皮尤研究中心调查数据，在2016年大选中，特朗普得到了28%的拉美裔选票，比罗姆尼在2012年大选中27%的得票率增长了1%；在2016年大选中，希拉里得到了66%的拉美裔选票，比奥巴马在2012年大选中71%的得票率下降了5%。而且，奥巴马的非法移民政策比希拉里的政治主张以及2020年民主党初选的主流诉求要严格不少，在特朗普步入政坛前，奥巴马甚至有"非法移民驱逐总司令"之称。在2016年大选的共和党初选中，提出宽松非法移民主张的杰布·布什和马尔科·卢比奥没有赢得过任何一

个拉美裔聚集的州,甚至两人在联手的情况下都在他们的大本营、拉美裔众多的佛罗里达州惨败给了特朗普。特朗普则赢得了大多数拉美裔聚集州的共和党初选,只是在得克萨斯州输给了主场作战的得州联邦参议员特德·克鲁兹。然而,克鲁兹虽然也是拉美裔美国人,但是他的"反非法移民"主张比特朗普还要严苛一点①。

为什么"反非法移民"主张并没有导致特朗普损失拉美裔选票呢?由于境遇相近,在此我们也顺带阐述一下非洲裔在非法移民议题上的态度。在非洲裔选民中,特朗普在2016年大选中的得票率是8%,比罗姆尼在2012年大选中6%的得票率上升了2%;希拉里在2016年大选中的得票率是88%,比奥巴马在2012年大选中93%的得票率下降了5%。

(二) 非法移民与拉美裔美国人的利益冲突

其中的关键原因是现实利益。特朗普在多次演讲中反复强调,过去数十年的非法移民已经造成了美国国民的低薪与高失

---

① 虽然没有像特朗普那样提出吸引眼球的"建墙"口号,但是,克鲁兹才是首个提出"全面驱逐非法移民"主张的候选人。并且,特朗普主张,非法移民被驱逐后,将来还可以通过合法途径入境美国,克鲁兹则主张,有被驱逐经历的非法移民,将来也不能通过合法方式申请入境美国。相关论述详见第四章。

业率，尤其是非洲裔美国人和拉美裔美国人。在某种程度上，事实大致如他所说。

首先，拉美裔美国人与以拉美裔为主的非法移民间存在直接的就业冲突。美国经济学界众多研究均显示，非法移民主要在农业、建筑、清洁、餐饮和家政等行业就业，这首先冲击的就是先来一步、刚刚入籍的拉美裔美国人。其一，在劳动力市场上，新、老移民存在直接的替换关系。拉美裔美国人的合法身份意味着更多的工资、税费和福利开支，雇主因而会更青睐成本更低但素质差不多的拉美裔非法移民。其二，非法移民加剧了劳动力市场的竞争，导致相关行业平均工资下降。有研究显示，移民数量每增加10％，就会导致移民工资整体下降2％。特朗普宣称，非法移民让新近的这批移民更难摆脱贫困，更难跻身中产阶层行列。

进而，非法移民和拉美裔美国人又会一起对非洲裔美国人的就业、经济状况造成冲击。美国相关研究指出：移民大规模进入旧金山、洛杉矶等中心城市，增加了对可获得的工作岗位的竞争。在这种情况下，许多非洲裔男性对在常规经济状况下寻求工作机会已经感到绝望。一项基于1960年至2000年美国人口普查数据的研究发现，移民、黑人工资收入、黑人就业率以及黑人的监禁率有着很强的相关性，即，拥有特定技能的移民每增长10％，相应技能水平的黑人工资就会减少4％，黑人男子的就业率会降低3.5％，同时黑人监禁率会增加近 1%①。事实上，这些年来非洲裔美国人一直认为拉美裔移民挤压了自己的生存空间，双方冲突时有发生。

简而言之，拉美裔美国人和拉美裔非法移民虽然是政治上的潜在同盟，又有着老乡情谊（许多个体间更是有直接的血缘关系），但是他们在劳动力市场上也存在着直接的竞争关系和明显冲突。这就使得拉美裔美国人在非法移民议题上的整体态度是矛盾的，在个体上则是依个人情况不同而大相径庭：一些有非法移民亲属的拉美裔美国人希望政府推行宽松的非法移民政策，没有非法移民亲属的拉美裔美国人则更关注自己的经济利益。而非洲裔美国人与拉美裔非法移民没有老乡情谊，只有激烈的就业竞争关系。

当然，大多数拉美裔美国人和非洲裔美国人始终还是支持民主党的。但是，这与非法移民议题并没有太大关系，而是因为民主党的经济主张更加符合他们的根本利益。简单来说，第一，"提升最低工资标准"一直是民主党的核心政策诉求。例如希拉里在 2016 年 7 月民主党全国代表大会后的竞选纲领中提出了"联邦最低工资标准提高至 15 美元/小时"。当时，主要在低端服务业就业的拉美裔美国人和非洲裔美国人的平均时

---

① BORJAS G J, GROGGER J, HANSON G H. Immigration and African-American Employment Opportunities: The Response of Wages, Employment, and Incarceration to Labor Supply Shocks. (2007-01-17). http://www.nber.org/papers/w12518.pdf.

薪只有7.25美元到12美元。第二，相比其他群体，收入较低的拉美裔美国人和非洲裔美国人更需要食品券、医保、教育、救济等国家提供的基本福利。共和党一贯反对高福利，特朗普也一直宣称要废除"奥巴马医保"。多方估计这会让1 600万到2 000万人失去医保，其中拉美裔美国人和非洲裔美国人占多数。当然，特朗普也承诺说会重建一个"更棒"的医保体系，但是就算一切顺利，"建好"也至少需要好几年，更何况从当下美国政府和国会的行政效率看，很可能很长时间都建不好。

五、小结

本章阐述了美国社会不同族群在非法移民议题上的不同态度和诉求，实证地分析了他们在现实利益分歧上的深层原因。即中南部各州白人因为安全和福利需求支持特朗普的"反非法移民"主张，西海岸和新英格兰地区各州白人因为价值观和自身利益不受影响反对特朗普的"反非法移民"主张；亚裔不满于选择性移民执法以及担心政治影响力被削弱而支持特朗普的"反非法移民"主张；拉美裔一方面可以从非法移民入籍中收获政治利益，另一方面（以及非洲裔）也会在就业市场上遭受非法移民的强烈冲击，所以在"反非法移民"问题上持有矛盾态度。当然，以上族裔/利益分析并不绝对，亚裔、拉美裔和非洲裔各族群也担心非法移民造成的安全和福利问题，白人也一直有"我们是谁"[①]的主权旁落担忧，少数从事低端服务业的白人和亚裔也面临着非法移民的就业冲击。不过，与本章第二、三、四部分相应的阐述相比，这些因素相对要次要一些。

总的来说，本章研究发现：第一，虽然美国政治中的非法移民议题引发的争论有明显的族群界线，即不同族群持有截然不同的态度和诉求，但是族群立场的成因与情感性的种族因素关系并不大，而主要是现实的利益冲突。第二，过去被视作非法移民入籍核心支持力量的拉美裔和主要反对者的非洲裔事实上并未积极参与到这场特朗普发动的"建墙"战争中。现在，在非法移民议题上，主要是白人不同群体之间的内斗（基于安全利益的中南部白人 vs 精英阶层和基于意识形态的东西海岸白人），一部分亚裔新移民则从自身利益出发积极参与其中。第三，非法移民议题冲突的焦点并不是就业等经济问题（福利因素有影响，但是这一因素相比安全和"平权行动"而言是次要的，并且福利不仅是经济问题，也是关乎主权之下成员身份的政治问题），而是以"人权/主权"逻辑为核心的政治问题。

虽然特朗普的"反非法移民"主张招致了美国主流媒体一

---

① 亨廷顿. 我们是谁？：美国国家特性面临的挑战. 程克雄，译. 北京：新华出版社，2005.

边倒的批评，甚至使得他在全球舆论界的名声都很差，但是，从执政需要来看，"反非法移民"主张为他赢得了数量庞大的坚定支持者，却并没有在实质上为他招致更多的反对者。具体来说，即使他不提出"反非法移民"主张，高度信奉自由主义价值观的西海岸和新英格兰地区诸州白人选民也很少会支持任何一个共和党候选人。同样，对大多数拉美裔和非洲裔选民来说，信奉财政保守主义的共和党候选人也不可能提出比民主党候选人更有吸引力的"提升最低工资标准"和公共福利主张。

从学术角度来说，当下美国学界的非法移民问题研究的最大困境是，在很大程度上偏离了学术轨道，学者们卷进了不同派系政客政治斗争的泥潭。本来，经过美国学界数十年扎实的实证研究，"非法移民不会对制造业蓝领的就业和工资造成显著影响""非法移民会对低端服务业的就业市场造成一定冲击"等结论早已成为美国学界、政界（共和党、民主党两党）和媒体都认同的社会共识。然而，自2016年以来，许多美国媒体却一直在反复渲染"懦弱的白人蓝领害怕被非法移民抢走工作"这一明显不符合事实的论调（白人蓝领怕的是被全球化抢走工作）。一方面，这掩盖了非法移民问题的真正症结（安全、福利、选票、"平权行动"等），无助于解决问题；另一方面，这在事实上反倒制造了非法移民与（本来与其冲突不大的）白人蓝领的新矛盾，进一步增加了解决非法移民问题的政治阻力。所以，对中国研究者来说，现在研究美国的非法移民问题，就不能只关注美国国内当下政治性过强的争论，而应当更多从直接的现实证据和过去美国学界扎实的实证研究中汲取养分，尽量避免受美国舆论在此议题上过度政治化的影响，从理性、客观的角度思考问题。

最后，人口流动是当今世界的基本特征，它包括国内流动和跨国流动两种类型。中国过去面临的主要是国内流动（农民跨区域进城务工），西方国家面临的主要是跨国流动，包括合法移民和非法移民两类，我们关注的是其中的非法移民问题。

不过，我们也必须看到，虽然当前中国以国内人口流动为主，但是随着中国经济高速发展，跨国非法移民问题也日益凸显。根据各方估计，现在中国已经有近 50 万外国人处于长期非法滞留状态，并且人数还在持续增长中，这已经在广州等地造成了一些社会问题。在全球化和中国经济高速增长的今天，中国的流动人口治理可能很快就将变成国内流动与跨国流动的双重难题，我们必须早做准备，研究美国的非法移民问题对中国国家治理的现实意义就在于此。

第四章

从"和稀泥"到"旗帜鲜明":
美国政治营销模式变迁

前面几章讨论的都是结构性因素。在结构性因素变化的同时，2016年以来，美国政治的"玩法"（操作性因素）也因"新右翼"运动发生了巨大变化。本章聚焦当下美国乃至西方世界选举政治中政治营销模式的变迁，以特朗普及其对手的竞选活动为主要线索分别探讨当今时代美国政客/政治家为何从"和稀泥"向"旗帜鲜明"的政治风格转变。同时，本章还希望介绍一个被忽视的事实：虽然新媒体在美国政治中有了越来越广泛的运用，但是与此同时，面对面的零售政治也在美国强势回归。

一、政治风格：个人特质与外在环境的共同产物

自2015年宣布参加美国大选直至2024年再度参加大选，特朗普始终是美国乃至全世界政界、学界和媒体关注的焦点。除了宏观的美国政治社会变迁和政策分析外，特朗普与众不同的政治风格也引起全世界广泛关注，美国媒体时常连篇累牍地分析他的性格特质、心理状况，乃至时不时爆料他患有精神性疾病、老年痴呆，纠缠于特朗普从童年时期的一些糗事到今天与妻子梅拉尼娅着装颜色不一样等许多细枝末节的小事。然而，即使不考虑美国媒体相关报道与评论的立场偏向和政治目的，仅仅关注个人特质，这一过于狭小的研究视角也不足以充

分呈现政客/政治家的行为逻辑，更难以借此折射背后的国家政治的宏观走向。

"口无遮拦"/"一意孤行"是特朗普的鲜明政治风格，是他与过去数十年来西方世界主流政客的重大不同。表面上来看，按照前些年西方政治的主流观点，"口无遮拦"/"一意孤行"显然是政客/政治家非常大的缺点。因此，从2015年参选到执政期间再到2024年再度参选，大多数美国媒体都以这些性格特点作为特朗普不适合担任美国总统的重要论据之一。然而，令人困惑的是，不论特朗普有过多么"出格的"言论和行为，不论他遭到多少激烈的抨击和声势浩大的抗议，2016年以来他的民意支持率始终非常稳定①，在2021年卸任总统后，

---

① 过去，美国总统的民意支持率常常会呈现出一个倒J形曲线。具体来说，胜选总统在大选时一般得票率也就是略高于50%，但是在上任总统后不久，他的民意支持率会有显著和快速的上升，一般都能在头一个一百天达到60%以上，显示出民众寄予的厚望。然后，由于不少竞选承诺未能兑现和其他施政问题，他的民意支持率就会一路走低，甚至常常会低到惨不忍睹（30%以下）。此外，一些偶然事件也可能造成总统的民意支持率在短期内的剧烈波动，例如"9·11"事件对小布什总统的影响。然而，与过往惯例相比，特朗普的奇特之处在于，他的民意支持率很少波动。刚上任时，他的民意支持率是20世纪以来当选总统中最低的（不足50%），然而此后数年也能一直保持在40%以上，但也从未超过50%。无论发生了什么重大事件，不管是好事还是坏事，他的支持率始终稳定。哪怕是在新冠疫情防控中的糟糕表现和反智言论也没有给他的支持率造成显著的影响。而在卸任后，更是因为拜登政府的"执政党困境"，特朗普的支持率在2023年、2024年还略微升高。

特朗普在共和党选民中的领袖地位甚至更加稳固。在2016年大选期间，特朗普甚至说过，即使他在纽约市曼哈顿的第五大道当众开枪，也不会失去选民支持。并且，他的众多屡受抨击的争议性主张甚至已经逐渐成为共和党共识乃至美国的国家政策（很大一部分在拜登上台后依旧延续着）。因此，问题就是，为什么"口无遮拦"／"一意孤行"的政治风格并未成为特朗普掌控共和党、竞选总统乃至执掌美国的障碍？

总的来说，领导者的政治风格不仅是其个人性格的呈现，也是其内在个人特质与所处的外部政治环境共同塑造的结果。因而，就研究而言，相比动辄追溯某个人从童年起的数十年成长经历怎样塑造了他后来作为领导者的性格特质和行事风格，更重要也更有意义的是分析特定的政治社会环境为什么会让具有某种特定性格的政治家脱颖而出。换言之，观察领导者的政治风格，不能只把目光局限于个人特质，而是要将个人特质放置在整个政治社会与时代变迁的大背景下来理解与阐释。这也是历史唯物主义的观点，历史选择并塑造了它所需要的特定人物。

事实上，"口无遮拦"／"一意孤行"的政治风格还有另外一种表述，那就是"旗帜鲜明"／"言出必行"。虽然特朗普的"口无遮拦"／"一意孤行"在美国社会精英阶层和主流媒体中频繁引起各种争议，招致对立党派、众多媒体乃至共和党内诸多要员的猛烈抨击，但是，"旗帜鲜明"／"言出必行"的政治风格也一直是他能够获得很大一部分美国民众坚定支持的重要原因。那么,"口无遮拦"/"旗帜鲜明"的政治风格怎样为特朗普吸引了众多选民支持?进一步来说,类似的性格特征在社会中虽然不算是主流,但在庞大人口基数中也并不鲜见。然而,过去美国政坛却很少出现特朗普这种类型的政治人物。这也就意味着,"口无遮拦"/"旗帜鲜明"的政治风格并不符合过去美国政治的现实需要。那么,为什么屡屡遭受非议的"口无遮拦"/"旗帜鲜明"并未成为特朗普竞选和执政的障碍,相反却成了他赢得选民广泛支持的重要因素?为什么今天这个时代会让"口无遮拦"/"旗帜鲜明"的特朗普脱颖而出?

还应值得注意的是,"口无遮拦"/"旗帜鲜明"的政治风格恰好也是欧美各国众多"新右翼"政治家的共同特征。换言之,我们或许不能仅从特朗普个人角度去理解这种政治风格,更可能的答案是"新右翼"运动在各个国家都选择了这样风格的领导者。那么,为什么"新右翼"运动需要"口无遮拦"/"旗帜鲜明"的政治家?这样风格的政治家又会如何推进"新右翼"运动?

本章将以特朗普的主要"新右翼"主张为切入点,通过分析他从2015年宣布参加竞选到执政中的一系列表现回答上述问题,并从整体上总结不同时代对领导者政治风格的不同需要。间隔一段时间后,再回过头去看特朗普的竞选表现,也有助于我们冷静思考那场震惊世界的美国变局,有助于我们进一步思考、研判今后美国以及西方世界的政治运作模式变迁。

二、反非法移民：特朗普 vs 克鲁兹

"反非法移民"是特朗普参加三次总统大选的核心政治主张。但是，"反非法移民"主张并不是特朗普一个人独有的。在 2016 年大选期间，得克萨斯州联邦参议员特德·克鲁兹提出了比特朗普更激进的"反非法移民"主张。具体来说，虽然特朗普和克鲁兹两人都主张全面遣返滞留在美国的所有非法移民，但是他们的政策细节却略有差别。特朗普主张，建好"墙"后，还是要"在墙上留一扇门"，即，有过被遣返案底的非法移民将来依然可以通过合法途径再次申请进入美国。克鲁兹的主张则是只有"墙"，没有"门"，即，只要有过作为非法移民被遣返的经历，就不能再获得合法入境美国的许可（简单说就是对非法移民终身禁入）。不过，可能是由于以下两个原因：其一，相比克鲁兹规范但单调乏味的法律术语，特朗普的"建墙"口号更吸引眼球，更适合媒体炒作；其二，在 2015 年宣布参选以前，特朗普长期混迹于娱乐圈，是家喻户晓、自带流量的话题人物，克鲁兹则是纯粹的政客，在美国媒体传统中，政治报道还是要适当含蓄。所以，美国媒体一开始就盯上了特朗普，大规模报道、炒作、抨击他的"建墙""反非法移

民"主张。

但是，在2016年大选开始阶段，特朗普在媒体上占据先机的优势对竞选活动的影响并不大。此时的克鲁兹至少还握有两个更大的优势。其一，他是福音派基督徒，保守派立场坚定，非常符合共和党基本盘中南部各州选民的口味，相比之下，特朗普结过三次婚，有过婚外情，他的社会政策（关于同性恋等）甚至和2008年的希拉里一样"左"，和中南部各州选民的宗教信仰和社会价值观格格不入。其二，克鲁兹是2016年大选中共和党内最早宣布参选的候选人，他才是"反非法移民"议题的首创者。

可是，在看到特朗普遭遇主流媒体和众多社会组织的猛烈抨击之后，克鲁兹的立场发生了动摇，在此后的竞选活动中越来越少提及"反非法移民"。其实，在美国这么成熟的选举环境下，克鲁兹团队在宣布参选前肯定预测并评估过主流媒体和美国社会对"反非法移民"主张的强烈反应。然而，当他真正身临其境、直面危机时，却未能坚持己见，回应挑战，反而打起了坐山观虎斗、坐收渔翁之利的小算盘。

出乎克鲁兹意料的是，美国主流媒体集中火力对特朗普的攻击反倒让特朗普的"反非法移民"主张广为传播，让每一个美国人都知道了"特朗普＝反非法移民"。对此，支持民主党的自由派选民自然会大肆批评。然而，即使没有"反非法移民"主张，自由派选民也基本不可能把自己的选票投给任何一个共和党候选人。相反，特朗普却因祸得福，逐渐赢得了深受非法移民和毒品走私之害的中南部各州保守派选民的认同。

进一步来说，"反非法移民"是具体政策主张，候选人在竞选过程中对此有所调整还是有可能被选民谅解的。但是，在宗教氛围浓厚的美国，宗教立场是绝对不能随意更改的。然而，在偏向自由派的威斯康星州初选辩论（2016年4月）中，与会媒体设局问起妇女堕胎权问题，特朗普回答不当被群起而攻之。作为福音派基督徒，克鲁兹在妇女堕胎权问题上其实提出了远比特朗普在威斯康星州给出的回答极端得多的竞选主张。具体来说，克鲁兹主张，应当在联邦层面直接立法禁止全美范围内的绝大部分堕胎行为；作为共和党候选人，特朗普的基本立场也是反对堕胎，但是，他认为堕胎议题应当属于州权而不是需要国会立法的议题，即各州议会有权决定该州是否允许堕胎以及赋予妇女多大程度的堕胎自主权，联邦相关机构不应干涉各州事务①。

可是，克鲁兹在这次辩论中却跟着自由派媒体就堕胎问题向特朗普发起了攻击（这也就是在批评自己的竞选主张和宗教

---

① 从竞选策略来说，这是一个很聪明的做法。特朗普的目的是把在美国大选中纠缠了数十年的堕胎权问题彻底踢出全国性政治舞台。简单来说，"这事既然属于州权，而我们这是在选总统，就不要扯和总统无关的事"，从而回避了自己并非福音派基督徒，并且持有可疑的社会保守派立场这一劣势。

信仰)。在偏向自由派的威斯康星州,克鲁兹的小算盘成功了,在随后的共和党初选中获得了大幅超出选前民调的胜利。然而,这些行为也让克鲁兹坐实了特朗普给他起的外号"Lying Ted"("撒谎的特德")。在威斯康星州初选之后,他再没有取得过任何一个州的共和党初选胜利。一个有趣的现象是,在威斯康星州之前的共和党初选中,特朗普的得票率往往低于他的选前民调,克鲁兹的得票率则普遍高于他的选前民调;在威斯康星州之后的初选中,特朗普的得票率却都大幅高于他的选前民调,克鲁兹的得票率则普遍低于他的选前民调,在印第安纳州的得票率甚至比其选前民调低了近20%,并最终在此地宣布退选。

为了眼前利益,克鲁兹变换政治立场,却将本该属于自己的领地和选民拱手相让。相比之下,虽然特朗普存在诸多不足,但是在整个竞选过程中,无论面对怎样的攻击和挑战,他的核心主张始终没有改变过;执政后,特朗普更是"言出必行",步步为营地兑现着他的竞选纲领。以"反非法移民"为例,特朗普上任首周,就签署了在美国和墨西哥边境修建隔离墙和加大非法移民执法力度等两项行政令。2017年8月,支持共和党提出的"改革美国移民政策以促进经济法案草案",着手启动移民体制全面改革。9月,通过司法部宣布中止旨在为入境时16岁以下的非法移民提供暂缓遣返和便利入籍通道的"梦想法案"。2017年全年美国遣返非法移民数量同比增长

40%。其间，联合国人权理事会及其高级专员办公室曾多次对特朗普政府的非法移民政策表示关注，谴责这可能违反美国的人权义务。特朗普则更加强硬地回应，直接退出了联合国人权理事会。

对美国选民来说，这种"旗帜鲜明"的政治风格在含糊其词、谎话连篇的美国政坛是极其罕见的。在对手或者不喜欢他的人眼中，这是"一意孤行"的不理性做派。然而，在支持者眼中，这恐怕是"虽千万人吾往矣"的优良品德。媒体口中"特不靠谱"的特朗普也正是因此成了很大一部分美国选民眼中值得信赖的政治领袖。

三、"Love Trumps Hate"：特朗普 vs 希拉里

如果说克鲁兹的问题是立场不坚定，希拉里的问题则是别人很难知道她的立场。从其多年从政经历看，希拉里总是含糊其词，变化无常，少有一贯立场和明确表态。美国政坛流传着一个关于希拉里的笑话：

在某次采访中，有记者随口问起希拉里"爱吃什么"，希拉里心想：如果我回答爱吃猪肉就可能得罪穆斯林选民，回答爱吃牛肉就可能得罪印度教选民，回答爱吃肉又可能得罪佛教徒或素食主义者，如此等等。于是，她发表

了一番辞藻华丽的长篇大论，详细论述了饮食与健康、人与自然的和谐、环境保护与人类文明的未来等话题，但就是没有回答自己爱吃什么。

与之相比，面对同样的问题，特朗普的回答只有一个单词——"Hamburger（汉堡包）"①。

长期以来，尽量模糊表达自身政治立场（以便留下多种解释空间）是美国政客的常见选择。模糊表达政治立场的好处在于，政客可以尽可能地避免得罪任何社会群体，防止损失潜在的选票。然而，"含糊不清"的政治风格也难以吸引坚定的支持者，甚至使自己的竞选乃至其他政治行动迷失方向。

希拉里在2016年大选中的竞选口号就是以上问题的集中体现。不同候选人在竞选活动中当然需要互相攻击，但是宣扬自身主张总是应该优先于攻击对方。例如，特朗普攻击希拉里是"Crooked Hillary"（"骗子希拉里"），但是他在竞选活动中

---

① 特朗普喜欢吃麦当劳的汉堡包，配可口可乐。特朗普在各方面都与人们通常的认知格格不入。他不仅颠覆了很多政治传统，也是有违养生传统的典型范例。作为七十多岁的老人，天天以油炸食品和碳酸饮料为主要食物，居然至今还没有得"三高"，身体状况比很多中年人还要好，精力充沛得一天只需要睡4个小时。当然，他也有符合养生传统的做法，即从不喝酒，从不抽烟。整个特朗普家族也都没有人碰过在美国社交中非常流行的大麻。这在当今西方社会是比较少见的。例如，奥巴马父女都抽过大麻，而在2019年英国保守党党首选举（同时也是英国首相选举）中，几乎所有热门候选人都自曝抽过大麻。

放在首位的始终是宣扬自己的竞选口号"Make American Great Again"("让美国再次伟大")和实现这一目标的具体政治主张"反非法移民""把工作带回美国"等。然而,希拉里的竞选活动却是一直在跟着特朗普走,从未提出过真正属于自己的竞选口号和明确的政治主张。在民主党初选中,她仿照特朗普的"Make American Great Again",提出"Make American Solidarity Again"("让美国再次团结起来")作为竞选口号。实事求是地讲,虽然这一口号有抄袭特朗普之嫌,但是在政治上还是很有价值的,确实指出了当前美国社会的紧迫问题。可是,她并没有具体阐述她计划如何实现"让美国再次团结起来"的目标,只是反复说她的口号比特朗普的口号好。然而,对选民来说,竞选口号好不好,并不取决于用了什么样的单词或表述,而是取决于候选人计划如何将其付诸实践的具体规划和决心。

在2016年大选中,希拉里"模糊不清""摇摆不定"的缺陷更为突出。2016年民主党全国代表大会后,希拉里启用了新的竞选口号——"Love Trumps Hate"[爱会战胜恨("战胜"与"特朗普"英文皆为Trump)]。这一竞选口号的问题非常大。首先,且不说这一口号完全体现不出来希拉里成为总统后想做什么,光是把对手名字放在自己竞选口号的中间位置的做法,就已经是前所未有的了。这意味着希拉里实际上没有提出自己的政治主张。其次,"Love Trumps Hate"的竞选口号在视觉上还存在着极大缺陷，很可能产生严重的视觉误导。在希拉里团队设计的竞选口号标语牌上，"Love""Trumps""Hate"三个单词自上而下逐一排列。在使用标语牌时，支持者一般会手持标语牌下端并将其举起来，这样一来，标语牌最下方的单词"Hate"很容易被支持者的双手或者支持者前方的人头遮挡。于是，一个让人啼笑皆非的后果是，希拉里的竞选集会常常变成一片"Love Trumps"（爱特朗普）的海洋。

"含糊不清""摇摆不定"的政治风格让希拉里没有明确的政治主张去凝聚坚定的支持者，这是她最终败选的重要原因。在2016年7月的民主党全国代表大会上，与会一多半人在"爱特朗普"（举着"Love Trumps Hate"的标语牌），另一小半人则在怀念桑德斯（举着桑德斯的竞选标语牌在大会现场哭泣，场外还有几千人举着桑德斯的竞选标语牌向希拉里和民主党全国委员会游行示威，甚至与会议举办地费城警方发生了暴力冲突）。想要成为领袖，就必须提出自己的政治主张，指出国家前进方向，才能真正号召、聚集乃至动员支持者。一些荒谬却很有说服力的证据是，作为2016年大选的主角，希拉里的竞选集会一直门可罗雀，平均与会人数勉强过千，而奥巴马、米歇尔为希拉里召开的助选集会却常常有上万人参加。在2016年大选后，众多民主党支持者走上街头抗议特朗普当选。然而，令希拉里尴尬的是，他们大多仍然举着桑德斯的竞选标语牌。如今，民主党依然面临着这个困境：虽然美国社会反对特朗普的群体众多、力量不容小觑，但是民主党始终没有一位领袖能以明确的政治主张整合这些力量。与 2016 年 7 月的民主党全国代表大会希拉里的遭遇类似，在 2021 年就职典礼上，本该万众瞩目的拜登总统却乏人关注，最受民主党选民关注、抢走风头的又是桑德斯。

四、变革时代需要"旗帜鲜明"的政治风格

"旗帜鲜明"的政治风格为特朗普助力甚多。不仅是特朗普，近年来，法国"国民阵线"主席玛丽娜·勒庞、荷兰自由党主席海尔特·维尔德斯、英国脱欧党主席奈杰尔·法拉奇、意大利联盟党总书记马泰奥·萨尔维尼（Matteo Salvini）、英国前首相/保守党前主席鲍里斯·约翰逊等多国政党领袖都具有"旗帜鲜明"的政治风格。并且，他们也从这一风格中获益良多。那么，为什么以往的欧美政坛很少涌现类似风格的政治家/政客，又是什么原因让特朗普这种类型的政治家/政客在今天脱颖而出？"新右翼"运动为什么需要"旗帜鲜明"的政治风格？

其中关键原因在于，社会结构和政治环境的变迁决定了当今时代需要新的政治风格。具体来说，20 世纪 60 年代以来，阶层分化不明显、群体利益诉求差别不大的橄榄形社会决定了西方政治长期处于"选谁都差不多"的时代。在这样的大背景

下,"旗帜鲜明"的政治风格很难为政治人物招揽足够多的支持者。由于社会不同群体的利益诉求差别不大,某个候选人清晰表述政治主张未必能让自己比其他候选人对某些选民群体更有吸引力,却很可能因此得罪另一些选民群体。对政客来说,更好的选择是尽量模糊地表述政治立场,也就是我们常常说的"和稀泥",争当"老好人",确保"不犯错",绝不"得罪人"。

进而,在"选谁都差不多"的时代,广大选民选择候选人的依据往往不是其政策主张,而是语言表达、临场表现以及个人形象好坏。例如,克林顿的"邻家大男孩/大叔"形象、小布什"诚实木讷的西部牛仔"① 形象都对他们赢得选举起到了重要作用。执政以后,许多政客则继续运用(与政治无关的)个人形象凝聚选民。前些年,"奥巴马喜欢狗""米歇尔在白宫开荒种菜""卡梅伦(英国前首相)对女儿和猫很温柔""奥朗德(法国前总统)骑摩托车密会绯闻女友"等小故事,不少中国读者都耳熟能详。同样,一次辞藻华丽、充满排比句的演讲常常能为候选人赢得大批拥趸。然而,自 2016 年以来,欧美各国选举政治已经不再处于过去那个"选谁都差不多"的时代了。西方世界已经进入"美国向何处去""英国向何处去""法国向何处去""德国向何处去""欧洲向何处去"的关键时刻。

---

① 政客在选战中塑造的形象往往也有很具体的针对性。克林顿的"邻家大男孩/大叔"形象在一定程度上是针对老布什等老派政客"出身政治世家""脱离民众"的弱点。小布什的"诚实木讷的西部牛仔"形象则在一定程度上是有意针对克林顿在"拉链门"中的撒谎表现。

在"选谁都差不多"的时代,国家方向大致是确定的,现实利益矛盾比较缓和,意识形态冲突不明显,选民很难从政治立场和政治主张上区分不同政党或候选人。因而,候选人的语言表达、临场表现以及个人形象就很重要,选举成败常常维系于某个微小的偶然事件①。

但是,在"路线之争"的变革时代,西方社会不同选民群体和利益集团已经发生显著分化,相互间存在着尖锐的现实利益分歧和意识形态冲突。在这种情况下,对选民来说,候选人的语言表达、临场表现、个人形象不再重要②,他们真正看重

---

① 例如,在1992年美国大选中,任内终结冷战、赢得海湾战争的老布什的支持率曾经长期领先,却因"不会用地铁票"这一偶然事件被克林顿逆转。当时,克林顿指责老布什虽然打赢了战争,但是他是不懂民间疾苦、脱离民众高高在上的权贵阶层,没有想过振兴美国经济。老布什试图以在纽约乘坐地铁表示自己亲民、懂得工薪阶层疾苦,作为对克林顿的指责的回应,结果却因为不会使用地铁票被拦在了地铁闸机外,反倒坐实了克林顿对他出身政治世家、长期脱离民众的指责。

② 20多年后,"地铁票"又被翻出作为竞选工具。首先是桑德斯指责希拉里已经成为当年她和克林顿所批评的人(出身政治世家、长期脱离民众的权贵),很久都没有乘坐过纽约地铁了。对此批评,希拉里专程前往纽约市地铁站予以回击。没想到的是,纽约地铁闸机已经不是20多年前的闸机了,希拉里也因为不会使用地铁票被拦在了地铁闸机外。见此情形,桑德斯非常高兴,也前往纽约市地铁试图展现自己与希拉里的不同,可是他也因为不会使用地铁票被拦在了地铁闸机外。然而,这些曾经在很大程度上决定着老布什和克林顿命运的事件却对当时的希拉里、桑德斯没有显著影响(支持率都没有因这一事件出现明显波动),选民们该支持谁还是支持谁。至于特朗普,他一开始就明确回应:"我这么成功、这么有钱的人,怎么可能坐地铁?"而且,在2016年大选期间,他还有过"荤段子门"等更为严重的负面新闻,但很少影响他在选民群体中的支持率。

的是候选人的政治主张以及他们兑现承诺的决心和行动力。

进一步而言,许多招致广泛批评的政治主张未必会是候选人的"减分项"。因为一些群体不可容忍的主张很可能就是另一些群体盼望已久的核心诉求,所以,对手激烈的批评反而会让自己的支持者更加忠诚、更加坚定。换句话说,在当今的欧美政坛,许多政客特别是"新右翼"政客并不怕被主流媒体或者某些社会群体批评、指责乃至谩骂,怕的反倒是没有人批评、没有人指责、没有人谩骂。对他们来说,对手或者敌人攻击得越激烈,他们的目标选民才会越相信他们的坚定和忠诚,才会慷慨地给予他们更多支持。事实上,如果仔细去翻看 2016 年以来众多美国政客乃至西方政客的公开演讲,我们已经很难发现过去那种辞藻华丽、引经据典、充满排比句(但实际上往往空洞无物)的文字了。现在,不论是特朗普还是 2020 年大选民主党众多竞争者都习惯于列举事实和数据(虽然大多会根据自己的需要进行修剪)、提出政治主张和治理对策的演讲框架[①]。

[①] 奥巴马、米歇尔、克林顿的那些演讲在国内颇受一些人青睐,看着很新奇,实际上这些美国政治演讲中少有具体政见,精彩的往往是行文和修辞甚至是心灵鸡汤。并且,这些演讲的内容与当事人的现实作为常常有很大差别(这一反差中国读者一般不会注意到,但美国民众很清楚)。例如,米歇尔曾公开攻击希拉里,说"绝不愿意看到希拉里登上总统宝座",奥巴马在 2008 年民主党初选中对希拉里的经典评价是"希拉里好话说尽,啥事不干"(say everthing and do nothing),但是,奥巴马、米歇尔夫妇在 2016 年 7 月的民主党全国代表大会(也是希拉里的提名大会)上却一起称赞希拉里将是"美国历史上最伟大的总统"。在这次大会上,比尔·克林顿还在演讲中深情地讲起了两人的爱情故事,但是他丰富的感情生活在美国人尽皆知。

因此，在"路线之争"的变革时代，政治人物必须想清楚自己到底想要代表哪些社会群体和利益集团（由于不同群体间的严重利益冲突，政客在作出选择之后就很难再做改变，回过头去争取其他群体），而不可能像过去一样试图成为（即使是表面上）全体选民的利益代言人，当"全民总统"。"口无遮拦"/"一意孤行"，乃至"见谁怼谁"/"一言不合就开撕"，是不是特朗普或者其他"新右翼"政治家与生俱来的性格特质并不重要①，这是变革时代的需要，是当今美国政治的需要。这就是"旗帜鲜明"的政治风格在今天西方政治中的意义。

五、"想当总统首先要身体好"：零售政治在美国的复兴

（一）仅仅是新媒体吗？

随着特朗普的横空出世，推特（Twitter）②、脸书等新媒

---

① 我们很难想象，特朗普作为一名成功的商人会有这样的性格。事实上，从特朗普的众多自传和他参政前的公开记录看，他虽然一贯自大狂妄，但是并不热衷于与人为敌，特别是与媒体交战。过去，他一直是美国主流媒体喜欢的好朋友、好伙伴。

② 2022年，马斯克收购了推特，2023年他将"Twitter"改名为"X"。不过，本书论述的大多数时间里，推特英文名还是叫"Twitter"，所以我们暂时不用"X"这个名字。

体日渐走上美国政治的中央舞台。很大程度上是依靠频繁使用新媒体和数千万网络粉丝的积极呼应,特朗普在2016年大选中逆转了竞选经费不足、遭遇传统媒体刻意压制等劣势,为最终胜选奠定了基础。上任总统后,虽然有了官方发布渠道,但是特朗普对新媒体的偏爱丝毫不减,甚至因此被称为"推特治国"。不仅是特朗普,在民主党一边,桑德斯在2016年和2020年民主党初选中对新媒体的运用也在很大程度上削弱了希拉里、拜登的竞选经费雄厚、传统媒体一边倒地支持、在民主党内拥有深厚政治根基等优势。同样,在2018年中期选举、2022年中期选举、2024年大选中,越来越多的候选人开始频繁运用新媒体宣传政治主张,展开竞选造势。可以说,新媒体正在改变着美国政治特别是选举政治。

不过,仅仅是新媒体吗?不少观点认为,美国政治已经进入新媒体时代,谁更善于使用社交媒体,谁能在社交媒体上拥有更多粉丝、更大号召力,谁就能掌控美国政治。然而,特朗普以及桑德斯等众多美国新锐[①]政客仅仅是因为擅长发推特、写脸书就成功获取众多选民支持,从而在美国政坛成功崛起的吗?

恐怕不是。新媒体的作用在很大程度上被夸大了。的确,

---

① "新锐"并不取决于年龄,桑德斯和特朗普的年龄虽然都已经很大了,但是确实是美国政坛的新锐政客。

选举活动在某种程度上是可以被设计和操纵的，但是这需要非常复杂的运作机制和技巧手段，久经沙场、选举经验丰富的美国选民并没有那么容易就会被几条推特"忽悠"住。事实上，如果我们认真观察美国政坛动向，就会发现另一个事实：在线上狂发推特的同时，特朗普在线下也非常积极地与选民进行广泛的面对面的交流。

例如，在2016年大选竞争最激烈的投票日前夕（当年10月到11月8日），特朗普每天都要在不同的州举办3场以上的竞选集会，最多的一天甚至跨越6个州举办了6场竞选集会，并且，在这一天前后的两天里，他还分别举办了3场和4场竞选集会。在那段时间特朗普常常是上午在佛罗里达州，中午赶到俄亥俄州，下午出现在威斯康星州，晚上又去了得克萨斯州，飞行里程一天之内就能达到近万公里，跨越北美大陆的东西南北。而且，成为总统后，在会见外国元首、和民主党政客及共和党同僚斗争、四处打贸易战、狂发推特的同时，特朗普依然保持着每周至少出席一场公众集会的频率。在2020年大选中，即使受新冠疫情的严重影响，特朗普依然频繁举行现场集会，甚至在新冠肺炎康复短短数日后就再度频繁出现在美国各地的竞选集会中。在2024年大选中，已经78岁的特朗普举办现场集会的频率再度达到了2016年大选时的巅峰。

更加明显的证据是，在2021年1月卸任总统后，特朗普就被推特、脸书等社交媒体以"煽动暴力"为由"封号"，自此失去了最主要的新媒体渠道。但是，此后两年里，特朗普的政治影响力丝毫未减，在共和党的领袖地位更加稳固（这在卸任总统中是极其罕见的）。而他保持影响力的一个重要途径就是举办持续不断的现场集会。2022年马斯克收购推特后，立即解封了特朗普的账号。特朗普对此表达了赞赏，但并未回归推特。对比特朗普从被"封号"到"解封"的政治影响力和同期推特的业绩走势与被马斯克收购的屈辱经历，更能说明很大程度上是特朗普成全了推特，而绝不是推特或者其他哪些新媒体造就了特朗普。

相比特朗普，年纪更大的桑德斯也毫不逊色，甚至可以说是更为生猛。虽然桑德斯同样拥有众多的推特粉丝并且也很善于发推特，但是让他在2016年民主党初选中频繁胜出的更重要的原因是，他居然在许多州都做到了和多数选民见面乃至一对一交谈。例如，在新罕布什尔州，桑德斯在民主党初选前的两个多月时间里进行了68场公共演讲，参会民众共有41 810人，最终他以151 584张选票轻松战胜希拉里，赢得了新罕布什尔州的民主党初选。这意味着，每4个投票给他的新罕布什尔州选民中，就有超过1人可能与他有过近距离的当面交流。在艾奥瓦州，他举办了101场竞选集会，共计有73 415人出席，最终他在艾奥瓦州民主党初选中获得了171 000张选票。这两个州人口总数都不足百万，这意味着全州所有人即使自己没有亲临现场，也差不多会有"我家人""我亲戚""我朋友"

面对面地见过桑德斯。

在2020年民主党初选中,众多竞争者特别是新锐候选人也纷纷学习桑德斯的成功经验,早早在全美各地展开各自的巡回演讲。事实上,在新媒体被频繁使用的同时,特朗普和桑德斯在2016年大选中举办的现场集会数量和频率也都打破了美国大选的历史纪录。如果不是新冠疫情突然袭来,上述记录在2020年大选中很可能被他们两人乃至更多新人不断刷新。在正在进行的2024年大选中,又老了8岁、年近八旬的特朗普的现场集会频率再度逼近2016年的巅峰。换言之,在新媒体政治到来的同时,面对面的零售政治也正在回归。那么,为什么零售政治会在今天的美国复兴?在新媒体时代,零售政治发挥了哪些新媒体乃至传统媒体无法替代的作用?

(二)为什么零售政治会回归?

1. 政治营销方式的转变

按照一般的划分标准,美国选举政治的营销方式至今经历了三个阶段。

第一阶段,二战前的零售政治时代。由于技术条件、文化水平(例如识字率)和美国地广人稀国情限制,报纸、杂志等公共传媒在广大普通选民中影响力有限。因此,政客想要获得选票支持，必须主动出击，频繁集会，与选民见面，甚至挨家挨户地敲门拜票。当然，在全国性选举中，由于美国地域辽阔和交通条件限制，总统候选人不可能在全国各地召开竞选集会，这就需要政党的基层组织充分发挥作用，通过各种地推方式动员选民为本党候选人投票。

第二阶段，二战后的大众传媒时代。随着电视逐渐普及、大众传媒日益繁荣，候选人在荧幕上就可以同时面对成千上万的选民。这给选举政治带来了两个新的变化。第一，资本的影响力不断增强。对候选人来说，只有拥有充足的竞选资金才能购买足够多的电视时段和报纸版面。这使得，在很长一段时间里，拥有更多资金的候选人往往就是最终的胜选者。第二，对候选人的口才、仪表、整体形象提出了很高要求。在 1960 年美国大选中，理查德·尼克松（Richard Nixon）在很大程度上就是因此输给了约翰·肯尼迪（John Kennedy）。与此同时，过去那些面对面的地推方式就显得过时了、没有必要了，政党的基层组织也因此出现萎缩。

第三阶段，21 世纪第二个十年以后。这一时期，新媒体技术日渐成熟并广泛普及，社交网络成为人们日常生活的一部分。对选举政治来说，传统媒体不再具有垄断传播渠道的优势，资本对选举的掌控力也确实因此有所减弱，特朗普以及许多在竞选资金上处于绝对劣势的候选人近年来多次胜出就是很好的佐证。但是，这个时代的选举政治营销方式并非只有新媒体，新媒体也并未成为当今时代政治传播和政治营销的唯一王者。

具体来说，虽然新媒体可以给政客提供足够曝光率，但是曝光率并不能直接转化为政治资本，推特粉丝数并不等于选民选票数。否则，美国政坛早就被娱乐明星把持了。事实上，虽然偶有明星从政，但是美国政坛主流始终是老练的政客。就特朗普而言，虽然他常常发推特并且有很多粉丝，但是，这些粉丝并不必然都会成为他的政治资本和大选选票来源。特朗普的数千万推特粉丝至少可以分为三类：（1）真正的支持者；（2）觉得特朗普很重要，对美国乃至全世界的政治、经济影响很大，所以想第一时间知道他说了什么，这类粉丝中还包括了大量非美国人；（3）"我很讨厌他，加他关注主要是为了骂起来方便"。显然，第二、三类粉丝并不真正支持他。即使是第一类粉丝，想要让他们投出自己的选票也需要做更多的工作。

简单来说，新媒体虽然能够让政客/政治家在一定程度上不受资金和传统媒体限制充分发出声音，但是未必能成功动员出选票。其中的空间就是零售政治的用武之地。

2. 零售政治的作用

面对面的零售政治之所以回归，关键在于它发挥了以下四个作用：

其一，详细阐述政治主张。候选人可以通过媒体发出声音，但这一般只能是高度凝练的宏观主张或者政治口号，例如奥巴马的"变革"("Change")和"我们能"("Yes，We Can!")、特朗普的"让美国再次伟大"("Make American Great Again")。相较于传统媒体，推特等新媒体对文字篇幅的限制更难让候选人系统阐述其政治主张。当然，候选人可以在竞选网站上列出详细的施政计划，然而，就算是铁杆支持者也未必有兴趣逐行看完。相反，竞选集会时候选人可以在演讲中系统阐述自己的政治主张，并且可以根据竞选集会所在地的具体情况作出有针对性的选举动员。例如，在"锈带"地区多讲如何振兴制造业，在中南部各州多讲如何更好地卖出农产品，在南部边境地区多讲如何"建墙"防止非法移民入境等。相比之下，在媒体（不论是传统媒体还是新媒体）上往往因为要以全国选民为倾听对象而很难作针对性阐述。宏大的政治口号可以引起选民注意，但是真正让选民投出选票的是候选人的具体政治主张要符合选民的现实利益。

其二，回应选民的被遗忘感，赢得选民的信任。这些年来，西方政治一个广受民众诟病之处就是日益沦为精英游戏。精英政客高高在上，通过电视媒体与选民见面，大量投入金主赞助的资金购买各类广告，很少再像过去那样走街串巷与选民面对面交流。因此，民众特别是乡村地区的民众（美国乡村地区居住的不仅有农民或者说农场主，还有大量蓝领阶层）有很强的被遗忘感，他们对精英政治产生了严重不满。这种遗忘感和不满不是政客在新媒体上发几条推特、回复几条留言就能解决的。相反，像特朗普、桑德斯这样的大人物不辞辛苦，亲临基层乡村的偏僻现场，哪怕就是打声招呼、拍个肩膀，都是对选民的莫大鼓舞。

从美国社会现实来看，乡村地区上了年纪的选民未必多爱看推特和脸书，但是他们对亲临家门口的大人物还是有极大兴趣的。例如，桑德斯2015年5月在艾奥瓦州偏僻的肯西特小镇召开集会，约300人挤满了社区中心，而全镇只有266人①。类似参会人数超过本地人口总数的例子在特朗普、桑德斯的集会中比比皆是。并且，在这些竞选集会上，候选人还能系统阐述"希望为听众（选民）做些什么"。这就能比较容易地建立起与选民之间的信任，也更有可能让听众去传播他们的政治主张。正如桑德斯所言："现场听我演讲的民众们也会就此与丈夫、妻子、兄弟姐妹、朋友进行交流。口口相传是最好

---

① 事实上，当时桑德斯还远未在民主党内崛起，不具有全国性名望。艾奥瓦州肯西特镇的多数参会者应该都不知道桑德斯是谁。按照美国农村地区的一般文化水平，多数参会者可能都不知道佛蒙特州（桑德斯是佛蒙特州的联邦参议员）在哪里。但是，大家都知道参议员是什么级别的人物，偏僻的肯西特镇几十年也没有过参议员这样的大人物来专门召开集会。所以，当时很多人都只是冲着看大人物来的，而不是对桑德斯的政治主张感兴趣。桑德斯自己也提及过这一点。参见桑德斯. 我们的革命：西方的体制困境和美国的社会危机. 钟舒婷，周紫君，译. 南京：江苏凤凰文艺出版社，2018：92.

的广告。"① 相反，显然没有多少人会有兴趣在线下向朋友宣传自己从推特上看到的消息，至多也就是在线上随手点一下"转发"按钮。

其三，更深入的讨论。相比特朗普更多采用大型集会公开演讲的方式，在2016年大选初期，桑德斯还频繁举办小范围的市镇会议（一般在某个人口稀少到从来不会有全国性政客光顾的小镇，数百人规模，听众提出问题，主讲者与其充分讨论，在场所有人共同寻求答案）。2020年许多民主党竞争者也纷纷学习桑德斯，深入市镇，与选民建立密切联系。例如，杨安泽在民主党初选投票前走遍了艾奥瓦和新罕布什尔两州所有的县。同样，在2024年的共和党初选中，佛罗里达州州长德桑蒂斯也在选前一个月内走遍了艾奥瓦州所有的县。一方面，深入讨论有助于更好地发掘选民需求，提供更切实际的针对性回应，博得他们的好感；另一方面，候选人也能在市镇会议中挖掘积极选民，为自己招募竞选志愿者。这一潮流迫使身体素质欠佳的拜登在2020年至2024年都时常以总统之尊亲临小镇。

其四，重建基层组织。2018年中期选举有一个引人注目的变化，全美共有39个众议员选区没有共和党候选人（某些选区有其他小党派候选人，不过，这并未影响民主党候选人在

---

① 桑德斯. 我们的革命：西方的体制困境和美国的社会危机. 钟舒婷，周紫君，译. 南京：江苏凤凰文艺出版社，2018：90.

事实上的等额选举中"鼓掌通过"的大局)。相比之下，只有3个众议员选区没有民主党候选人。而在2014年中期选举中，全美没有民主党候选人的众议员选区尚有36个。之所以有如此变化，一个重要的原因就是2015年以来桑德斯在所谓"圣经地带"(美国南部保守的深红州)积极举行集会，通过无数小型集会将过去在深红州很少发声的一个个零散的民主党支持者(也可能只是桑德斯个人的支持者，他们并不真的认同民主党)发掘并聚集起来，组建起了许多民主党基层组织或外围组织，填补了民主党的组织体系空白，民主党因此在不久后就有能力在选举中发起挑战。当然，这些民主党候选人在2018年中期选举中只有极少数挑战成功。不过，相比目前在正式选举中还体现不出明显成效，这些基层组织对民主党党内初选影响更大。原因在于，虽然某个深红州有可能已经三四十年没有民主党候选人胜出了，但是该州在民主党初选中仍然会被分配到相应的代表票。此外，桑德斯的零售政治还促使全美多地民主党基层组织大换血，大批桑德斯支持者进入民主党地方和基层委员会的领导层，并在2018年8月民主党全国委员会上实质性地废除了曾经对桑德斯颇为不利的"超级代表"制度。

同样，特朗普在2016年大选中虽然没有像桑德斯那样深耕深蓝州，但是他在传统红州和摇摆州的频繁集会也培养出大批积极支持者，引发了共和党基层组织的大换血。在基层倒逼下，保罗·瑞恩、特德·克鲁兹、林赛·格雷厄姆等特朗普曾经的党内政敌纷纷败下阵来，或是退休，或是服软。2021年，支持"国会骚乱案"调查的共和党怀俄明州联邦众议员、众议院共和党会议主席莉兹·切尼（Liz Cheney，前副总统切尼之女）更是被特朗普支持者改组过的共和党怀俄明州委员会直接开除了党籍。2022年，切尼又被特朗普的基层支持者们赶出了国会众议院，现在只能靠民主党和亲民主党媒体的施舍才能偶尔在政治舞台上亮相。共和党内一度树大根深的切尼家族已经被连根拔起①。

相比之下，由于身体不好等原因，希拉里在2016年大选中举办的竞选集会要少得多（在投票日前夕，奥巴马、米歇尔、桑德斯等人拼命地四处替希拉里召开竞选集会）。2016年11月9日，也就是希拉里大选失利的第二天，奥巴马接受美国《滚石》（Rolling Stone）杂志专访时郑重指出：没有脚踏实地、与选民接触过少是希拉里失败的根本原因，民主党要想重新崛起，就必须重新深入选民之中，重建基层组织体系。在2020年大选中，身体不好、无法承受繁重的竞选集会工作本是拜登的巨大劣势，特朗普和包括桑德斯在内的众多民主党竞争者都曾经打算借此拖垮拜登，然而，新冠疫情让拜登避免了频繁的现场集会，也让他的对手无法发挥自己的身体优势，拜

---

① 这段斗争的详细过程和分析见第七章。

登在"地下室的电视屏幕前"(特朗普语)度过了整个竞选过程。

(三)身体好是在美国从政的必备前提

1. 当下美国政治的双重特点

当然,本书并不想用零售政治来否定新媒体的作用。两者同时存在,相互补充,相互促进,构成了当下美国政治的双重特点。

新媒体的独特作用在于,有助于政客在较少竞选资金限制的前提下广泛发声,宣扬政治主张,传播政治理念。这对那些竞选资金不足、党内根基不深的新锐政客尤为重要。

零售政治的独特作用在于,其一,在这个美国选民对选举政治和精英政客普遍失望的时代,他们可能会被几句崭新的口号打动,但是很难因此就相信并投票给提出口号的政客;其二,西方世界当下正处于变革时代,国家治理必须进行重大改革,人们希望了解候选人的详细方案。而要实现这些,候选人就必须深入基层,面对面地介绍自己的竞选纲领。

2. 身体必须好

零售政治的复兴也对美国政客提出了一个非常高的要求,

那就是身体必须非常好。否则，在每天都要穿越几千公里、召开多次集会的竞选强度下，不用竞争对手攻击，自己就会被累垮。事实上，我们仔细观察也会发现，如今美国政坛诸位红人无一不是身体素质特别好。

特朗普就不必多说了，从外形上根本看不出是七十多岁的老人。六十多岁时还能在世界摔角娱乐联盟（World Wrestling Entertainment，WWE）中与WWE总裁、前顶尖摔角明星文思·麦克曼（Vince McMahon）一同出演"互殴"剧情①。当上总统后，在白天忙完各种公务之余，特朗普半夜三更还常常在推特上和世界各地网友打嘴仗。

桑德斯比特朗普还要大五岁，看外表也确实是八十多岁的老人了，但是他的身体素质毫不逊色。由于没有私人飞机，桑德斯在2016年大选中常常使用汽车作为巡回演讲的交通工具。显然，这个强度还要高于特朗普（毕竟特朗普在私人飞机上可以睡觉、休息）。然而，就是在这种条件下，在一天三四场集会（在不同州举办）之余，桑德斯还能抽出时间去河里游野泳或者来个10公里越野跑。世界上绝大多数他这个年纪的

---

① 2016年大选后，这段视频广为流传，但不少人误会了视频的性质。这并不是真的打架。WWE是表演性质的娱乐节目，特朗普与文思·麦克曼斗殴剧情是事先设计好的。两人是多年好友，所以WWE才能邀请到特朗普出演殴打麦克曼的剧情。不过，虽然是假打，但是大多数未经严格专业训练的年轻人都做不出那些表演动作。对两位六十多岁的老人（麦克曼比特朗普大10个月）来说，就更为不易了。

老人可是连门都不怎么出了。当然，岁月终究不饶人，桑德斯的体能在2022年后就大为衰退，这也让拜登大大松了一口气。

除了以常人根本无法承受的频率召开竞选集会外，体现美国政客身体好的另一个场合就是国会讲台。进入21世纪后，正是桑德斯率先吹响了竞赛的号角，此前冗长议事（美国国会的一个特殊现象是，美国参议院对参议员发言时间没有限制，因此参议员可以通过马拉松式的演讲拖延时间以阻碍他不喜欢的法案付诸表决）已经沉寂多年。2010年，为了反对一项税收法案，桑德斯在参议院作了超过8个小时的冗长演讲，彼时他已经69岁了。

老人家做出典范，年轻人自然也要跟上。2013年3月，为了阻止奥巴马提名的约翰·布伦南（John Brennan）担任中情局局长，共和党新星、肯塔基州联邦参议员兰德·保罗（Rand Paul）在参议院发表了长达13个小时的冗长演讲。这次大部分是废话的演讲让他在共和党内声名鹊起，赢得大批选民青睐，在几天后的全美保守派政治行动会议上①，兰德·保罗以25%的得票率赢得了2016年总统候选人非正式投票。然而，后来者更加生猛，为了阻击"奥巴马医改"法案，同年9

---

① 共和党全国委员会并不是每年都召开年会，我们可以将全美保守派政治行动会议理解成共和党每年的年会。

月,共和党另一位新星、得克萨斯州联邦参议员特德·克鲁兹占据参议院演讲台长达21个小时。这同样让克鲁兹"一战成名","茶党"领袖珍妮·马丁(Jeanne Martin)称赞道:"到演讲结束时,美国多数民众都会知道克鲁兹是何许人物。"经此一役,特德·克鲁兹迅速超越兰德·保罗成为特朗普从政前共和党内支持率最高的2016年潜在总统候选人。

不过,上述战绩还不是美国参议院冗长演讲的最高纪录。目前最高纪录由前南卡罗来纳州联邦参议员斯特罗姆·瑟蒙德(Strom Thurmond)保持,他在1957年曾经在参议院连续演讲24小时18分钟。他的身体好到在2002年过完100岁生日后才从参议员位置退休。60多岁在议会辩论时与一名年轻议员一言不合,他冲上去一把就给对手来了个抱摔(不同于特朗普与麦克曼的摔角表演,瑟蒙德是真打)。

众多新锐政客的生猛挑战也迫使那些本来并不以身体好见长的主流政客不得不也挑战极限。2018年2月7日,为反对特朗普试图废除保护入境时16岁以下的非法移民的"梦想法案",78岁的众议院民主党领袖南希·佩洛西在众议院发表了长达8个多小时的冗长演讲,此举打破了沉睡了108年的众议院最长演讲纪录(根据美国国会相关规定,众议员不能像参议员那样长时间占据演讲台,所以众议院很少有像参议院那么恐怖的冗长演讲纪录,但是众议长、多数党领袖、少数党领袖的发言时长没有限制)。并且,佩洛西在这次演讲中还特意穿着跟高7厘米的高跟鞋。不过，如果只是为了杯葛特朗普的议题，身居众议院民主党领袖高位的佩洛西其实并不需要亲自出马。回顾历史，美国国会冗长演讲纪录创造者要么是克鲁兹和保罗这样急需成名的新人，要么是缺少盟友、孤家寡人的桑德斯和瑟蒙德。事实上，当时共和党在参议院只有1票优势并有约翰·麦凯恩、杰夫·弗雷克（Jeff Flake）等数个特朗普的死敌。如果真正目的是阻挠特朗普的法案通过，民主党的正确打法应该是在参议院发起阻击。然而，后来民主党并未在佩洛西演讲后发起持续攻击。

那么，佩洛西为什么还要发表冗长演讲呢？其实，佩洛西的醉翁之意并不在特朗普，更多是为了震慑民主党党内的潜在挑战者，鼓舞自己的盟友与追随者。此前，由于佩洛西年事已高，不少民主党众议员已经对2018年中期选举后的众议院民主党领袖一职乃至众议长宝座蠢蠢欲动①。在2016年大选中，

---

① 2018年中期选举后，如果民主党成为众议院多数党，那么众议长一职将由民主党推举一名众议员担任。按照惯例，时任众议院民主党领袖的佩洛西在正常情况下是默认人选。此前，2007年1月至2011年1月期间佩洛西已经担任过4年时间的众议长，2003年1月至2007年1月和2011年1月至2019年1月期间她则一直担任众议院民主党领袖。如果民主党依然是众议院少数党，那么众议长一职继续由共和党议员担任，佩洛西可以连任众议院少数党（民主党）领袖。但是，在2018年中期选举前，民主党内已经反常地出现质疑佩洛西身体健康状况不适宜继续担任众议长/少数党（民主党）领袖的声音，不少更年轻的民主党众议院大佬已经放出口风准备接替佩洛西承担政党和国家的"重担"。

希拉里因为身体问题频繁遭受质疑，年纪比希拉里还要大 7 岁的佩洛西则用实际行动向全党证明并宣示"廉颇虽老，尚能一饭斗米，肉十斤"。后来，佩洛西在 2018 年中期选举后顺利拿下众议长宝座，并在 2020 年大选后再度在质疑声中有惊无险地获得连任。

可以说，当今美国政坛正在从看脸时代向拼身体时代转变。当今美国许多政坛红人都是曾经的运动健将。特朗普有过很好的运动成绩，桑德斯曾是学校长跑冠军，保罗等年轻一代也不遑多让。在 2020 年大选中，拜登的身体素质被党内外的对手们反复质疑，特朗普甚至多次非常过分地要求拜登出示正规的医疗文件证明自己没有"老年痴呆"（执政后拜登的身体状况更是常常成为世界各国舆论关注的热点），而特朗普如此不合理的要求却没有引发广泛批评，恰恰说明美国选民也普遍担心拜登的身体状况。在这一点上，新冠疫情可以说是帮了拜登大忙，让他可以以支持疫情防控为由避开与特朗普、桑德斯等"体坛健将"的现场集会竞赛。不过在新冠疫情过后，身体素质的好坏恐怕会长期成为左右美国政客能否在政坛出头的重要因素。

第五章

"新右翼"执政方略(一):
特朗普"减税"计划

一、经济政策的政治分析

(一) 特朗普政府的对内经济政策

第二章、第三章和第四章主要是从选举政治角度分析"新右翼"运动与当下美国政治社会变迁。不过,美国政治不只有选举。选举的作用在于,为不同政客/政治家及其身后的利益集团和社会群体提供了获取实现自身目标所必需的政治权力的路径和方式。"新右翼"在2016年大选中拿下了美国总统宝座,此后执政四年。在这四年中,根据在竞选时提出的纲领和作出的承诺,特朗普推行了一系列颠覆性的施政计划和改革举措,其中不少在拜登上台执政后也延续着,给美国经济、政治、社会带来了深远影响。因此,从第五章开始,我们将把视线主要投向选举之后和选举之外的美国政治,探讨"新右翼"运动希望怎样改造美国以及拜登和民主党的应对。

2017年以来我国国内也一直在持续关注特朗普新政,舆论界议论众多,学术界也有不少研究。不过,总的来说,这些研究和讨论大多是站在中国立场上,从中美关系视角去分析特朗普新政。然而,对中国、美国这样的大国来说,内政才是其国家治理最重要、最核心的内容，大国外交走向在根本上服从于其内政需要。

因而，第五章和第六章将继续秉承本书聚焦美国国内政党政治的基本立场，主要研究特朗普执政期间"新右翼"的对内经济政策。选择研究其对内经济政策的原因在于，一方面，在全球化浪潮中保住普通人的工作是欧美各国"新右翼"运动的重要特征，"把工作带回美国"是特朗普的核心竞选主张。在特朗普代表"新右翼"执政后，这也就自然成了美国政府的首要任务。可以说，经济政策的成败决定着特朗普新政的成败，对此的分析可以在某种程度上为他在 2020 年的失利找到部分原因。另一方面，执政后，特朗普推行了"减税"计划、退出 TPP、大打贸易战、废除《清洁电力计划》、退出《巴黎协定》、发展传统能源产业等一系列与过去二三十年美国政府（不仅仅是奥巴马政府）施政方向大相径庭的颠覆性举措，这些举措不仅影响了美国，也已经开始给世界带来一定改变。因此，以特朗普的对内经济政策为切入点，系统阐述并分析"新右翼"的执政方略就显得极为重要。

需要说明的是，虽然第五章和第六章将要研究的是特朗普政府的经济政策，但是我并非经济学学者而是政治学学者，因此，这两章并不是经济学分析，而是政治学研究。具体来说，在前文分析的基础上，第五章和第六章将从美国国内政治入手，分析美国不同政治力量在经济问题上的不同诉求及其实力、互动与斗争，进而研究特朗普政府对内经济政策的动因、过程机制及影响。

其中，第五章聚焦分析特朗普政府最核心的经济政策——"减税"计划，第六章将论述能源与气候政策、产业政策、贸易政策等其他重要经济政策和医保改革这一社会政策。

（二）分析框架

基于美国政治的基本特征，我们分析特朗普政府对内经济政策的政治学框架主要包括两个要素：

其一，社会基础。在美国政治中，总统、国会和政党推动某项公共政策出台的关键动因是回应相应利益集团或社会群体的实际诉求。反全球化是"新右翼"运动的重要诉求，特朗普积极迎合并提出了"把工作带回美国"主张，是他在2016年大选中赢得众多选民支持的关键所在。特朗普政府推行的一系列经济政策可以说都是围绕这一目标展开的。同时，某项公共政策对不同利益集团或社会群体往往会产生不同影响。虽然特朗普政府的经济政策可能有益于"新右翼"，但是也可能给其他利益集团或社会群体带来负面影响。显而易见，特朗普诸多政治主张以及执政期间的多项经济政策都在美国国内招致了大量强烈反对。因而，从社会基础角度分析相关政策的着眼点在于：特朗普政府的经济政策会给美国国内不同利益集团或社会群体造成怎样不同的影响？其经济新政的政治目的是什么，希望满足哪些群体诉求？这些利益集团或社会群体在政策制定、立法及实施过程中又各自发挥着怎样的作用？

其二，政治结构。美国实行的是立法、司法、行政三权分立与制衡的政治制度。公共政策出台主要取决于行政权（总统）和立法权（国会）的合作、相互制衡与博弈。此外，相较于选民一般只能在选举中提供支持，跨国公司等利益集团却能通过在媒体发声、游说政府等多种方式在非选举期间更多地对政策施加影响。因而，从政治结构角度分析相关政策的着眼点在于：谁掌握着制约美国政府诸项政策出台及实施的关键权力？基于自身利益，他们会采取怎样的行动？美国的执政者又会如何应对？

简单来说，社会基础决定着执政者想做什么或者必须做什么，政治结构制约着美国政府能做什么，系统考察两者就可以构建起本书第五章和第六章分析"新右翼"执政方略的统一框架①。

---

① 我在2016年11月发表的一篇文章中就已经使用这一框架系统分析预判特朗普执政后对中国的可能举措。参见强舸. 特朗普当选对中国的影响:基于政治制度、社会基础和其竞选主张的政治学分析. 理论视野，2016（11）：77.

二、为什么富人反对给富人"减税"?

(一)"减税"与"加税"的博弈

"减税"是"新右翼"的普遍诉求。通过"减税"刺激消费和投资,同时吸引资本回流,振兴制造业,从而实现"把工作带回美国"的目标,是特朗普经济计划最关键的环节,也是他最具争议、实施难度最大的经济主张。2017年4月,特朗普政府正式公布了"减税"计划。2017年11月,众议院版本的"减税"法案以227票赞成、205票反对的投票结果获得通过。2017年12月,参议院版本的"减税"法案付诸表决,以51票赞成、49票反对的投票结果获得通过。在参议院、众议院就原先关于"减税"法案的分歧进行了磋商并达成一致后,2017年12月22日,美国政府正式颁布《减税与就业法案》(*Tax Cuts and Jobs Act*),并于2018年起付诸实施。这项"减税"法案是特朗普政府的第一个重大立法,也是继1986年以来美国税收制度最为重大的一次变化,立即引起了全世界的广泛关注。

这一法案当然也招致了民主党的普遍批评和坚决反对,拜登在2020年大选中自然而然地将反向"加税"作为自己的一项重要主张。不过，执政以来，拜登只是少量增加了一些税种税率，尚没有真正兑现其"全面加税"承诺。特朗普"减税"法案仍在发挥长期作用，其影响力并未因执政党更替而迅速消散。

在一般概念中，"减税"是有益于富人的政策，而"新右翼"运动的主体是普通的中产阶层，特朗普能够赢得2016年大选，最关键的支持便来自白人蓝领、中小农场主等群体。因而，早在2016年11月特朗普刚刚当选之际，2013年诺贝尔经济学奖得主、耶鲁大学经济学教授罗伯特·席勒（Robert Shiller）就撰文发问：为什么穷人支持给富人"减税"的特朗普？

这篇文章结构精致复杂，列举了众多原因，并用精巧的逻辑和复杂的机制串联了起来。不过，归根结底，席勒教授的答案很简单，原因就是一个字——"蠢"，白人蓝领等穷人不听劝告，认不清自己的利益和特朗普的真面目，支持了损害他们切身利益的特朗普，令人扼腕叹息。

席勒教授的论断也迅速得到了美国众多重量级经济学家的认可，在美国主流媒体上和世界范围内广为传播。我的经济学功底肯定是远远不足以直接反驳席勒教授这样的诺贝尔经济学奖得主的。但是，仔细观察当下美国政治，我们可以发现另一个非常奇怪的现象：从特朗普2016年参选到2017年"减税"法案正式通过再到拜登上台执政，特朗普的"减税"计划一直遭受着大多数跨国公司和大富豪的强烈反对。富豪们要求"加税"的戏码反复上演。例如，2019年6月，《纽约时报》就刊登了美国18名超级富豪致2020年总统候选人的联名公开信，他们呼吁民主、共和两党的总统候选人支持对美国最富有的千分之一群体征收财富税。这封联名信的签署者包括多个赫赫有名的商界人士：投资家乔治·索罗斯、迪士尼家族继承人阿比盖尔·迪士尼（Abigail Disney）、脸书联合创始人克里斯·休斯（Chris Hughes）以及沃伦·巴菲特的合伙人查理·芒格（Charlie Munger）的女儿莫莉·芒格（Mollie Munger）①。因此，按照席勒教授的思路，我们就可以提出一个类似的问题：为什么富人反对给富人"减税"的特朗普？

这样一来，事情就很有意思了。的确，穷人认不清自己利益的事可能时有发生，精英们在批评穷人愚昧时往往底气十足，然而，现在美国的富人们也在干着类似的事，难道也是因为"蠢"到了认不清自身利益？显然，不会有人敢就这个问题给出肯定答案。即使贵为诺贝尔经济学奖得主，席勒恐怕也不敢说自己的经济学理论水平就比乔治·索罗斯、沃伦·巴菲特等商界大亨高，更遑论评价他们的经济实践能力了。

显而易见，美国的跨国公司和大富豪们不会是因为认不清自身利益而反对给富人"减税"。那么，他们为什么反对"减

---

① 美国18名富豪提议征收"财富税". 环球时报，2019-06-26(11).

税"计划?"减税"计划对他们究竟会造成哪些影响?"减税"计划对"新右翼"运动又意味着什么?

(二)《减税与就业法案》概要

回答上述问题前,我们先简要浏览一下"减税"计划。2017年12月,正式签署生效的《减税与就业法案》大致包括以下四个方面的内容:

其一,个人所得税。个人所得税是目前美国最大税种,2016年个人所得税占总税收比重高达40.20%。《减税与就业法案》中关于个人所得税改革的主要内容包括:一是降低税率,仍然保持现有的七级超额累进税率,但是最高边际税率由39.6%降为37%。二是提高扣除标准(免征额度),个人申报者的个税起征点由6 500美元/年提高至1.2万美元/年,夫妻共同申报者起征点由1.3万美元/年提高至2.4万美元/年,户主申报者起征点由9 550美元/年提高至1.8万美元/年。三是调整减免优惠,17岁以下未成年人每人补贴由1 000美元/年提高至2 000美元/年,补贴门槛由夫妻共同收入11万美元/年提高至40万美元/年;取消个人、配偶和子女每人4 050美元/年的个人豁免额,取消强制医保税;州和地方税抵扣上限为1万美元/年(个人和夫妻共同),"医疗费用超过调整后总收入10%的部分可以在税前扣除"改为"超过7.5%的部分可在税前扣除";抵押贷款利息税前扣除上限从现行"100万美元住宅贷款发生利息"下调为"75万美元住宅贷款发生利息",以限制投资性住宅贷款利息税前扣除。四是提高个人替代性最低税门槛,由应税所得55 400美元(个人)/年、86 200美元(夫妻共同)/年提高至70 300美元(个人)/年、109 400美元(夫妻共同)/年。

其二,企业所得税。企业所得税的改革力度更大,减免更多。一是股份有限公司税率由35%降为21%,独资企业、合伙企业和无限责任公司等穿透型小企业合格经营所得征收个人所得税,允许抵扣20%收入,适用最高边际税率37%。二是2017年至2022年5年内发生资产投资成本由折旧摊销改为100%费用化(不包括房地产);利息支出由税前全额列支改为按不高于扣除利息、税项、折旧和摊销前利润30%列支,以限制利息支出,遏制资本避税倾向。三是取消公司替代最低税,由采用20%税率作为平行税制的一部分,与按公司所得税税率计算的公司所得税比较,选择高者征税的公司替代最低税被取消。四是每年净经营亏损结转限额由前转2年、后转20年改为年度应纳税所得额80%,可向后无限期结转。

其三,跨境所得税。在全球化时代,美国公司境外投资比例很高,资本外流、利润转移、海外避税等问题突出。因此,特朗普"减税"计划对跨境所得征税作了重大政策调整。其核心内容包括:一是将目前的全球征税体制转变为属地征税体制，美国公司取得的来自其境外子公司的股息收入可以享受100％的所得税豁免，境外子公司历史累积境外收益将被视同汇回一次性收入进行征税，现金及现金等价物适用15.5％税率，非流动性资产适用8％税率。二是依据受控外国公司规则对美国境外子公司超额利润（超过企业资产的10％）按照10.5％税率征收（从2026年起税率上升至13.125％），可以抵免80％的境外税收。三是美国公司从境外供应方取得的销售或服务所得中与知识产权相关的部分，适用13.125％的税率征税（自2026年起税率上升至16.4％）。四是针对跨国企业专门新增一项税率为20％的"执行税"，以限制这些企业利用"海外子公司股息所得税豁免"条款通过和美国以外分支机构的内部交易转移收入以达到避税目的。

其四，遗产税改革。提高适用40％税率的遗产税的起征点，将应税财产分别从560万美元提至1 120万美元（个人）、从1 120万美元提至2 240万美元（夫妻共同）。

(三) 既要"减税"，也要更好地"征税"

在前文基础上，接下来我们深入分析特朗普的"减税"计划。粗略地看一看，上述"减税"计划就是里根在20世纪80年代主导实施的涓滴经济学（Trickle-Down Economics，也常常被称为"里根经济学"）的翻版。即通过减税，一方面，降低个人负担,刺激个人消费,扩大内需市场;另一方面,降低企业负担,让在美国国内的企业能有更多资金用于投资,同时吸引在海外的美国企业和资本回流、外国企业和资本进入美国。企业经营好了,有了更多投资,就会促进美国经济增长,并达到扩大就业的目的,同时职工工资水平也会随之上升。在这一过程中,虽然政府在最开始阶段减少了穷人在国民收入中的分配比例,并且主要削减了许多公共开销和主要用于穷人的福利支出以维持财政平衡,但是,等到蛋糕做大、经济增长之后,最终还是会让政府获得更多财政收入,让穷人在经济增长中收获更多好处。

不过,"新右翼"的"减税"计划真的这么简单吗?如果真是如此,那么跨国公司和大富豪们反对"减税"就确实只有"蠢"可以解释了。然而,特朗普政府的"减税"计划并不只是"减税"这么简单。跨国公司和大富豪们真正反对的是"减税"计划的另一面:强化征税,打击避税。此处先分析企业所得税与跨国公司核心利益,后面将分析个人所得税与大富豪核心利益。具体来说,表面上特朗普常常吹嘘,"减税"后美国的企业所得税率将是全世界最低的公司税率之一,会吸引大量企业回流。实际上,如果只有"减税"措施的吸引力,绝大多数跨国公司并不会回流美国,最近几年的事实毫无疑问证明了这一点,这既有产品制造的综合成本考虑,也是因为全球避税能让跨国公司享受远远低于 21% 的公司税率。

"苹果公司避税案"就是典型的案例。2016年8月，欧盟委员会裁定"苹果公司需向爱尔兰政府补缴130亿欧元税款"，欧盟反垄断机构调查显示，苹果国际销售公司在其注册地爱尔兰的实际税率只有2%～3%，存在严重的非法避税问题。然而，面对这一裁决，涉事各方的态度耐人寻味。美国政府立刻抨击苹果公司的海外逃税行为，但是美国政府同时强调欧盟委员会无权做出相关裁决，因为苹果公司欠缴的税款属于美国而非欧洲（爱尔兰）。爱尔兰政府却发表声明称：拒绝接受苹果公司补缴的税款，苹果国际销售公司经营完全合法，在爱尔兰不存在逃税避税问题。

给钱都不要，为什么爱尔兰政府态度如此"反常"？根本原因在于，苹果国际销售公司的实际收入并不是在爱尔兰境内产生的。苹果国际销售公司本应按20%～30%的税率在美国境内和欧盟相关国家（苹果主要的销售市场）缴纳税款，但是它借助爱尔兰政府提供的法律通道，通过种种手段巧妙逃避了在美国和欧盟相关国家的纳税义务，现在2%～3%的税率的实质是苹果公司给爱尔兰政府协助它避税的"手续费"①。由此可见，"减税"法案提供的21%企业所得税率对多数跨国公司并不具有足够的吸引力。对它们来说，如果放弃海外避税，那么

---

① 爱尔兰政府在针对外国公司征税的法律上设有某些特定优惠条款，也正是这些条款和欧盟成员国身份使得爱尔兰成为世界著名的"避税天堂"。爱尔兰政府也借此发展起了不错的"总部经济"。但是，这给其他许多国家带来了严重的税收损失。

特朗普"减税"法案的实质是大幅增税。

相比特朗普，拜登在税收领域提出了更有创造性的改革举措，即他和财政部长耶伦在 2021 年的 G7 会议上提出的全球最低税率（15％公司所得税）方案。若能实现，确实能较好解决美国社会目前突出的避税、遏制资本、财富不平等问题。对中国来说，全球最低税率也是一件好事。虽然当前中美两国在诸多领域存在着明显分歧，特别是美国政坛有大量遏制、打压中国的主张和行为，但是中美并非在所有问题上都没有合作空间。拜登刚提出全球最低税率时，有不少声音从中美冲突角度展开解读。然而，中国并非百慕大群岛、所罗门群岛之类的"避税天堂"，而是实际投资生产所在地，因此 15％的最低公司所得税率对中国的负面影响很有限[1]。

三、"减税"计划背后的阶层冲突

实际上，在"减税"问题上，绝大多数美国人并没有做出有违自身利益的选择。社会舆论常常把"减税"等同于"藏富

---

[1] 除了高科技行业，我国主流企业所得税税率显著高于 15％。由于我国对高科技行业实施税收减免政策，15％全球最低税率可能会对中国科技企业有一定影响，但这是可以克服的。而且，特定行业税收优惠本身就是阶段性举措，也可能不会一直持续下去。

于民",似乎只要是"减税",对民众来说就是件好事。然而,从近年来美国政治现实来看,许多美国人不但不领特朗普政府"藏富于民"的"情",反而坚决反对"减税"。出现这种情况,根本原因在于,"民"并不是一个整体,同一个公共政策给不同社会群体带来的影响往往是不一样的。在特朗普政府的"减税"计划和拜登政府的"加税"计划中,都会有不同的利益集团或社会群体收获利益,成为"藏富于民"中的"民",但是还有另外一些不同的利益集团或社会群体的利益会在"减税"或"加税"中受到损害。具体来说,根据自身经济状况和"减税"/"加税"的不同影响,美国社会大体上可以被分为三个阶层,"减税"计划对它们分别会带来以下影响:

第一,共和党"减税"计划的受益者是中小企业主和中产阶层。他们既没有迁出美国和全球避税的能力,也不可能花高价(像富豪那样)请专职税务师和律师[①]为自己"规划纳税"(避税)或是通过慈善基金等方式避税[②]。因而,"减税"法案

---

① 对工薪阶层来说,请专职的税务师和律师太贵了,花费超出了他们可能获得的避税利益。

② 美国富豪捐出全部或部分资产成立慈善基金会是很常见的,例如沃伦·巴菲特、比尔·盖茨、马克·扎克伯格等名人。实际上,这主要是避税手段,根据美国税法规定,只要每年将3%的资金用于公益事业,慈善基金会就可以免税。并且,美国慈善基金会开支可以包含高额的行政费用,例如可以用基金会的钱给子女开高薪,自己家族的许多开支也都可以由基金会来承担。近年来,桑德斯等民主党名人也越来越多地将矛头指向富豪们通过基金会逃避遗产税的行为。

就会直接减少他们每年的纳税支出。并且，有可能通过刺激经济增长、提供更多的就业岗位（主要是制造业蓝领岗位）等方式进一步增加他们的经济收入。他们是"新右翼"运动的主体，是特朗普赖以赢得2016年大选进而长期掌控共和党的核心力量，也是"减税"计划的社会基础。需要强调的是，这些群体并不是美国社会分层中处于最下层的穷人，从2016年大选和2020年大选的民调结果来看，特朗普支持者的收入水平整体高于希拉里和拜登支持者的收入水平。

第二，美国收入最低的社会群体的利益反倒会因为共和党"减税"计划而受到损害。"高税收，高福利"/"低税收，低福利"，两者总是相互伴生，这也是共和党和民主党常年针锋相对的美国政治焦点议题。除了极少数资源型国家（例如石油资源丰富、人口不多的沙特阿拉伯、阿联酋、卡塔尔等中东国家），从来不存在某个国家很少收税，但是公共福利非常好，公共设施非常好，电费、水费、油价极其便宜。所以，对美国那些处于最低收入阶层的低端服务业从业者和无业人群来说，"减税"计划首先损害了他们的利益。虽然远期经济增长可能会弥补他们的损失，但是这张画中的大饼并不确定，并且过于遥远。

具体来说，在美国社会的经济分层中，最穷的群体并不是白人蓝领，而是未就业依靠福利生存的人和在低端服务业、建筑业、农业、清洁业等行业就业的非洲裔、拉美裔美国人以及非法移民。对他们来说，其一，由于收入较低，"减税"主张对他们支出的减少微乎其微，因为他们按照原来的税收政策也不需要交多少税甚至本就处于免征区间；其二，较低的受教育水平也使得他们较难胜任"减税"计划可能间接创造出的制造业工作岗位；其三，为了财政平衡需要，削减税收的同时必定伴随着削减福利，这反而会损害对公共福利依赖度较高的他们的现实利益。因此，他们一直更支持主张"加税"并增加福利的民主党，是在2016年、2020年和2024年大选中支持希拉里、拜登和民主党的关键力量。真实世界中很少发生席勒教授所描述的"穷人支持给富人减税的特朗普"这样的故事情节。

并且，上述第一类和第二类社会群体虽然大体上都属于不占有生产资料的"无产阶级"[①]，但是两者却存在尖锐矛盾，因为第二类群体的公共福利往往来自政府向第一类群体征收的所得税。正如共和党新星、俄亥俄州联邦参议员、自称"特朗普的忠实追随者"的J.D.万斯在他2016年出版的畅销书《乡下人的悲歌》（这本书在特朗普胜选后红极一时，被称赞写出了特朗普支持者的心声，万斯能够成为最年轻的联邦参

---

① 马克思主义所定义的资产阶级和无产阶级的关键区别是"是否占有生产资料"，即是否拥有可以带来财富自我增值的资本。依靠劳动还是依靠资本，这会让不同群体产生截然不同的政治诉求，进而让国家治理产生不同路径的选择。

议员之一,很大程度上是因为这本书)中所写的:

> 我怎么也不会理解,为什么我们的生活就像是一场挣扎,而那些靠着政府的慷慨赠予活着的人却能用上我只能在梦里用上的花哨玩意儿……每隔两周,我都能领到一份微薄的工资单,能看到从我的工资里面扣除的联邦和州政府的所得税。而我们那个药物成瘾的邻居买丁字牛排的频率可能比我领工资的频率还高。我穷得不能给自己买丁字牛排,但在山姆大叔的强制下,我的钱最终被别人拿去买了。这就是我在 17 岁时的心态。这是我第一次意识到,阿嬷口中的"工人的党"——民主党并不像他们被吹捧的那么好。……政府在付钱给那些啥都不干的人!这些人在嘲笑我们的社会!我们这些努力工作的人反倒因为每天工作而受到嘲笑!①

第三,跨国公司所有者和大富豪们较难从共和党"减税"计划中受益,甚至可能遭受很大损失。前文已经分析了跨国公司海外避税的利益机制。大富豪沃伦·巴菲特经常说的一句话是:"我的秘书缴纳的税比我还多。"在奥巴马执政期间,巴菲特一直支持"加税"计划,反复建议政府多从自己这样的大富豪身上征税以帮助穷人和支援国家建设,反对共和党的"减

---

① 万斯. 乡下人的悲歌. 刘晓同,庄逸抒,译. 南京:江苏凤凰文艺出版社,2017:131.

税"倡议，也因此被很多美国国内和国外的媒体视为"富人的道德表率"。然而，从2008年到2016年，8年过去了，巴菲特缴纳的税款（比例）始终还是要远远少于他的秘书。为什么？不是奥巴马政府没有采取"增税"措施，也不是美国联邦、州和地方几级税务机构不想多收些税，而是因为巴菲特避税避得太好了。正如共和党"茶党"议员曾经愤怒回应巴菲特的，"你要是觉得税率低了，少搞点避税手段，就可以多缴税了"。换言之，奥巴马的"增税"计划只能提高个人所得税的名义税率，富人的实际纳税率和纳税金额依然很低。

美国大富豪中也有少许"避税不力"的特例，特朗普可能就是其中一个。2017年3月，特朗普传记作者、调查记者戴维德·约翰斯顿（David Johnston）在微软全国广播公司的一档节目中曝光了特朗普2005年的纳税税单。这份税单曝光前民主党、各路媒体乃至特朗普的共和党内对手们摩拳擦掌，认为即将抓住特朗普的避税把柄，准备大干一场。然而，最终这份曝光的税单显示，特朗普在2005年的纳税比例达到了25.3%。这一数据令美国主流媒体异常失望，纷纷谴责曝光者约翰斯顿和微软全国广播公司立场有问题，是特朗普的卧底。之所以会出现这种情况，是因为纳税比例超过20%的情况在美国大富豪中极其罕见（虽然这一税率依然显著低于美国收入较高的中产阶层的实际税率）。也就是说，特朗普的"减税"法案有利于他自己这样的不善于全球避税（因为他的产业主要是在美国的地产及相关产业）的少数富人，但是并不利于大多数和他一样富有的人。

所以，在2016年大选中，特朗普曾经的富豪朋友们大多支持希拉里，大手笔投入为其助选，乔治·索罗斯旗下的索罗斯基金会甚至涉嫌支持乃至策划多起反特朗普的街头暴力活动。同样，特朗普的2020年大选和2024年初选的筹款工作也并未得到多少美国富豪的支持，相反拜登则代表民主党再度赢得富豪与资本的青睐①。我们常常能看到，许多美国知名富豪和大公司轮番单独或者联名写信反对"减税"计划，高呼"我的钱太多了，应该多拿一些去建设国家、帮助穷人"。如此高尚的"道德血液"在极少数富豪和极少数大公司身上流淌着，或许可以相信，但是，要说美国大多数富豪和大公司都是如此，相信的人就是"幼稚"了。

多说一句，美国政治一个很大的特点就是，大多数社会群体和利益集团都能做到"屁股决定脑袋"。在这里"屁股决定脑袋"并不是贬义。事实上，在政治中能做到"屁股决定脑袋"是非常难的。某种程度来说，之所以美国的民主政治确有

---

① 相比颇为不顺的2016年大选筹款工作，特朗普的2020年大选、2024年初选筹款情况要好不少，募集了更多资金。但是，与2016年和2020年的桑德斯类似，特朗普巨额竞选资金很大一个来源是20美元左右一次的小额捐款。多家大企业则一反常态地声明，将不再为共和党的竞选活动提供政治献金。

其成功之处，就在于大多数人（不论贫富、不论知识水平）都能做到"屁股决定脑袋"，知道自己的利益所在，按自己的利益选择立场、谋划行动，美国政治诸多运作由此展开。相比之下，一些国家的民众却未必能做到"屁股决定脑袋"，反而可能"被人卖了还帮着数钱"。

四、一个失败的"减税"先例："茶党"的堪萨斯实验

除了不同社会阶层就"减税"计划展开的斗争外，涓滴经济学的理论设计本身也存在重大缺陷。在 2016 年大选第三次总统辩论中，希拉里就直接嘲笑特朗普说："你这套涓滴经济学理论根本行不通。"美国主流经济学界更是一致反对。2016年大选投票的前一周，包括多名诺贝尔经济学奖得主在内的数百名美国著名经济学家就史无前例地以联名信形式[①]反对以"减税"和贸易战为主要内容的特朗普经济学，直斥特朗普"不懂经济，若是当选并胡干，必然会给美国经济造成毁灭性

---

① 特朗普确实非常不讨美国学术界喜欢。除了经济学界联名信外，政治学界、历史学界和生命科学界也都有数百名学者写了联名信反对特朗普当选美国总统。法学界稍好，没有达成反对特朗普的共识，但也有规模不小的联名信出现。

打击",呼吁美国广大选民不要把选票投给特朗普。罗伯特·席勒以及希拉里的铁杆支持者、同样是诺贝尔经济学奖得主的保罗·克鲁格曼(Paul Krugman)① 等经济学界大佬更是直接上阵愤怒抨击特朗普的"减税"计划。

　　虽然经济学家们的上述言论受到了政治立场驱动,但是他们的许多分析是有道理的,确实点出了涓滴经济学的实际缺陷。对我们来说,要想真正系统全面地理解特朗普的"减税"计划,仔细去听听他的对手和批评者怎么说也是很有必要的。特别是 2017 年 6 月"茶党"执政的堪萨斯州发生的一桩重要事件在很大程度上让这些经济学家对特朗普"减税"计划的批评得到了现实验证。不过,正如前文所说,特朗普的"减税"计划不只是涓滴经济学,它与里根的"减税"计划存在较大不同。本部分先通过堪萨斯州这个案例来阐释涓滴经济学的缺陷到底在哪里,下一部分则具体介绍特朗普为弥补这一缺陷准备了哪些应对手段,回答为什么特朗普的"减税"计划不只是涓滴经济学。

---

　　① 在 2008 年民主党初选中,克鲁格曼就为希拉里竞选冲锋陷阵,多次撰文论述奥巴马的核心竞选主张"全民医保"不可行。克鲁格曼在 2016 年大选中为了希拉里再次披挂上阵。尴尬的是,这次他承担的任务是全力论述"奥巴马医保"如何可行、给美国带来了多少好处,因为保住"奥巴马医保"彼时已经成为民主党共识,而希拉里的竞选对手则是反对"奥巴马医保"的特朗普和共和党。

（一）"减税"政策在堪萨斯州已经失败

2012年，共和党激进派系"茶党"执政的堪萨斯州在全美范围内率先实施"减税"政策。然而，5年的实践显示，"减税"政策并未带来"茶党"所预期的"涓滴效应"，堪萨斯州的经济形势和财政状况反而因此急剧恶化。迫不得已，2017年6月，"茶党"控制的堪萨斯州议会以绝对优势（众议院88票对31票，参议院27票对13票）推翻了他们自己曾经大力推进、寄予厚望的"减税"政策，重新开始提升税率。"茶党"在堪萨斯州历时5年的涓滴经济学"减税"实验正式宣告失败。

这一事件在美国之外很少有人关注，但是堪萨斯州的转向在美国国内产生了巨大影响。"茶党"以失败告终的堪萨斯实验进一步为反"减税"运动提供了有力支持。因此，我们在此详细分析"茶党"的堪萨斯实验，以便更好地理解特朗普的"减税"计划。具体需要思考以下问题：哪些因素使得堪萨斯州的"减税"政策未能带来"茶党"所期待的作用？进而，7年过去了，这些因素为什么并未如当初所预测的那样导致特朗普的"减税"计划失败（相反，拜登在2024年还在更多执行特朗普时期的税收法案而不是自己的"加税"竞选承诺）？或者说，特朗普的计划中用哪些举措化解了以上问题？

（二）堪萨斯实验为什么会失败？

涓滴经济学认为，政府对富裕阶层提供经济优待政策，将会改善国家整体的经济状况，富裕阶层创造的经济增长最终也会使贫困阶层受益。然而，5年堪萨斯实验的结果却是，"减税"并未带来涓滴效应或者说溢出效应。

具体来说，第一，"减税"并未让堪萨斯州吸引到更多企业投资，也就未能创造出更多的就业岗位。2013年至2016年的四年间，在全美经济复苏的大背景下，美国全国平均就业率增长超过了7%。然而，堪萨斯州的就业率只增长了3%，位列全美所有五十个州的最后一位。其原因在于，一方面，美国境内再"减税"，所能提供的优惠税率也远远比不上世界各地的"避税天堂"①。前文所述的苹果国际销售公司在爱尔兰避税的案例足以说明这一点，这也是美国跨国公司的通常做法。那么，跨国公司怎么会把自己的注册地从维尔京群岛、所罗门

---

① 因为政府征税并不是白白从企业拿钱，企业特别是制造业企业在一个地方经营是需要政府承担基础设施建设、劳动力培训、公共服务、社会保障等大量成本的。如果税率过低，政府就会入不敷出，也就不可持续。但是，"避税天堂"不一样，这些国家或地区实际上并不需要为相关企业的生产经营活动提供什么公共物品，2%～3%的税率相当于白拿钱，它们给企业提供的不是经营保障和物质支撑，而是避税手续。所以，它们给得出真正的生产国家不可能给出的低税率。

群岛、百慕大群岛这类地方迁回美国、搬到堪萨斯州呢？另一方面，税费只是企业成本的一部分，人工成本、劳动力素质、产业配套、基础设施等可能对企业的经营和利润水平更加重要。根据美国劳工统计局数据，2016年美国制造业平均薪酬是49 550美元/年。这么高的人工成本以及并不系统的产业配套，堪萨斯州如何与墨西哥、东亚、东南亚等区域廉价高效的制造业基地竞争？

第二，富人阶层在堪萨斯州的避税问题越来越严重。按照累进税率原则，无论政府实行怎样的"减税"政策，富裕阶层的纳税税率都应当高于中产阶层和穷人的纳税税率。然而，2012年"减税"政策实施以来堪萨斯州的实际情况是，堪萨斯州最富有的1%人群实际缴纳的州个人所得税税率只有3.6%，中产阶层实际缴纳的州个人所得税税率是9.5%，而收入最低的20%人群实际缴纳的州个人所得税税率高达11.1%。对所有人来说，税当然都是缴纳得越少越好。但是，相比穷人和中产阶层，富裕阶层请得起会计师和律师，又有丰富的避税手段（投资、收藏、慈善捐赠、海外避税等）可以使用，那就可以充分利用过去已有的和"减税"政策新提供的优惠条款与政策漏洞，最大限度地少缴税。

第三，"减税"政策造成堪萨斯州财政收入大幅下降，进而也就使得政府必须大规模削减公共支出以确保收支平衡，这反过来又影响了堪萨斯州的经济复苏。具体来说，一方面，为了节省开支，堪萨斯州削减了大量必要的公共岗位（例如警察、清洁工、公务员等）和公共事业服务（饮水、供电、邮政等），这些做法既给居民生活造成了很多负面影响，也直接降低了就业率。另一方面，堪萨斯州在公共教育和基础设施建设上的投入大幅减少，既不利于为企业提供良好的经营条件，也不利于提升劳动者的人力资本，增强他们在就业市场上的竞争力。加之财政赤字使得州政府频繁陷入"关门"危机，进一步恶化了堪萨斯州投资环境，吓退了潜在投资者。

五、特朗普"减税"计划的配套举措

"茶党"失败的堪萨斯实验显示，涓滴经济学在今天的美国已经不太行得通了。但是，"新右翼"的"减税"计划不是只有涓滴经济学，所以它并未失败，甚至能在拜登上台执政后依然延续。在"减税"之外，特朗普政府还准备了一系列带有强制性的政治手段作为配套措施。

（一）打击避税，强化征税，把以前没收到的税收上来

"减税"肯定会造成财政赤字。2017年"减税"法案通过时，美国联邦政府和地方政府的债务规模就已经高达20

万亿美元。与过往共和党人的"减少税收"同时"削减政府开支"的逻辑不同，特朗普在任期内还加大了在国防军费、基础设施建设乃至航天探索等方面的开支。因此，在这样的情况下，如何避免"减税"给美国政府造成更大的财政赤字呢？

对此，"新右翼"不仅指望远期经济增长带来的"把蛋糕做大"，也着眼于当下的"重分蛋糕"。"减税"归"减税"，该缴的税必须缴，一分不能少。特朗普政府反复声明要通过海外查税、减少免税条款、强化征税等方式打击跨国公司和大富豪们的避税行为，满足巴菲特等人多缴税的"心愿"。例如，2017年7月《华尔街日报》披露，美国联邦税务局堵上了一个令华尔街最富有的投资者长期受益的、关于资本利得税的税收漏洞，预计从2018年开始，多位基金所有人和基金经理因此将补缴高额税款，税款总额可能高达250亿～1 000亿美元[①]。由此我们也就能理解，作为证券投资行业大亨的乔治·索罗斯为什么要拼命反对特朗普。不过，特朗普政府的后续征税遭遇重重困难，实际成效远不如特朗普本人或《华尔街日报》描述的那样美好。拜登上台后，相关部门进一步弱化了对金融资本的征税力度。

---

① 值得一提的是，针对基金行业的强化征税举措也是伯尼·桑德斯强烈要求的。

面向海外，特朗普政府尝试采用各种手段以迫使跨国公司将为了避税留置在海外的巨额利润汇回美国国内并缴纳税款。当然，美国政府也做出了妥协，主动向跨国公司提供了优惠方案。具体来说，根据《减税与就业法案》，美国跨国企业为避税而囤积在海外的2.6万亿美元巨额利润，只需一次性缴纳15.5％的企业所得税就可以合法地汇回美国，而不是特朗普"减税"计划为美国国内企业设置的21％税率，更不是过去税法所规定的35％税率。

在这方面，美国政府的这套"组合拳"收到了不错的成效。2018年1月，苹果公司首席执行官蒂姆·库克（Tim Cook）宣布，苹果公司将为近期汇回美国的海外利润一次性缴纳380亿美元的税款。根据15.5％的税率推算，苹果公司将汇回约2 500亿美元巨额资金。当月，微软公司公布了2018财年第二季度（截至2017年12月31日前的三个月）财报。财报披露，该季度微软公司业绩纳入了受《减税与就业法案》影响的一笔高达138亿美元的净扣税，这笔扣税直接导致了微软公司业绩当季出现了净亏损。虽然微软公司没有详细解释这笔税收的具体项目，但是市场普遍认为这应当跟微软公司把它的巨额海外现金储备汇回美国有关。根据15.5％的税率计算，这意味着微软公司向美国汇回了近千亿美元的资金。而此前财报披露微软公司手中握有1 385亿美元现金，这些现金几乎都放在海外。2月，思科公司也宣布将把670亿美元海外资金汇回美国,在缴纳税金后,用于股东分红和产业投资。

(二)"胡萝卜+大棒"驱使大企业在美建厂

为了使制造业回流、增加蓝领就业岗位或者至少是遏制工作岗位持续外流,在"减税"这一不太具有实际吸引力的经济诱惑之外,特朗普政府还针对大企业准备了诸多带有强制性的政治手段,即通过提高关税(与主要贸易伙伴开打贸易战)、行政限制等多种手段对那些把生产车间(工作岗位)迁到国外的美国企业和主要在美国销售产品却不在美国设立工厂的外国企业施加惩罚,让它们的全球化举措无利可图。关于贸易战问题,这里仅简要提及,下一章将做专门分析。

此外,当时特朗普的"推特治国"也收获了不错的效果。最开始的时候,人们都觉得"推特治国"似乎是个笑话,是没有经验的政坛新手的拙劣表演。但是,后来越来越多的人开始严肃看待"推特治国"了。从实际效果看,每当特朗普发出"推文"抨击某个跨国企业时,该企业股价就会立刻发生断崖式下跌,然后这个企业的管理层往往就会被迫向特朗普服软示好。福特、开利、丰田、波音、通用电气、通用汽车等跨国企业都已经亲身体会过"推特治国"的强大威力了,并因此取消了原先预定的生产车间搬迁计划(从美国国内搬迁至墨西哥等地,但是产品仍然以美国为主要销售地),甚至响应号召进一步宣布了在美国的大额投资建厂计划。

特朗普自己曾在2018年国情咨文中夸耀道:"许多汽车公司正在建造和扩建工厂,这是多年未有的新局面。克莱斯勒正在将一家主要工厂从墨西哥迁到密歇根州,丰田和马自达正在亚拉巴马州开建新工厂。很快,工厂将会在全国各地开工。美国人听到这些消息很可能会不适应——多年以来,公司和工作都只是在离开美国,而现在它们正在回归。"

当然,特朗普的自夸一向言过其实。这些跨国公司虽然表态(公布在美投资建厂计划)坚决,但是它们大多都擅长"说一套,做一套",投资实际落地相当地拖沓,在2021年1月特朗普卸任总统时,真正被创造出来的新的制造业工作岗位并不多。不过,特朗普的这些做法至少对当时美国制造业工作岗位外流起到了一定遏制作用。更重要的是对普通民众的短期心理作用,即这些做法会让"锈带"乃至更多地区的选民相信:"与以前那些政客不同,特朗普很关心我们的工作,所以我们要继续支持他,坚决支持他,给他更多时间和力量兑现承诺。"

(三)巨额基建计划

在正式上任前,特朗普就提出了超过5 500亿美元的基础设施建设投资计划,希望以此提升美国公共服务,优化投资环境，打好经济发展基础。同时，巨额基础设施建设投资本身也能带来大量工作岗位和国内生产总值（GDP），拉动经济增长。但是，5 500亿美元的巨额资金从哪里来呢？

在大幅"减税"前提下，特朗普政府希望通过以下措施确保有足够的资金推进基建计划：其一，通过前述的驱使跨国公司向美国汇回利润和强化征税等举措，扩大征税税基，确保政府财政收入不会因为"减税"大幅下降。其二，改变政府支出"蛋糕"的分配比例，大幅削减美国政府在福利支出、全民医保、环境保护、国际援助等方面的预算，乃至不交或少交联合国和其他国际组织会费，将更多的资金用于基础设施建设计划。其三，运用政治手段，"吸引"乃至强迫外国政府直接或通过外国企业间接在美国投资。例如，在特朗普半是邀请半是威逼的外交手段下，日本、韩国、沙特阿拉伯等国政府均曾经做出过千亿美元级别的投资美国基础设施建设计划的承诺。当然，这些国家的投资承诺也和许多跨国公司的在美建厂承诺一样，都是口号喊得非常响，行动则相当迟缓。所以，特朗普三番五次地催促外国政府落实投资。

此外，2017年11月特朗普访华期间，中美两国政府达成了2 500亿美元合作协议。其中一个重要部分就是中国国家能源集团斥资数百亿美元投资美国的能源产业。与日本、韩国、沙特阿拉伯等国政府迫于无奈、不情不愿的投资承诺不同，这件事对中国来说也是好事，我们是有足够动力尽快落地投资的。相对于委内瑞拉、伊朗、伊拉克、俄罗斯等石油大国（中国在这些国家能源行业也投入了巨资），美国的投资环境在当时看来还是更有保障的。此外，中国在基础设施建设上也能为美国提供从融资到设计到施工的一揽子服务。如果能够打开合作通道，对中美两国都是有利的。

可惜，由于特朗普在2018年主动发起贸易战，这项高达数百亿美元的巨额投资已经告吹。

（四）"新右翼"的"减税"计划相对于"茶党"堪萨斯实验的政治优势

"新右翼"的"减税"计划与"茶党"堪萨斯实验相比，关键不同在于，前者中包含一系列政治手段来配合"减税"经济计划的实施。因而，虽然远没有达到预期目标，但是"减税"计划仍然不能简单地用"失败"来评价，而且让拜登和民主党在2020年至2024年间仍然没能推翻或者说暂时不舍得推翻。不过，需要注意的是，这些政治手段只能在国家层面实施，美国任何一个州都不可能单独推行类似计划。这是因为联邦（国家/中央政府）拥有州（地方政府）所不具备的权力。例如，美国联邦政府拥有关税权，能够在全美乃至全球查税征税（富人可以随时搬到另一个州，但是没有办法轻易离开美国。而且，退出美国国籍也未必就能高枕无忧，因为美国已经开始着手征收富豪的"退籍税"了),甚至可以借助独步全球的国家实力威逼利诱外国政府买单。简而言之,"减税"计划能否成功主要并不在于其经济设计,而是取决于为"减税"计划准备的配套政治手段能在多大程度上付诸实践以及发挥多大效用。

第六章

"新右翼"执政方略（二）：其他举措

第五章聚焦分析了"减税"计划，本章则分别论述能源与气候政策、产业政策、贸易政策等特朗普新政中另外三项重要的经济政策和医保改革这一社会政策。

一、能源与气候政策

首先来看特朗普执政时的能源与气候政策。与效果一般的"减税"计划相比，以大力开发石油、天然气乃至煤炭等传统化石能源为核心的能源政策确实一度取得了较为可观的成绩，并且大大巩固了其选民基础。这一政策在拜登上台后受到冷落，但是，如果2024年大选发生政党轮替，依然有极大机会卷土重来，这将是美国政治中的一个长期焦点问题。

（一）美国传统能源产业大有可为

相比振兴制造业，美国发展石油、天然气、煤炭等传统能源产业不存在经济上的障碍，反而有着明显优势。具体来说，其一，美国地大物博，石油、天然气、煤炭等资源丰富，近年取得重大进展的页岩油、页岩气技术更是独步全球，只要美国想发展传统能源产业，就一定能取得成功；其二，传统能源产业可以创造大量就业岗位，较好地兑现"把工作带回美国"承诺，巩固白人蓝领的支持。

但是，传统能源产业发展在其他方面面临着重重障碍。事实上，页岩油气技术主要是在奥巴马时期成熟起来的，但是奥巴马政府却并没有享受到其中的好处。首先是因为当时极其不利的国际石油市场形势。2014年，美国页岩油气技术刚刚成熟，正要扩张产能、大展宏图之际，就碰上油价断崖式下跌。此时沙特等国底子尚厚，为了将美国页岩油气生产商挤出市场，它们不仅在"欧佩克"框架内拒绝采取减产措施，还不惜逆势增产，大打价格战。当时常常不足30美元/桶①的价格让美国页岩油气生产商苦不堪言，差点放弃。

其次，更大的障碍则来自政治，核心就是奥巴马执政八年中大力倡导的气候政治。在美国，气候政策与能源政策高度相关。因此，在讨论特朗普政府的能源政策时，我们必须先回顾奥巴马政府的气候政策（这一政策在拜登上台后又重新实施），才能真正理解美国传统能源产业发展的障碍在何处，以及特朗普怎样破除了这些障碍，从而实现了传统能源产业的振兴。

（二）奥巴马的气候政治

1. 气候外交与软实力

气候政治是奥巴马时期美国国际战略的重要组成部分。在

---

① 当时美国页岩油的生产成本在30美元/桶以上。

2009年1月到2017年1月担任美国总统期间，奥巴马一直致力于在全球范围内大力推动气候外交①，这既是基于全球气候变化的现实需要和道义责任，也是奥巴马打造美国外交核心软实力（Soft Power）、维护美国霸权地位的重要手段。"软实力"概念的提出者、哈佛大学教授约瑟夫·奈（Joseph Nye）指出，软实力是一国通过吸引和说服别国服从它的目标从而得到想要的东西的能力。外交政策的道义和正当性，以及对国际规则的引导、制定和控制能力都是构成一国软实力的重要方面。

执政八年间，奥巴马一直强调要保持"美国在新时代新议题中的领导地位"。在气候议题上，一方面，奥巴马政府高调提出并在世界范围内强力推进气候外交，努力打造美国在全球气候变化中的话语主导权，塑造美国负责任大国的形象，以此加强美国在全球事务中的领导地位。另一方面，由于率先进入工业社会，当下发达国家的碳排放总量和人均排放量均远高于发展中国家。因而，通过限定碳排放总量、制定"减排"目标和建立碳排放交易市场等方式，发达国家既可以限制发展中国家工业化水平，让发展中国家始终无法跻身发达国家行列，又

---

① 2017年1月9日，还在美国总统任上的奥巴马专门在《科学》（Science）杂志发表论文阐述自己的清洁能源和气候政策，该文引起广泛关注，获得极高的引用量。可惜的是，此时特朗普已经开始全盘废除奥巴马所有的气候政策。

可以凭空制造出一个市场前景广阔、自身"储量"巨大的资源市场（碳排放额度）①，通过主导国际规则制定，巩固自身的长期优势经济地位。

2. 气候政治造成的美国国内不同利益集团的尖锐对立

需要看到的是，气候政治虽然有助于增强美国外交的软实力甚至为美国谋取巨大经济利益，但是，气候政治也引起了美国国内不同利益集团和社会群体间的严重对立。与同样重视气候政治的欧盟各国不同，美国是传统能源大国，拥有非常丰富的石油、天然气、煤炭等资源。因而，气候政治虽然在整体上有助于巩固美国的领导地位和经济优势，但是它为美国创造的收益在美国国内并不是被各个利益集团和社会群体均衡分配。一方面，气候政治鼓励开发风电、太阳能等清洁能源以及新能

---

① 丁仲礼院士在接受柴静关于 2009 年哥本哈根联合国气候变化大会和"什么是公平的减排方案"的采访中就提出了这样一个问题："中国人是不是人？"即，中国人可不可以与美国人、欧洲人享受同等的碳排放权利？按照西方国家当时设计的方案，中国的人均碳排放量将被锁定在美国人均碳排放量三分之一到四分之一的标准。此后，如果中国碳排放总量超标，就必须向有空额的国家（主要是发达国家）购买碳排放指标。这意味着，中国老百姓开一下车，用一下空调、冰箱、洗衣机都要用自己辛辛苦苦、起早贪黑才挣下的血汗钱向发达国家交费。然而，人均碳排放量超过中国数倍的发达国家却不用受此限制，反而还能借此剥削发展中国家民众。令人感慨的是，当时不少国内舆论还抨击中国政府不接受发达国家的减排协议，幸好中国政府有足够的政治定力。

源汽车等交通工具。这样一来，化石能源消耗减少确实可能带来环境改善，并且创造出巨大的碳排放市场，美国东西海岸各州的金融业、科技行业等都会从中获益。另一方面，气候政治要求的强力限制传统能源开发、较高的环保成本也会给美国中西部各州带来很多限制，极大损害传统能源行业集团的利益，并会造成不少蓝领工人失业。

因此，在气候议题上，美国国内不同利益集团长期尖锐对立、斗争激烈，美国政坛分成了泾渭分明的气候变化支持派和怀疑派。长期受中西部诸州石油集团支持的共和党就一直对"气候变暖"持怀疑态度。在美国国内，共和党一直明确反对"减排"目标和相关环保措施；在国际上，共和党的两位布什总统都不热衷于气候外交，小布什更是直接退出了当时的全球气候变化控制谈判。相反，以东西海岸各州为根据地的民主党一直支持积极的气候政策，奥巴马任期内大幅提升美国"减排"目标，提升工业企业等的环保标准，强化环保执法，加大对清洁能源开发的投入。但是，这些措施在传统能源产业占比较大的州造成了许多经济社会问题。例如，在奥巴马执政期间，西弗吉尼亚州超过一半以上的煤矿被关闭（煤炭是西弗吉尼亚州头号支柱产业），大量煤矿工人失业，公共财政入不敷出，全州经济陷入萧条之中。随之而来的政治影响是，在2016年大选中，西弗吉尼亚州超过三分之一的民主党人改换门庭，加入共和党。

3. 意识形态障碍

现实利益冲突之外,来自自由主义与环保主义的意识形态障碍也极大威胁着传统能源产业发展。仅从现实政治来看,奥巴马虽然一直高举气候政治和环境保护的大旗,但作为成熟政客,他很明白以下道理:第一,不能把一直在美国政坛具有极大影响力的石油等利益集团逼得太狠;第二,从油气资源丰富且消耗量极大等国情出发,在一定程度上鼓励石油、天然气开发对美国经济和民主党执政都有好处。因此,他在任期内支持了页岩油气技术研发,批准了达科他和克斯通输油管道建设等数个重大传统能源项目。同样,清洁能源背后的利益集团也懂得这个道理。虽然他们希望获得国家更多的扶持(以及国家更多地限制传统能源开发)以获得市场优势,但也不会下手太狠。

然而,讲究现实利益的政客遭遇了激进的意识形态派别,奥巴马的调和手段撞上了强大的意识形态障碍。一方面,传统能源开发引来了环保主义者乃至泛自由派的广泛抗议。虽然他们的行为并不理性(未必有益于自己的现实利益),但是由于他们是民主党的主要社会基础,奥巴马既不能也不敢不回应他们的诉求。另一方面,奥巴马高度重视气候政治,虽然这能为他争取到政绩,但气候政治塑造的意识形态和软实力也反过来束缚了奥巴马政府发展传统能源产业的手脚。达科他和克斯通输油管道建设项目的曲折经历就是很好的例子,这两个项目都是奥巴马亲手批准的,然而,还没开始施工就遇到了重重阻挠,大量政治抗议最终迫使奥巴马又叫停了项目。

(三) 特朗普政府怎样破除传统能源产业复兴所遭遇的政治障碍?

与奥巴马相比,特朗普赶上了好时机,当时美国传统能源行业有着较好的外部环境,国际油价一直处于相对高位,美国页岩油气开采成本则在持续下降。并且,巨额财政赤字早就让沙特等国丧失了价格战底气。一段时间里,沙特甚至愿意在欧佩克未达成限产协议(伊朗、伊拉克还在增产)、美国持续扩张石油产能的情况下主动限产,宁可让出市场份额,也要保住石油价格。

更重要的是,对代表"新右翼"运动的特朗普来说,奥巴马难以逾越的政治障碍都是无足轻重的。具体来说,环保主义者以及泛自由派是传统能源产业的主要反对者,但他们是民主党的忠实支持者。对特朗普来说,由于党派立场和意识形态等原因,不论做什么,这些群体注定是他的反对者。换言之,他们抗议的动静再大,也不会让特朗普有失去选票之忧。相反,发展传统能源产业既符合共和党的传统主张,又能有效回应白人蓝领的诉求,非常有助于巩固"新右翼"执政根基。"谁是我们的朋友?谁是我们的敌人?"这个美国政治的根本问题,特朗普在对待能源产业议题时一直很清楚。

因此，特朗普上任后逐一破除了传统能源产业复兴所遭遇的政治障碍。在政策法规方面，2017年3月28日，特朗普签署行政令要求修改或废除奥巴马政府制定出台的《清洁电力计划》，大幅削减政府对清洁能源开发的财政补贴，鼓励开发传统化石能源。2017年6月1日，美国宣布退出《巴黎协定》（相应地，2021年1月，拜登刚上任便立即重返《巴黎协定》，否则他无法面对环保主义者、进步主义者和民主党内强大的政治压力），传统能源产业发展的外部限制也被甩掉。相比特朗普不少雷声大雨点小的其他领域政策（例如医保改革），其能源政策能够顺利实施的一个重要原因是，以上政策都是奥巴马政府以行政令形式出台的（例如，虽然奥巴马签署行政令批准美国加入《巴黎协定》，但是当时共和党控制的国会两院一直没有批准）。所以，特朗普也不需要通过国会立法，自己签署行政令就可以推翻前任政府出台的气候和能源政策。

在具体操作方面，特朗普分别任命激进的气候变化怀疑论者、极力反对奥巴马气候政策的斯科特·普鲁特担任美国环保署署长，曾经三度当选石油重镇得克萨斯州州长的里克·佩里（Rick Perry）担任美国能源部部长[①]。仅仅在2017年一年时

---

① 在此次上任美国能源部部长前，佩里正在担任一家石油公司的总裁。

间里，通过裁减人员、废除相关法案、削减环保预算、弱化环保执法等手段，特朗普和普鲁特、佩里便使得美国的环保监管、能源监管大为削弱。2017年12月，国际著名学术期刊《自然》(Nature)杂志在当期"特写"版块中公布了2017年度全球十大科学人物，斯科特·普鲁特以瓦解美国环保署、摧毁环保监管的"成绩"傲然上榜①。虽然普鲁特在2018年7月5日即因多桩丑闻缠身而被迫辞职，但对民主党、环保主义者和清洁能源集团来说，为时已晚，普鲁特已经把能做的事差不多都做了。继任环保署署长安德鲁·维勒（Andrew Wheeler）依然坚决推行普鲁特确定的各项政策和计划。

特朗普在2016年大选后上台意味着气候变化怀疑派掌握了美国大权，弱化气候政治、鼓励传统能源开发自然会成为其执政举措的必选项。不过，需要注意的是，"新右翼"的能源政策并不是共和党传统的简单回归。具体来说，与两位布什总统高度依赖石油利益集团支持（布什家族自身也经营着油气业务）不同，特朗普与石油利益集团没有密切联系，他的胜选在更大程度上得益于"新右翼"运动为他带来的大量"锈带"地区蓝领工人的支持。

因此，特朗普的能源计划在环保上还要更"退后"一步。

---

① 一般主政者都有做大做强自己部门的倾向，普鲁特这样专门要搞垮自己部门的是很少见的。

布什父子的能源政策主要是鼓励油气资源开发,为的是维护石油利益集团利益,他们并不太关注工人特别是传统民主党选区"锈带"蓝领的就业问题。相比之下,除了同样支持油气产业发展之外,特朗普还更加重视发展碳排放更高、污染更重、开采作业对环境破坏更大的煤炭产业。这是因为,煤炭业能创造出更多工作机会,特别是美国煤炭资源大多埋藏在"锈带"地区(而油气资源主要在得克萨斯等中西部诸州)。在 2017 年 3 月签署要求修改或废除《清洁电力计划》的行政令时,特朗普就特意邀请煤炭工人亲临现场。也就是说,特朗普能源政策的首要目标不是回馈石油利益集团,而是兑现"把工作带回美国"承诺,巩固蓝领基本盘。换言之,在气候政策上,以布什父子为代表的共和党人往往是以能源大亨代言人(能源大亨本人)身份出现,而特朗普更希望将自己塑造成能源工人的保护人。

可以说,特朗普的能源政策不仅在经济上颇见成效,在政治上更是非常成功。煤炭、油气行业的就业岗位快速增加。即使在 2020 年大选失利后,特朗普依然在能源产业特别是煤炭带各州工人中享有极高威望。对此,我们可以看到两个民主党要员提供的证据。2017 年 8 月 3 日,原为民主党人的西弗吉尼亚州州长吉姆·贾斯蒂斯(Jim Justice)在西弗吉尼亚州亨廷顿市举办的、特朗普出席的"让美国再次伟大"集会上宣布退出民主党,加入共和党。与此同时,西弗吉尼亚州联邦参议员乔·曼钦（Joe Manchin）从 2017 年起就在国会里长期不与民主党人采取一致行动，无视民主党参议院领袖和党鞭的督导，多次成为特朗普提案的极少数甚至唯一的民主党支持者，多次像共和党人一样在特朗普演讲时起立鼓掌，并且，正是因为他的关键支持票，特朗普的数个重要议案才以 50 票的最低优势在参议院获得通过。而在 2021 年拜登上台执政后，曼钦的反民主党行为愈演愈烈，更加肆无忌惮，在两党各占 50 席的参议院中多次成为关键搅局者，在诸多投票上站在了共和党一方，使得民主党推翻特朗普诸多法案的努力功亏一篑。可以说，曼钦的反水是拜登执政四年没有兑现很多承诺的关键要素之一。

（四）扩军与强化硬实力

特朗普政府废除《清洁电力计划》、退出《巴黎协定》、砍掉环保主义大旗等举措的影响并不限于美国国内。这也必然会使奥巴马精心打造的气候政治难以为继，严重损害美国国际形象和外交软实力。但是，特朗普政府废弃气候外交并不意味着放弃全球领导地位，而是计划用硬实力来巩固美国的世界霸权。

在美国政治中，民主党往往是东西海岸表面彬彬有礼、内心精于算计的精英形象，他们更希望用软实力来间接谋取全球利益。在气候议题上，民主党始终高举保护地球的道义正当性大旗，一方面确实推进了气候变化的全球合作，另一方面也偷偷制定着有利于美国的国际规则。与之不同，常常以西部牛仔、南方"红脖子"形象出现的共和党则不喜欢巧妙但不直接、不能随心所欲的软实力，而是更青睐简单直接的硬实力。并且，气候政治的软实力和军事力量的硬实力本身就存在一定的此消彼长关系：其一，《气候行动计划》和《巴黎协定》本身就对美国军事力量发展构成重大限制，因为国防部一直是美国最大的单一碳排放实体；其二，从历年美国政府预算编制看，国防部和环保署常常存在竞争关系。奥巴马任期内大幅增加环保预算，控制美军军费增长；特朗普则反其道而行之，增加巨额军事预算，同时极力压缩环保开支。

所以，我们需要系统地看待特朗普时期的内政和外交政策。一方面，通过退出《巴黎协定》、破坏环保监管体制，特朗普希望大力刺激传统能源行业发展，创造更多就业机会，回馈支持者；另一方面，美国国内经济政策变化在国际上造成的外交软实力损失则用增强美军的硬实力来弥补。在放弃气候外交的同时，特朗普提出了增加巨额国防预算和增加80艘海军舰艇（当时美国海军舰艇总数是273艘）的扩军计划，"当美国的航母编队航行在世界各地时，谁敢不承认美国的世界领袖地位？"

二、产业政策：以威斯康星州富士康项目为例

2017年以来，传统能源产业为美国经济增长提供了强劲动力。但是，传统能源产业对"把工作带回美国"来说还是不够的。毕竟，有矿的州屈指可数，大多数州特别是"新右翼"运动的关键主体——白人蓝领所在的"锈带"地区并没有可以提供足够工作岗位的矿产资源。因此，除了能源产业，特朗普还试图通过一系列产业政策推进制造业复兴，创造更多蓝领工作岗位。威斯康星州富士康项目是其中最重要的代表，并被赋予极高象征意义，某种程度上算是美国招商引资的"总统工程"。此处以威斯康星州富士康项目为例来分析特朗普政府在振兴传统制造业方面的产业政策的得失成败。

需要再次说明的是，本书研究对象是美国政治，因此，此处依然是从政治角度来分析产业政策和威斯康星州富士康项目的成败。事实上，和能源政策一样，制造业产业政策也与美国两党政治高度相关。在富士康项目上，特朗普和时任威斯康星州州长斯科特·沃克从政治方面的考虑往往高于对经济利益的计算。换言之，理解"新右翼"执政方略，即使从经济政策角度分析，也不能脱离政治，而应当充分关注经济政策与选举政治、政党政治的复杂互动。

（一）斯科特·沃克败选威斯康星州州长

2018年美国中期选举有许多看点，不过，若论对特朗普和共和党的重要性，恐怕都比不过威斯康星州州长宝座易手，共和党人沃克连任失败。这在某种程度上预告了特朗普将在2020年大选中输掉至关重要的威斯康星乃至其他一些"锈带"州。

在2018年中期选举前，沃克正处于第二个州长任期。2010年，沃克击败民主党人汤姆·巴雷特（Tom Barrett），赢得威斯康星这个传统蓝州州长职位。2014年，沃克以6%优势连任。沃克最引人注目的战绩则是在2012年赢下州长重选（罢免州长公投）。在首个任期里，刚一上任的沃克就秉承共和党传统理念，采取激进的打压工会、削减福利、限制劳方与资方集体谈判等举措，在工会势力强大的威斯康星州立即引发轩然大波。全威斯康星的工会在民主党领导下联合起来，于2011年11月掀起了一场史无前例的罢免州长公投，并成功地在2012年6月将公投推进至正式投票程序。然而，沃克却在这场由工会发动的罢免公投中获得了更多工会会员选票，再次击败巴雷特，是美国历史上第一个赢得罢免公投的州长。

在传统蓝州威斯康星击败工会和民主党的强强联手、打压工会却赢得不少工会会员青睐①,这一彪悍战绩让沃克顿时成为全美焦点,被视作共和党未来领袖之一。2013年11月,《经济学人》(The Economist)杂志发表文章探讨沃克赢得总统大选的可能性。虽然沃克后来早早退出了2016年大选,但特朗普成功将三十年的传统蓝州威斯康星翻红②。然而,沃克却在2018年州长选举中以48.4%比49.6%输给了民主党人托尼·埃弗斯(Tony Evers),曾经的共和党新星或已陨落。

沃克连任失利之所以影响重大,原因在于,为了兑现"把工作带回美国"承诺,特朗普在沃克身上投下重注,威斯康星州是"新右翼"产业政策最大的也是最重要的试验田。沃克败选直接导致这一产业政策实践难以为继,对制造业回流计划、2020年大选都造成了重大影响。

(二)威斯康星州富士康项目与特朗普的产业政策

1. 吸引中低端制造业是特朗普的重要目标

"把工作带回美国"是特朗普两大施政纲领之一。正是凭借这一承诺,特朗普在"锈带"地区从民主党手中抢走了其大

---

① 关键原因在于,这些看似不利于蓝领的举措有助于遏制制造业工作岗位外流,实际上符合蓝领利益,相关论述详见第二章。
② 威斯康星州在里根之后的历次大选中一直支持民主党总统候选人。

量传统支持者——白人蓝领。凭借于此,特朗普在 2016 年大选中不仅攻下了俄亥俄等摇摆州,而且成功翻红了威斯康星、宾夕法尼亚、密歇根等数个 1988 年里根败选之后就再没有支持过共和党候选人的传统蓝州。相应地,特朗普也必须回馈"锈带"蓝领,复兴中低端制造业,创造更多蓝领工作岗位,团结并巩固"新右翼"运动。上任后,特朗普先后在汽车、钢铁、石油、煤炭等行业做出大量努力,也取得了一些政绩。

然而,上述努力还不够。其一,油气、煤炭等行业确实获得了很大发展,但传统能源行业复兴对缺乏矿产资源的"锈带"地区意义不大。其二,特朗普通过发动与欧盟、日本、中国的贸易战以及与加拿大、墨西哥签订新的《北美自由贸易协定》,确实对美国汽车、钢铁等行业的发展有所帮助(也在其他领域付出了很大代价),但只做到遏制生产车间外流趋势,还未能创造足够多的工作岗位。并且,威斯康星等州本身也没有多少汽车、钢铁企业。简而言之,特朗普还需要为"锈带"地区创造更多工作岗位。于是,他将目光投向了电子制造业(还必须是能创造较多工作岗位的中低端电子制造业)[1],威斯康星州富士康项目就是其最大赌注。

---

[1] 因为美国的高端电子制造业(例如芯片产业)依然具有全球领先优势,它也不可能在短期内创造更多工作岗位。而且,美国高端电子制造业的工厂大多数都位于深蓝州,特朗普为它们做得再多,恐怕也拿不到这些州的选举人票。

2. 威斯康星州富士康项目

2017年7月26日，特朗普与鸿海集团董事长郭台铭在白宫共同宣布，富士康公司将投资100亿美元在威斯康星州建立液晶面板工厂。27日，沃克代表州政府和郭台铭签署合作备忘录。2017年11月，富士康和州政府正式签署投资协议。此时是沃克和郭台铭的蜜月期。沃克多次盛赞郭台铭是"世界上最杰出的商业领袖之一"，郭台铭则动情地回应："在这个世界上，我从来没有见过这种类型的州长和领导人。"

2018年6月28日，威斯康星州富士康项目破土动工。特朗普和时任众议长保罗·瑞恩（其议员席位来自威斯康星国会第1选区[①]）等共和党巨头亲临现场，与郭台铭和沃克一起为项目奠基。特朗普郑重宣称富士康项目是其产业政策成功、制造业回流美国的典型代表，是"难以置信的投资""世界第八大奇迹"。一时间，人们甚至预期苹果公司整条产业链都能迁回美国，威斯康星将成为美国新的硅谷。此外，在威斯康星州政府的邀请下，中国央企中铁四局也一度有意以BOT（Build-Operate-Transfer，建造-营运-转移）形式投资威斯康星州计划为富士康项目提供配套基建。2018年6月富士康项目开工

---

① 在美国政治中，国会选区专指国会众议院的选区，一个选区选举产生一名众议员。参议院选区以州为单位，一个州一次选举一名参议员，不需要另外划分选区。

前，沃克会见了前来考察的中铁四局董事长、党委书记张河川，开出了不错的条件。

3. 财政补贴：招揽富士康的产业政策核心

为什么富士康公司会去美国建厂？当时这在中国国内也引起了广泛关注。国内不少声音将该项目作为中国制造业成本比美国还要高乃至中国制造业即将衰落的所谓重要证据。实事求是地说，由于美国天然气价格低于中国（美国是天然气重要产地）、天然气在玻璃生产成本中占比高和汽车玻璃生产需要离整车厂较近等原因，福耀玻璃在美国建厂确实有一定成本优势。但是，富士康的液晶面板生产并不需要天然气，而且美国中低端电子制造业产业链并不完整，特别是威斯康星州少有富士康生产所必需的配套合作伙伴。

事实上，沃克在项目动工前就已经明确表示，富士康之所以愿意投资，关键在于州政府提供了巨额财政补贴。沃克在2017年6月披露，为回报富士康100亿美元投资，威斯康星州将给予其为期15年、高达30亿美元的财政补贴，其中包括15亿美元就业所得税减免、13.5亿美元投资所得税减免以及1.5亿美元采购建筑材料营业税减免等。沃克宣称，富士康项目最终可能为威斯康星州创造1.3万个直接岗位、2.2万个间接岗位以及1万个基建岗位。然而，当时沃克和特朗普的反对者们就指出，一旦协议履行，威斯康星州将为每个直接岗位花费23万美元。

30亿美元无疑是威斯康星历史上规模最大的补贴，也是美国政府向外国公司提供的最大财政资助。事实上，此前郭台铭不是只接触了威斯康星州政府，而是让"五大湖"周边（该项目需要大量水资源）各州政府公开竞价。出价第二高的密歇根州只有23亿美元财政补贴报价，故而富士康项目花落威斯康星州。

就经济效益而言，民主党的批评很到位：富士康项目不可能让威斯康星州获益，项目实质是州政府出钱雇工人去给富士康免费打工。民主党和第三方评估机构计算得出，顺利的话，威斯康星州政府需要50年才能收回投给富士康的财政补贴。但是，就政治和社会效益而言，特朗普和沃克下重注于威斯康星州富士康项目依然是划算的。简单来说，政府让工人干了活后再发钱，总比政府直接发钱给一些无业游民（不需要干活）然后有可能钱被拿去买毒品强。从选举政治来看，富士康项目的好处是，将来可能在富士康就业的主要是白人蓝领，他们会给特朗普、沃克和共和党投票，而直接从政府领钱的往往是民主党选民。

（三）变局：财政补贴持续攀升和工作岗位大幅减少

1. 财政补贴持续攀升

30亿美元补贴已是前所未有，但威斯康星的负担还不止这些。例如，2017年12月，威斯康星州又因为富士康项目多了一项公共成本，项目所在地拉辛县政府提供的 7.64 亿美元税收减免（不包含在州政府提供的 30 亿美元补贴内）开始生效。之后几个月，还包括花费 1.64 亿美元建造通往富士康工厂的道路、1.4 亿美元为工厂建设供电线路。前者是政府直接负担的公共工程，后者则由威斯康星州能源企业——威斯康星电力公司（We Energies）支付。加上零碎的配套成本，富士康获得的财政补贴总额达到 41 亿美元，威斯康星州每户纳税人要给富士康补贴 1 774 美元。

2. 富士康投资不足

与威斯康星财政补贴不断攀升形成鲜明对照的是，富士康方面却是工期拖沓、屡次改口，并未及时兑现投资承诺。按计划，富士康将投资建设一座 10.5 代液晶面板工厂，但它在 2018 年 10 月表示，由于配套企业美国康宁公司不能来威斯康星建厂以供应 10.5 代液晶面板所需的超大尺寸玻璃基板（康宁之所以不来，是因为它要求州政府补贴三分之二成本，沃克给不起钱了）等因素，10.5 代液晶面板工厂不建了，取而代之的是规模小得多的 6 代液晶面板工厂。

这样一来，富士康项目投资会下降到原先承诺的三分之一（比州政府提供的补贴还少）。相应地，所创造的工作岗位也会大幅减少。当然，富士康一直坚称最终投资仍将达到 100 亿美元，将建成一个"生态系统"。

3. 民主党的最后一击

羊毛出在羊身上，州政府提供巨额补贴是以大范围削减居民福利和公共开支为代价的。这本就足以引起选民不满，只是最开始时大家都还相信富士康项目会创造可观的经济价值。项目进展缓慢，工作岗位和经济效益不见踪影，特朗普和沃克的蓝领拥趸也就开始动摇了。看准机会，民主党在 2018 年中期选举前夕发起致命一击。2018 年 10 月，美国著名科技媒体 *The Verge* 发表一篇 2 万字长文，痛斥威斯康星州政府提供 41 亿美元补贴富士康"毫无意义"。民主党州长候选人托尼·埃弗斯和各路媒体立即跟进，轮番抨击沃克挥霍纳税人资金。诸多环保组织也对富士康项目的巨大水资源消耗和污水排放不达标等问题提出尖锐质疑。这些攻击让沃克如坐针毡，但他始终未予回应。忙于四处为共和党候选人助选的特朗普也装作没看见，置身事外。

最终，2018 年 11 月，沃克输给了埃弗斯，共和党失去州长宝座。

（四）特朗普产业政策的问题

1. 中低端电子制造业早已不适合美国

一方面，通过发动贸易战等举措，增加跨国公司在美国国外布局车间并在美国国内销售产品的成本,另一方面,通过政府补贴提升企业在美国国内建厂的利润,这一"胡萝卜＋大棒"策略组合是"把工作带回美国"产业政策的核心手段,并且在汽车产业取得了一定成效。然而,威斯康星州富士康项目表明,同样做法在中低端电子制造业上并不成功。

其中的问题在于,其一,相比汽车产业,中低端电子制造业利润太低。目前已经有一些低端电子制造企业开始从中国沿海迁至越南等国。贸易战并不是主要因素(这一现象在美国发动贸易战前就已经出现了),更重要的是中国经济高速发展、人民生活水平不断提升所伴生的中国劳动力成本上升。在老家送快递、送外卖都可以每月挣到至少五六千元时,又有多少人还愿意去富士康这类流水线工厂挣加班工资?换言之,中低端电子制造业在中国都越来越难以开出有吸引力的薪酬,又怎么负担得起美国高昂的用工成本?当时,威斯康星州富士康项目宣称流水线岗位的年薪是 5 万美元。其二,缺少配套产业链。目前美国还保有汽车产业链,但电子制造业产业链早在 30 多年前就已经从美国转移走了。

2. 富士康诚意不足

虽然中低端电子制造业不可能在经济上让美国获益,但如果富士康有足够诚意,这个项目在政治上还是可以维系的。具体来说,就是富士康及时兑现承诺,创造工作岗位。虽然项目本身没有收益，但富士康靠着州政府补贴还是有希望赚钱的，即使利润不如在越南等地设厂，和美国总统成功捆绑的政治收益还是很有想象空间的。对威斯康星州来说，虽然实质上是自己出钱雇人给富士康免费干活，但是这总比直接发钱发福利强。领福利的选民大多会投民主党，在富士康工厂干活的选民大多会成为共和党支持者。这样一来，对郭台铭、富士康和沃克、特朗普、共和党来说是双赢局面。可惜，一切已成往事。

（五）结局：特朗普、沃克、郭台铭都输了

2018年11月7日上午美国中期选举开票期间，我参加与台湾地区一个代表团进行的交流。交流中，有人问到不少台商企业因为贸易战考虑搬离大陆，中央政府打算采取什么举措，特别提及威斯康星州富士康项目。我非经济学学者，中央政府打算采取怎样的应对措施，我也无从得知，但是，作为政治学学者，我表达了如下意思（当时威斯康星州还未开始计票）：美国招揽富士康投资纯粹是表面功夫，一个两个可以，多了美国政府也没有余粮（提供财政补贴），而且富士康项目在威斯康星州选举结果出来后，恐怕日子会很不好过。迁到越南会好一些，但是"新右翼"的目标是"把工作带回美国"而不是"把工作送给越南"。现在越南承接的从美国外流的制造业岗位还比较少，所以不是其主要目标，要是多了起来，越南也会遭

遇贸易战。果不其然，2019年6月，特朗普公开抨击："越南几乎是所有国家中，最恶劣的贸易施虐者。"彼时越南政府正在热情招徕跨国公司来越南设厂。

当天下午就看到了埃弗斯胜选的消息，富士康的日子不会好过了。因为富士康是前州长沃克的招商引资项目，是特朗普的产业政策旗帜，做好了，也只能成为沃克、特朗普和共和党的政绩，对埃弗斯和民主党并无任何益处，为此耗费的巨额财政资金（以及相应削减的福利）却会严重损害民主党选民利益。

2019年4月，一再抨击富士康项目"糟糕透顶"的埃弗斯表示，预计富士康无法实现此前定下的为该州创造就业岗位的目标。为此，他希望重新谈议威斯康星州与富士康的合同。埃弗斯说："我们的目标是确保纳税人得到保护，环境标准得到保护。我们认为，需要研究一下这份合同。"为此，郭台铭专程赶往美国与埃弗斯会谈。为了表示对项目的高度重视，郭台铭还特别请了妈祖和关公像到威斯康星富士康科技园区坐镇。会谈后，埃弗斯改口称从未不支持富士康项目，"我是说它或许无法创造1.3万个（工作机会），可能比这少，也可能比这多，对我而言都无所谓"。不过，明眼人都看得出来，埃弗斯和郭台铭的表态更多是官方说辞。

不久之后，美国消费者新闻与商业频道（CNBC）披露，埃弗斯"偷偷"到富士康项目工地调研。他在接受采访时称，富士康项目进展缓慢，严重滞后于规划。即使明年投产，由于雇佣工人数量达不到与州政府协议的承诺，也无法拿到今后两年的 2 亿多美元补贴。果然，随后州政府就连续拒绝了 2019、2020 年度富士康的补贴申请。特朗普落败后，富士康日子更不好过。2022 年 5 月《华尔街日报》披露，富士康项目已经泡汤，当地官员希望通过改善基础设施吸引其他制造商。不过，他们希望富士康继续为其已放弃的宏大计划支付基建和土地费用。从下一个纳税年度开始，富士康支付的费用将增加一倍以上，达到每年 3 600 万美元左右，且在未来 20 多年都将保持这一水平，直到基建产生的债务付清。

三、贸易政策

贸易保护主义也是欧美各国"新右翼"的一项共同诉求，特朗普政府给美国贸易传统乃至全球贸易形势都带来了根本性改变。虽然特朗普在 2020 年大选中失利，但拜登政府也只是放松了一些制裁，主体上依然延续着贸易保护主义路线。2022 年中期选举前，为了缓和高速通胀，拜登政府一度开始探讨普遍性取消关税限制，特别是财政部长耶伦多次公开呼吁此事。但这一点在拜登团队内部就有很大争议，贸易代表戴琪（Katherine Tai）多次公开反对甚至为此与耶伦爆发激烈争论，不少民主党议员也表达了反对意见，最终未能实现普遍性取消。

总的来说，特朗普短暂的 4 年任期在贸易领域产生了深远影响，已将美国从自由贸易旗手变成反自由贸易堡垒。不过，美国仍然有较强的全球化力量。就政策而言，自特朗普崛起直至拜登执政，美国政府的贸易政策一直有两个核心主题：一是《跨太平洋伙伴关系协定》（TPP），二是贸易战。TPP 意味着开放的自由贸易，贸易战则是粗暴的关税壁垒。从退出 TPP 到开打贸易战，构成了特朗普反全球化、反自由贸易的基本逻辑链条。因此，要理解"新右翼"的反全球化逻辑，就要把握好这两项政策。

（一）为什么特朗普和拜登政府都反对 TPP？

TPP 看上去已较久远，不过其影响始终存在。2022 年 5 月，拜登政府与日本等 13 国又发起了新的"印太经济框架"，被猜测 TPP 可能卷土重来。所以，我们将"印太经济框架"、TPP 这些以自由贸易为核心要素的政策一并讨论。

首先我们以美国政府对待 TPP 的政策变化为线索讨论全球化与自由贸易背后的美国国内政治矛盾、力量对比。在 2016 年大选期间，特朗普就是 TPP 坚定的反对者。2017 年 1

月23日，特朗普上任第4天就签署了行政令宣布退出TPP①。不过，相关方并未死心。2018年1月23日，TPP剩下的11个成员国在日本牵头下宣布达成共识，并定于3月8日在智利首都圣地亚哥签署不含美国的《全面与进步跨太平洋伙伴关系协定》（Comprehensive and Progressive Agreement for Trans-Pacific Partnership，CPTPP）。当时，美国政界和媒体纷纷暗示美国有可能重返TPP。2021年1月拜登上台，2022年5月拜登政府发起"印太经济框架"，又再度引发重返TPP呼声。

总的来说，退出TPP、限制自由贸易一直是特朗普的核心主张，是"新右翼"的根本诉求。同时TPP又是奥巴马政府耗费巨大心血的政策，时任副总统拜登参与甚深。换言之，TPP关乎美国基本国策。因此，有必要探讨这一问题：对"新右翼"来说，特朗普退出TPP是策略性举动还是根本性诉求？哪些力量制约着美国政府（不论是特朗普政府还是拜登政府）在贸易问题上的政治主张？

1. TPP核心原则及其对美国的影响

我们先要明确界定TPP的核心原则，才能准确判断"新

---

① 2015年10月5日，美国与日本等其他11个TPP成员国正式就协议内容达成一致。但是，TPP协议正式生效还需要各国立法机构表决，尚不具备法律效力。因此，特朗普可以通过行政令形式（无须经过国会批准）退出TPP。

右翼"对 TPP 和自由贸易的态度。TPP 的核心原则是"降低贸易非关税和关税壁垒"。按 2015 年在奥巴马主持下达成的 TPP 协议，12 个成员国间将在绝大多数商品和服务贸易上实行"零关税"。这样一来，与享受"零关税"待遇的日本、墨西哥、越南等 TPP 成员国相比，中国商品将会处于竞争劣势。奥巴马政府正是希望以此遏制中国发展的强劲势头，拜登政府"印太经济框架"也有意通过差别化关税等手段推动产业链从中国向越南等国转移。然而，虽然可能遏制中国制造业，但 TPP 是一把双刃剑，同样会给美国带来相当大的负面影响。长期以来，在一定的关税保护下，美国制造业在中国、墨西哥、越南等国面前尚只有招架之功，如果再加上 TPP 给墨西哥等国的"零关税"待遇，美国制造业只有等死了。

奥巴马当然清楚这一点，TPP 不是美国好心为推动其他成员国发展做的嫁衣。奥巴马政府当时的战略考虑是，美国金融业（以及农业）仍然具有全球竞争优势，TPP 将让美国金融资本和廉价农产品如虎添翼，美国在制造业上失去的，将在金融业和农业等领域拿回来。然而，整体上看不吃亏的事对美国国内不同利益集团的影响却大不一样。金融资本、跨国公司和顶尖富豪将赚得盆满钵满，但是工业资本、中小企业和蓝领阶层会遭受毁灭性打击。因此，奥巴马政府推行 TPP 所带来的美国国内斗争格局是，全球流动的美国金融资本、跨国公司和顶尖富豪暂时压倒了在地的美国工业资本、中小企业和蓝领阶层。

2. "新右翼"不可能接受任何形式的 TPP

特朗普赢得 2016 年大选，上台后立即退出 TPP，并且，2021 年后拜登政府依然维持了这一基本格局，这意味着美国工业资本和蓝领阶层暂时扭转了败局。需要强调的是，不论是退出还是重返 TPP，美国政府的政策走向并不取决于特朗普或拜登的一念之差，而在于其国内政治格局。因此，判断美国政府是否会重返 TPP 或者赋予"印太经济框架"类似于 TPP 的内涵，关键在于考察当下美国国内是否有足够政治力量支持 TPP，这涉及三个方面：

其一，目前民主、共和两党主流不敢支持 TPP。国会两院多数议员的支持是重返 TPP 的必要条件，然而，民主党和共和党主流的公开立场都是不赞同 TPP。正如前文所言，从富兰克林·罗斯福以来，工会和蓝领一直是民主党的重要支持者和选票来源，而 TPP 严重危害他们的利益。因此，民主党主流势力始终是 TPP 反对者。2015 年 6 月，奥巴马依靠与共和党议员的合作才在参议院通过了 TPP 谈判所必需的"贸易促进授权法案"，三分之二的民主党参议员投了反对票。而在 10 月美国与其他 11 个成员国达成 TPP 协议后，多数民主党议员仍然明确表示会在国会中投下反对票。在 2016 年大选中，希拉里、桑德斯两位民主党候选人也都在竞选纲领中明确表达了反 TPP 立场。在 2020 年大选中，包括拜登在内的多达 20

位候选人的民主党初选阵容中无一人主动谈论 TPP 话题,甚至没有人敢公开支持低关税的自由贸易。在 2024 年大选中,拜登同样回避这一话题。从竞选到执政,拜登刻意为自己打造的人设是"宾夕法尼亚州工人家庭的孩子"。

同时,过去共和党更支持全球化,因而在 2015 年他们才会放弃党争在 TPP 议题上与奥巴马合作,然而,"新右翼"运动兴起给共和党选民基础带来巨大改变。从选情地图上看,特朗普在 2016 年大选中获胜的关键是赢得了俄亥俄、西弗吉尼亚、北卡罗来纳等摇摆州以及威斯康星、密歇根、宾夕法尼亚等多年铁杆蓝州。共和党在以上地区的国会、州长、州议会选举中也大获全胜。这些州均地处"锈带",制造业衰败、工作岗位持续流失是它们的共同困境,共和党获胜的关键就在于反 TPP、反自由贸易、"把工作带回美国"主张。特朗普 2020 年选举失利则主要是由于拜登以极其微弱的优势赢回了威斯康星、密歇根、宾夕法尼亚等三个"锈带"州。简而言之,现在"锈带"蓝领的选票在美国选举政治中至关重要。两党大多数政客为了选票都不敢推动重返 TPP 等举措。

其二,现在支持特朗普和共和党的利益集团与选民群体都反对 TPP。第一,蓝领的支持是特朗普赢得 2016 年大选的关键,也是他重新参加 2024 年大选的重大依靠,美国制造业显然无法承受重返 TPP 的后果。第二,中南部各州是共和党基本盘,这些州农业发达,农场主集团的政治影响不容小觑。过去，世界各国出台了众多针对美国农产品的贸易壁垒，TPP协议则会让其他11个成员国取消大多数农业贸易壁垒，这也是当时中南部各州共和党议员支持奥巴马推动TPP的重要原因。显然，退出TPP损害了美国农场主利益，不过特朗普回应了他们更重要的反非法移民诉求。在执政初期，特朗普还为他们提供了补偿：通过谈判让东亚诸国放松了对大豆、牛肉、玉米等美国农产品进口的限制。2022年联邦最高法院在堕胎权、持枪权等多项重大议题上作出的判决，则从社会议题层面回馈了南部各州保守派选民的社会保守主义诉求。而保守派能够实现数十年夙愿，特朗普居功至伟，是他顶着巨大压力任命了戈萨奇、卡瓦诺、巴雷特三位大法官。第三，能源业一直是共和党的重要支持者。不过，一方面，美国国内能源消费市场很大，并不依赖国际市场；另一方面，也极少有国家会对石油、天然气等征收高额关税，因此，能源集团和产业工人也不可能成为重返TPP的推动者。

其三，支持TPP的金融资本出现分化。TPP也有强大的支持者，即金融资本、跨国公司和顶尖富豪。退出TPP不仅让他们多年努力付诸东流，越来越多的贸易壁垒还可能损害他们的长期利益。例如，在2018年达沃斯论坛期间，索罗斯公开表示特朗普是全世界的威胁，甚至"诅咒"他会在2020年大选前就被弹劾下台。显然，金融资本有强烈动力推动美国重返TPP。但是，特朗普的一些举措也让支持TPP的利益集团出现分化，一部分跨国的金融资本正在变成在地的工业资本。

苹果公司就是典型例子。2018年1月，苹果公司首席执行官库克宣布，计划将2 500亿美元海外资金带回美国投资建厂，为此将一次性缴纳380亿美元税款。2月，思科公司宣布将670亿美元海外资金汇回美国，用于股东分红和产业投资。其中的关键变化是，苹果公司的2 500亿美元、思科公司的670亿美元在海外时并未投资建厂，主要以金融资本形式存在，会受益于TPP为资本流动提供的一系列宽松条件。现在回国建厂，金融资本就变成了工业资本。

简而言之，苹果公司缴了380亿美元的税，带回2 500亿美元资金（在苹果公司本身之外，这些投资还会绑定金融机构、政府机构、工会、工人等一大批利益集团），正要干一番大事业。如果美国突然重返TPP，引入一大批海外的零关税且人力等其他成本低得多的竞争对手，2 500亿美元就可能打水漂。所以，虽然库克和索罗斯曾经是支持TPP的盟友，但是，2 500亿美元投资和380亿美元税金已经让库克很难保持过去的立场，拜登上台也无法改变已经缴了380亿美元税款的现实。

（二）贸易战

退出TPP后，特朗普又在全世界范围内发动了贸易战，拜登上台后则大体延续了特朗普政府的对华贸易限制。当前国内贸易战研究大多立足于中美关系视角,将贸易战理解为美国遏制中国发展的手段。然而,这一判断不能解释以下两点:其一,特朗普不只和中国打贸易战,而是和几乎所有贸易伙伴都在打贸易战;其二,如果只是为了遏制中国,TPP 比贸易战更有用,并且在道义上无可指责,那么,为什么特朗普会退出 TPP 而选择贸易战,拜登执政后也没有改变?为什么美国会和众多国家同时开打?上述问题难以从中美关系视角找到答案,因此有必要从美国内政视角探讨贸易问题成因及"新右翼"的目标。

1. 贸易战本质是美国不同利益集团的内斗

对此,本书的基本观点是,贸易战首先不是美国与他国的冲突,而是美国的内斗。制造业蓝领、在美国的中小企业为内斗一方,跨国资本和大企业为内斗的另一方。特朗普是"新右翼"代言人,他发动贸易战的根本目的是要遏制制造业岗位外流乃至促使其回流。

20 世纪 80 年代,美国推行新自由主义"改革"。在新自由主义看来,逐利是企业的唯一目标,为了获得更高利润,企业可以把工厂搬至世界任何地方。杰克·韦尔奇讲道:"我们将把每个工厂都放在驳船上,随着货币和经济的摆动而航行。"相应地,跨国公司要求国家放松一切管制,以便资本更自由地流动和追逐利润。虽然贸易协定对跨国公司是好事,但工人遭受了巨大损失。自 2001 年以来,美国近 6 万家工厂关闭,失去了 480 万个体面的制造业工作岗位①。在蓝领阶层看来，企业不能只是逐利，企业更是社区的企业、国家的企业，享受了收益的企业必须承担对社区和国家的相应责任。2015 年至今，特朗普在演讲中反复宣示：如果企业一直享受美国的国力保护和广阔市场，却为了利润将工厂搬到国外，导致工人丧失工作、国家失去税收，那么就必须受到惩罚。

如何惩罚？这就是关税意义所在。由于美国人力等成本较高，跨国公司在墨西哥设厂可以赚到更多利润，那么，美国将通过关税让那些在美国销售产品但不在美国建厂的企业无利可图，进而迫使它们搬回美国。并且，美国必须和大多数贸易伙伴同时开打，否则跨国公司可以通过把设在中国的工厂搬到越南以规避关税威胁（这恰恰是奥巴马的 TPP 想实现的目标），特朗普也就无法"把工作带回美国"。

简而言之，"把工作带回美国"是特朗普的核心经济主张，贸易战的目的不是让美国资本在中国等国更好地赚钱，而是让它们难以在中国等国赚钱，从而被迫回归美国。这是他回馈支持者、吸引更多选票的基本路径。可以说，美国政府向中国、墨西哥等国发动贸易战，并不是因为中国、墨西哥等国不够开放，而恰恰是因为足够开放，足够让跨国公司有动力投资设

---

① 桑德斯. 我们的革命：西方的体制困境和美国的社会危机. 钟舒婷，周紫君，译. 南京：江苏凤凰文艺出版社，2018：192.

厂。相反，如果中国等国不开放，美国企业赚不到更多利润，那么它们也就不会搬迁至中国等国，美国政府也就不用向中国等国发动贸易战了。

在民主党内部，桑德斯也一直持类似观点。三十多年的国会生涯中，桑德斯投票反对了北美各国、中美、韩美之间等一切自由贸易协定。他反复强调："所谓自由贸易政策对美国工人一直不友好。由美国公司制定的协议使得其更容易关闭在美国的制造工厂，抛弃美国工人，而更方便地把工作转移到墨西哥、中国和其他低工资国家。""数百万人仍找不到工作时，不能将工厂搬移至中国。"2020年，桑德斯虽然再次输掉了民主党初选，但他在美国政坛依然保持着强大影响力，他的反对是拜登政府迟迟没有改变特朗普时期贸易政策的重要原因之一。

2. 美国不同利益集团在贸易战中的得失及其对美国政治的影响

相较于气候政策方面重返《巴黎协定》等明确并坚定的行动，拜登政府依然沿用着特朗普时期的诸多贸易限制举措。我们仍然需要系统评估其贸易政策的目标和作用，这不仅有助于我们理解"新右翼"，也有助于我们理解拜登政府的贸易政策。现在关于贸易战对美国影响的整体研判较多，但在政党政治和选举政治中，仅从整体得失出发未必能准确判断美国接下来的政策走向，特别是在当下美国政治对立极化日益加深的情况下。因此，有必要分析美国不同利益集团在贸易战中的得失，探讨贸易战对美国政治的影响。

贸易战的受损者主要有四类。其一，跨国公司。许多研究指出，中美贸易逆差很大一部分是美国企业在华工厂创造的，因此美国政府发动贸易战首先"误伤"了美国企业。但其实这并非误伤，而是精准打击，惩罚那些把工作岗位移出美国的跨国公司本就是特朗普的承诺。因此，这完全不会影响美国"新右翼"势力推动贸易战的决心。

其二，科技企业。科技企业也是跨国公司，特殊处在于其主要高端工厂仍在美国国内，是美国重要出口项目。美国政府禁止华为等中国企业在美销售严重损害了这些企业的利益。这些企业大多地处深蓝州，员工普遍支持民主党。

其三，底层民众。他们高度依赖中国制造的廉价商品，贸易战带来的生活成本上升对收入微薄的他们影响很大。但他们大多是民主党选民，不管怎样都极少会给特朗普投票，也就难以影响特朗普的行为。相反，拜登和民主党更需要顾及前三类受损者的态度。

其四，农业人口。他们是传统共和党选民，为了支持特朗普，他们损失甚多（从退出对美国农产品大为有利的TPP到如今贸易战导致的农产品全面滞销）。

受益者则有两类。其一，仍在美国的制造业企业特别是中小企业，贸易战缩小了它们在市场竞争中的成本劣势。其二，

"锈带"和南部新兴工业带的蓝领阶层。虽然贸易战并未创造出更多工作岗位,但确实在一定程度上延缓了工厂关门和工作流失的速度。与实际成效相比,更重要的恐怕是心理作用,特朗普的一系列举动让"锈带"蓝领相信"选对了人"。因而,他们在特朗普下台后依然奉献着自己的忠诚,全力支持特朗普在 2024 年卷土重来。

四、医保改革

(一) 特朗普医改之路

医保改革是 2008 年以来美国政治热门议题,两党长期针锋相对。在 2016 年大选中,所有共和党候选人都将废除"奥巴马医保"作为竞选纲领的重要内容。2017 年 1 月 20 日,特朗普上任当天就暂停了"奥巴马医保"。2017 年 3 月,众议院共和党议员提出新版医保改革法案《美国医保法》,计划于 3 月 23 日也就是"奥巴马医保"法案生效 7 周年时,将旨在废除"奥巴马医保"的新法案付诸表决。然而,由于一些共和党议员对此存在较大异议,3 月 24 日众议长瑞恩代表共和党紧急撤销了投票程序。

2017 年 5 月 4 日,共和党再次就废除"奥巴马医保"发起冲击，两党在众议院就《美国医保法》展开了数小时激烈辩论。当天下午，法案以 217 票对 213 票微弱优势在众议院通过。然而，2017 年 7 月《美国医保法》在参议院折戟。7 月 18 日，参议院共和党领袖米奇·麦康奈尔（Mitchell McConnell）宣布，由于 4 名共和党参议员坚持反对（此时共和党在参议院共有 51 票），《美国医保法》铁定无法达到通过。退而求其次，麦康奈尔推出了一项替代投票：就先行撤销"奥巴马医保"举行投票表决，并为制定新医保法案提供两年过渡期。然而，7 月 28 日，由于亚利桑那州共和党联邦参议员约翰·麦凯恩投下了至关重要的反对票①，参议院以 51 票对 49 票微弱优势否决共和党的撤销"奥巴马医保"申请②。

---

① 此时麦凯恩已是脑癌晚期。7 月 28 日，他从病床上赶到参议院投票。共和党人以为麦凯恩会支持废除"奥巴马医保"，毕竟作为 2008 年共和党总统候选人，麦凯恩当时针锋相对地反对"奥巴马医保"主张。如此，参议院表决结果将是 50∶50，时任副总统兼参议长的彭斯就可以投出决定性的一票（只有在投票打成平手时，作为参议长的副总统才能投票），确保法案通过。然而，麦凯恩出人意料地投出反对票，共和党全部努力付诸东流，民主党喜出望外。很大程度上是因为这次投票，麦凯恩被视为叛徒，以至于不久后他去世时都未能得到共和党支持者的谅解，许多共和党政客只是例行公事一般表达了哀悼。相反，民主党对麦凯恩去世的悼念规格要高很多。

② 简单来说，7 月 18 日麦康奈尔宣布放弃表决的是，通过《美国医保法》的同时自动废除"奥巴马医保"。7 月 28 日投票表决的则是废除"奥巴马医保"但并不通过新法案，留下两年时间供不同势力就制定新法案磨合分歧、达成妥协，在这两年内"奥巴马医保"依然有效。

此后，虽然特朗普政府通过行政令做了许多限制"奥巴马医保"发挥作用的小动作，但是始终没有将废除"奥巴马医保"再次提上国会日程。2019年3月底，特朗普一度放出口风称共和党将再次启动废除"奥巴马医保"程序。然而，4月1日特朗普态度180度大转弯，他在推特上发文表示："……共和党人正在制订一个真正优秀的医保计划，其保费（成本）和免赔额远远低于'奥巴马医保'。换言之，它比'奥巴马医保'更便宜、更实用。选举结束后，等共和党赢回参议院和众议院，马上就会投票……"

在特朗普上任首日，我就指出过"奥巴马医保"不会被废除，虽然当时他刚签署了暂停"奥巴马医保"的行政令。2017年3月，就在特朗普医改方案正在众议院冲刺阶段，我在录制一堂题为"特朗普的美国与欧美新右翼崛起"的课程时讲道："特朗普废除'奥巴马医保'的意愿不强，众议院表决不会通过。"我在3月26日的一篇文章中再次重申了如上立场[1]。

那么，为什么"新右翼"实际上并未把废除"奥巴马医保"作为必须达成的目标？为什么听起来很美的"奥巴马医保"会招致这么多非议？全民医保政策的实施在美国存在哪些问题？

---

[1] 强舸. 黑奥巴马那么狠，为什么特朗普自己却放弃了医保改革?. (2017-03-26). https://www.guancha.cn/QiangGe/2017_03_26_400526.shtml.

（二）"奥巴马医保"的问题

1. 全民医保本身是个大难题

公允地说，虽然"奥巴马医保"实施效果不佳（在 2016 年大选中，希拉里和桑德斯两位民主党候选人均表示需要对"奥巴马医保"进行较大程度改革；2020 年大选时包括拜登在内的民主党初选竞争者一致表示要改革"奥巴马医保"），但这些问题并不能完全说是该政策本身造成的。医保改革或者说建立全民医保体系是美国国家治理的大难题，谁上台都未必能做得好。1912 年，西奥多·罗斯福在第二次竞选中就首次提出"建立全民医保体系"设想。数年后，富兰克林·罗斯福（1933 年至 1945 年在任）、杜鲁门（1945 年至 1953 年在任）、尼克松（1969 年至 1974 年在任）等数位分属两党的总统都曾尝试建立全民医保体系，均以失败告终。20 世纪 90 年代，克林顿再次提出全民医保，希拉里步入政坛首秀就是作为第一夫人被她的丈夫克林顿总统任命为医保改革负责人。虽然这次改革以失败告终，但也为她从政打下了良好基础。

相比前任，奥巴马做得已经相当不错，毕竟他真的构建起了全民医保体系。在 2008 年民主党初选中，希拉里的选战急先锋、诺贝尔经济学奖得主保罗·克鲁格曼曾猛烈抨击奥巴马,称只有希拉里才有足够的能力和经验搞好医保改革,奥巴马的承诺不可信,假如他真的成为美国总统,绝不会推动医保改革。其一,奥巴马没有相关工作经验,能力不足,诉求不切实际;其二,奥巴马主张过于激进,不切实际,只是为了讨好选民获取选票。但是奥巴马用实际行动证实了克鲁格曼的错误,他上台后真的顶住各方压力首次建立了全民医保体系。

不过,虽然理念值得称赞,但是"奥巴马医保"这些年的运行效果实在不敢恭维,确实到了不得不改的地步。

2. 谁在反对"奥巴马医保"?

从政治角度分析"奥巴马医保",重点是回答这个问题:与"人人有饭吃"类似,"人人有医保"是具有非常强的道德正当性的话题,但是为什么"奥巴马医保"会在美国国内引起广泛批评和反对?究竟是谁在反对全民医保?

"奥巴马医保"的核心目标是提供"负担得起"的医疗保险,主要服务对象是中低收入人群。奥巴马主张扩大医保覆盖范围,计划把此前超过3 000万不享有任何医保的美国人纳入保障范围,实现全民医保。然而,这些人往往没有能力负担医保费用(所以此前才没有医保),要将他们纳入保障范围必须解决的关键问题是:钱从哪里来?

对此,奥巴马希望从三方面获取资金:其一,强制要求所有成年美国公民和雇主购买医保,违者缴纳高额罚款。其出发点在于，不同人群对医疗服务的需求不一样。老年人、身体欠佳者、有慢性疾病的人需要更多医疗服务，他们有购买医保的动力，但身体健康的中青年不需要太多医疗服务，因此购买医保在经济上很可能是不划算的，所以，他们中不少人虽然经济上可以负担，但常常不愿意购买政府提供的医保，最多只购买少量商业医疗保险。同样，美国公司特别是位于共和党主导的南部各州的公司也较少为雇员提供医疗保险福利①，它们更倾向于将这笔资金由雇主和雇员直接分配。其二，向年收入20万美元以上的富裕阶层征收专门的医保税以及增加个税税率，计划每年多获得上千亿美元收入作为医保运行补贴。其三，向医疗设备、制药、保险等公司征收额外的医保税。

在民主党看来，"奥巴马医保"是"富人帮助穷人，承担社会责任，减少贫富差距"的举措。南希·佩洛西一直盛赞"奥巴马医保"②。2019年3月，她再次表示奥巴马医改是这个国家历史上最伟大的"财富转移"（transfer of wealths），特朗普和共和党人想要给富人减税的欲望胜过了一切。然而，事情

---

① 在20世纪五六十年代繁荣时期，"锈带"企业（例如通用汽车、福特汽车等）大多建立起了完善的福利待遇体系。提供优厚的商业医保是它们吸引员工的重要手段。

② 2010年，"奥巴马医保"得以通过，很大程度上归功于时任众议长佩洛西的鼎力支持。从2006年中期选举后到2010年中期选举前，民主党在众议院占据多数席位，佩洛西担任众议长职务。共和党在2010年中期选举中夺回多数席位，佩洛西卸任众议长。2018年至2022年，民主党重新夺回众议院，佩洛西再次当选众议长。2022年中期选举后，再度卸任。

并没有佩洛西描述的这么简单。

其一,"奥巴马医保"并不能做到所谓的"财富转移"。强制成年公民购买医保和向富裕阶层征收医保税的实质都是按人(而非按资本)征收的"人头税"。在这种税收政策下,真正的富豪阶层并不用付出什么。例如,沃伦·巴菲特就算多交两三万美元的强制医保费和医保税,依然改变不了纳税比例远远低于其秘书的事实。这些钱对"奥巴马医保"预算缺口来说也是杯水车薪。"全民医保"巨额预算的真正来源是广大中产阶层,这些人大多都是辛辛苦苦工作攒钱的工薪阶层。相比美国高昂的大学学费、医疗费用、退休开销,他们很难算得上是"富人"。数千元至上万美元的新增费用足以让他们负担加重乃至不堪重负。所以,我们才会看到,自2010年以来至今,美国的反全民医保运动一直有深厚的民众基础。相反,有众多避税手段护驾的索罗斯等大富豪恰恰不会反对"奥巴马医保",他们甚至还经常批评奥巴马没有向他们征收更多医保税。其二,羊毛出在羊身上,向医疗企业加征的税款又被更多地转嫁给民众。例如,2011年以来药品价格涨幅远远大于向制药公司加征的医保税,制药公司实际上还通过"奥巴马医保"谋取到了更多超额利润。对保险公司来说,它们增加的开支也能通过不断上调保费消化①。其三,"奥巴马医保"不仅加重了中产阶层的个人负担,强制公司为雇员购买医保也加重了中小企业负

---

① 有了"强制购买医保"规定,医保就不再是买卖双方可以博弈的市场,保险公司也就不需要担心保费上涨会导致客户流失。

担,让它们更无力与那些在美国雇用员工数量很少的跨国公司竞争。

简单来讲,"奥巴马医保"的症结在于,其设计基本就是挑起普通民众内斗,并没有让真正的富豪阶层和大公司付出什么,甚至还在其中获益颇丰。

3. 执行中的问题

"奥巴马医保"的具体执行也被不少利益集团利用,造成了更多问题。

其一,缺乏打击资本举措。美国人均医疗费用高居世界前列,重要原因就是医疗服务和药品价格太高。"奥巴马医保"实施后,由于有了医保兜底,美国药品价格更是呈现加速上涨态势(具体数据详见第八章)。由于没有打击(制药业)资本的配套举措,全民医保很容易成为利益集团争夺的"唐僧肉"。然而,整个民主党只有伯尼·桑德斯(而且他还不是严格意义上的民主党人)在这方面提出过系统诉求。

特朗普在任期间至少还时不时地发推特抨击药企涨价行为,而且,他多次表示将充分发挥他作为"谈判大师"的优势系统降低药品价格。例如,特朗普在 2018 年国情咨文中讲道:"我们的一大优先事项便是降低处方药的价格。在许多国家,这些药的价格远低于美国,这就是为什么我指示本届政府把应对不公正的高药价作为优先事务之一。药价会降低的。"2019

年 7 月，特朗普在接受采访时表示："我们正在制定一项受到青睐的行政令，使美国药品价格降至全球最低。"特朗普抨击道："正如你们所知，多年来，其他国家花在药品上的钱比我们少，有时比我们少 60％、70％。"他指责制药公司"长期以来利用了这一制度"，使美国的药品价格经常超过邻国以及欧洲。从该月开始，美国政府要求制药公司必须在电视广告中披露药品价格，特朗普称赞这一措施具有"历史性的透明度"。

当然，上述计划现实效果比特朗普宣称的差得多。例如，尽管特朗普上任后一直向制药业施加压力，但辉瑞公司在 2019 年 1 月还是提高了 41 种药物在美售价，占其药品目录的 10％。不过，特朗普至少把自己摆在了对美国政坛影响巨大的制药业集团对面，体现了比过去的奥巴马、希拉里和今天的拜登更多一些的诚意（虽然比不上桑德斯）。

其二，效率问题。作为进步派民主党人，奥巴马深受自由主义意识形态影响，因此"奥巴马医保"秉承着一个基本理念：医保是基本人权，绝不能让任何一个人没有医保。这个理念在道德上很好，但在执行中会遇到很多问题。第一，过去投保人在购买医保时，保险公司会要求提供健康证明，如果此前投保人已经身患较重疾病特别是某些慢性疾病，保险公司会拒绝申请或者大幅提高保费。但是，"奥巴马医保"规定，保险公司不得拒绝身患重症的投保人申请，也不能大幅提高保费。这样一来，这类重症患者显然会大幅增加保险公司支出。为了平衡报表，保险公司就只能无差别地提升所有投保者（包括健康的和不健康的）的保费。第二，资源始终是有限的。例如，在民主党控制的加州，2016年州政府和保险公司为一名患者最多支付了1 500万美元医疗费用。单看这个例子，我们或许可以称赞加州政府对生命的永不放弃。然而，问题在于，为1名患者用掉的1 500万美元是从加州所有参保人费用中切出来的。这1 500万美元未必能救这一位得了罕见绝症的患者的命，但可能有150位常见重症（例如癌症）患者每人只需要10万美元就可以治愈。

简而言之，全民医保虽然起源于纯粹道德理念，但在实践中必须考虑效率，如何用有限资源保护更多人生命？在保守派看来，应当尊重效率，优先保护更多人的生命健康，所以他们支持保险公司拒绝已经身患重症的申请者投保，要求为单个投保人的医疗费用设置报销上限等。其实，这就是很多人都熟悉的"电车难题"："假如你是一个扳道工，当一辆电车开过来，往左切换轨道会撞死5个人，往右切换轨道会撞死1个人，你怎么办？"

在进行哲学讨论时，我们可以"拒绝回答"以避免自身遭受道德指责，也可以饱含深情地说："我会跳上轨道，让电车先撞死我吧，我无权决定他人生死，更不能眼睁睁地看着他人死亡。"把人的生命当成数字当然是很不道德的，但对政治家来说，很多时候就只能考虑数字，然后自己去替全社会背负道德枷锁,甚至还要在事后直接面对享受了好处但不愿意背负道德罪恶感的民众的现实审判。然而,高举自由主义大旗的民主党政客们都不愿意承担这些责任。相比之下,以"市场至上"为立党根基的共和党政客们的道德负担反倒会小一些。

其三,某些行动能力极强的少数群体见缝插针,在"奥巴马医保"中谋取了更多利益。例如,加利福尼亚等深蓝州都在不同程度将变性手术等列入医保范围,因为自由主义价值观认为"基于自由意志选择性别"是基本人权。但是,"变性"开支会侵蚀本已紧张的医保费用,是在与危在旦夕的癌症患者争夺有限资源。

其四,"奥巴马医保"运行中还存在不少腐败问题。例如,花费数亿美元打造的联邦医保网站上线当天就崩溃了,美国媒体爆出网站承包商是时任第一夫人米歇尔的好友。当然,类似问题不只是民主党的"专利",特朗普在任期间也暴露出一系列公共项目腐败问题,其大女婿贾里德·库什纳(Jared Kushner)就首当其冲。

最终,上述问题造成了巨额财政赤字和民众的沉重个人负担。奥巴马执政8年期间,美国政府债务从不到9万亿美元上升到近20万亿美元,完全违背了他削减债务和财政赤字的承诺。虽然小布什政府8年期间也搞出8万多亿美元亏空,但毕竟有阿富汗战争和伊拉克战争这两个烧钱的大窟窿。在没有打大型战争的前提下,奥巴马政府的债务比小布什政府飙升得还要快,"奥巴马医保"是关键原因。

(三) 为什么特朗普医保改革难以成功?

1. "茶党"反对

需要指出的是,2017 年以来共和党废除"奥巴马医保"努力失败的原因并非民主党反对,而是共和党内部分歧。医保要改革是共和党人的共识,但在"怎么改"上共和党内不同派系存在很大分歧。对秉承"最小政府就是最好政府"的"茶党"来说,根本就不应该有全民医保,一切交给市场。因此,他们的诉求是,废除"奥巴马医保"(然后就没有了)。在 2016 年大选中,特德·克鲁兹和本·卡森是"茶党"上述诉求的典型代表。特朗普则与"茶党"大不相同,他主张废除"奥巴马医保",但同时要建立一个"更棒的"全民医保体系。就"全民"两个字而言,特朗普的诉求已经脱离了传统共和党理念范畴,"左"到 2008 年前的民主党了。这也是他在 2016 年大选中被党内人士频繁指责是"假的保守主义者"的主要原因之一。

因而,虽然特朗普的诉求在 2017 年得到了共和党自由派的支持,但是在激进的财政保守主义者"茶党"看来,新法案依旧是政府管得太多,是对保守主义信仰的背叛。所以,在

2017年3月原定的众议院投票前夕，众议院内"茶党"党团"自由连线"（拥有30多名众议员）公开宣称绝不会投赞成票。在自由派主动做出让步（例如删除妇女生育险等条款）后，"自由连线"依然不让步。

2017年5月，几经修改和波折，众议院终于通过了《美国医保法》。但在7月中旬参议院表决前夕，又是"茶党"参议员迫使麦康奈尔宣布放弃参议院表决程序。具体来说，公开表示绝不会投赞成票的共和党参议员共有4人，分别是肯塔基州联邦参议员兰德·保罗、缅因州联邦参议员苏珊·柯林斯（Susan Collins）、犹他州联邦参议员迈克·李（Mike Lee）和堪萨斯州联邦参议员杰里·莫兰（Jerry Moran）。除柯林斯是自由派共和党人外[1]，其余三人都是激进的财政保守主义者，兰德·保罗更是在医保议题上轮番与奥巴马和特朗普恶斗的"茶党"悍将。他们三人反对的根本原因就是该法案太"左"了，与"奥巴马医保"没有本质区别。他们宁可让"奥巴马医保"继续存在，也绝不妥协。

2. 民主党逢"特"必反

虽然共和党内反对新法案的声音很大，但对民主党来说，

---

[1] 柯林斯主要是担心缅因州内太多人会失去医保，所以反对废除"奥巴马医保"。

让《美国医保法》通过本是个不坏的选择。"奥巴马医保"负面问题不断,从 2010 年中期选举开始给民主党造成的负面影响就要大于正面收益。如果从选举政治角度看,倒不如稍微配合一下(比如有一两个参议员背一下"与特朗普合作"的骂名投票支持,保证参议院过半数通过),让《美国医保法》压线通过。一方面,特朗普医保改革实际上秉承的是民主党"全民医保"理念,新法案一出台就意味着全民医保的民主党理念成了美国社会新共识(这是"茶党"坚决反对的),也有助于激发共和党内斗;另一方面,把医保的政策负担转给特朗普,以后出现运行问题就是共和党的责任了。

然而,问题是民主党意识形态化越来越严重,谁要是反对特朗普的态度不那么积极,谁就有可能成为党内"叛徒",这就杜绝了和特朗普合作的一切可能性。相比之下,奥巴马执政时期,虽然美国政治的极化问题已经很严重了,但是至少还发生过国会共和党人主动与奥巴马联手推动 TPP 的事情。

3. "新右翼"对医保改革的真实态度

前文讲了,我在 2017 年 1 月就预测特朗普并不打算真心推动医保改革。这里解释一下原因。需要指出的是,不少媒体将医保改革视为特朗普的核心竞选承诺。但事实并非如此,"反非法移民"和"把工作带回美国"才是"新右翼"的核心主张。与这两项议题相比,特朗普在无数次竞选集会中很少专门提到医保改革。在被视作他的施政纲领的两次"百日新政"演说（2016年10月的葛底斯堡演说和11月的百日新政演说视频）中和2018年、2019年两次国情咨文中，也都很少提及医保改革。事实上，2017年以来的医保改革在很大程度上是共和党而非特朗普和"新右翼"推动的产物。

从特朗普重新参加2024年大选的利益需求看，"反非法移民"和"把工作带回美国"正好面向两大核心选民群体：中南部白人和"锈带"蓝领。只有坚决打出这两面大旗，选民基本盘才能巩固。而且，与中南部白人普遍不认同全民医保不同，"锈带"企业一直有给员工购买医保的传统，贸然废除"奥巴马医保"（特别是向"茶党"激进诉求让步过多）很可能招致"锈带"蓝领的反感。与"锈带"蓝领至今还在两党间摇摆不同，中南部白人则是共和党铁杆选民，就算特朗普不废除全民医保，只要他能坚决地"反非法移民""减税"，中南部白人就会支持他。再加上特朗普又有任命戈萨奇、卡瓦诺、巴雷特三名保守派大法官（进而导致保守派在2022年通过联邦最高法院实现了数十年的堕胎权判决、持枪权判决等夙愿）的巨大功绩，他们更不可能转投民主党麾下。

第七章

从"驯服特朗普"到"被特朗普驯服":共和党的党内斗争

前面几章主要是从整体角度阐述2016年初选至2024年初选期间"新右翼"崛起导致的美国社会政治变迁。不过，虽然共和党和民主党的斗争与妥协是美国政治主线剧情，但是共和党、民主党两党本身也并非铁板一块，而是复杂的意识形态和现实利益集合体。从2016年以来，随着"新右翼"崛起和美国社会政治变迁，两党内部也各自开始了错综复杂的斗争与结盟以及寻求共识与妥协的历程。目前，学界对美国政党政治中的党际斗争与妥协已经研究较多，各路媒体的相关报道更是不胜枚举，但是对美国政党的党内斗争与整合关注较少。因此，第七、第八、第九章将把视线转向两党内部，探讨"新右翼"崛起背景下的两党党内斗争，旨在更深入地分析美国社会政治结构、政党政治和选举政治的变迁。

政治斗争可以分为政治纲领之争（以什么样的方案夺取政权、治理国家）和具体权力斗争两个层面。第七、第八、第九章将各有侧重地展现这两个方面。第七章聚焦共和党，特朗普崛起引发了共和党激烈的党内斗争。因前文对共和党党内在政治纲领上的分歧和斗争已经有了系统阐述，第七章在探讨共和党党内斗争时就不再关注政治纲领层面了，而是聚焦于"新右翼"崛起以来共和党党内的权力斗争，即特朗普怎样从共和党的"非主流"变成共和党无可争议的领袖（虽然经历了2020年大选的失利，但仍然能在2024年王者归来），获得了数十年来共和党内无人获得过的至高地位。第八、第九章则聚焦民主党,与第七章关注政治权力斗争不同,因目前国内关于民主党党内在政治纲领上分歧的研究不多,故第八章和第九章重点探讨在"新右翼"运动发生和特朗普崛起的同时,当前民主党关于"美国向何处去"的政治纲领之争以及由此塑造的2021年以来拜登政府的执政策略。

一、从 2016 年大选至今共和党党内斗争的四个阶段

以特朗普和共和党的关系为核心线索,共和党党内斗争从 2016 年大选至今经历了四个阶段:

第一个阶段:从 2015 年特朗普宣布参选至 2016 年 5 月特德·克鲁兹宣布退出共和党初选前,主题是"战胜特朗普"。在这一阶段,共和党建制派对特朗普是全力打压,先后试图通过帮助扶持杰布·布什、马尔科·卢比奥、特德·克鲁兹等人以在党内初选中淘汰特朗普。

第二个阶段:从 2016 年 5 月克鲁兹退选(即特朗普注定将代表共和党参加 2016 年大选)至 2018 年中期选举共和党初选期间,主题是"驯服特朗普"。在不得不接受与特朗普共事并且特朗普已经先后成为名义上的共和党领袖和实际上的美国总统的前提下,共和党建制派希望"驯服特朗普",让他逐渐从激进的"新右翼"运动代言人回归共和党传统道路,甚至希

望利用特朗普在国会和党内缺乏根基的劣势架空特朗普,让特朗普成为建制派的提线木偶。

第三个阶段:从2018年中期选举共和党初选至2020年大选期间,主题是"被特朗普驯服"。一系列执政举措表明,特朗普显然没有回归共和党传统道路,而是按照他竞选以来就始终坚持的"新右翼"政治主张治理国家。在2018年中期选举的共和党初选中,我们清楚地看到,特朗普不但没有被"驯服",反而共和党正在"被特朗普驯服",走向"特朗普化"。共和党初选竞选者争相向特朗普的政治主张和竞选风格看齐。在这次共和党初选中,特朗普支持谁,谁就能赢得国会议员或者州长席位的共和党提名。与此同时,原来共和党内试图联合起来"驯服特朗普"的众位建制派大佬,已经作鸟兽散,要么主动投靠(例如南卡罗来纳州联邦参议员林赛·格雷厄姆等),要么放弃抵抗(例如原众议长、威斯康星州联邦众议员保罗·瑞恩等)。特朗普最大的反对者之一,亚利桑那州联邦参议员、2008年大选共和党提名人约翰·麦凯恩已于2018年8月去世。

第四个阶段:从2020年大选至今,主题是"建制派失败的反击"。2020年11月,特朗普大选失利。既是出于利益冲突和旧怨,也是由于无法忍受特朗普在大选失利后的一连串非常规行为,建制派再度尝试夺回共和党的主导权,让特朗普和"新右翼"运动就此成为共和党历史中的一个插曲。特朗普卸任总统、被推特等社交媒体封杀以及"国会骚乱案"也确实提供了不错的时机。然而，一段时间后的事实表明，虽然民主党和美国媒体炒作得十分热闹，但是特朗普卸任后并未出现众叛亲离现象，他对共和党的掌控力并未下降甚至还有所增强。在2022年中期选举前，特朗普更是展现了在共和党内独一无二的绝对领袖地位，虽然此时民主党正在热热闹闹地推动着"国会骚乱案"调查。在2022年中期选举后，建制派还试图支持佛罗里达州州长罗恩·德桑蒂斯参加2024年大选以取代特朗普。然而，德桑蒂斯宣布参加共和党初选后不久就显出颓势，2023年下半年就已经注定无缘共和党提名人。2024年1月21日，德桑蒂斯在共和党内仅仅进行了艾奥瓦州的第一场初选，并且取得了位列特朗普之后的第二名的不错成绩，第二场的新罕布什尔州初选开选前，突然宣布退选，转而支持特朗普。其实，德桑蒂斯自身也是"新右翼"一员，曾是特朗普的亲密门徒，他参加共和党初选的主打标签是"不是特朗普的特朗普"（坚决贯彻"新右翼"政治主张，同时个人特质上没有特朗普那么多负面因素），即使他成功取代特朗普，也依然无法动摇"新右翼"对共和党的绝对掌控。

总的来说，自2020年大选舞弊话题发酵以来，除了犹他州联邦参议员米特·罗姆尼等个别人外，绝大多数共和党政客经历短暂犹豫后均主动与特朗普牢牢绑定，不管特朗普说什么，都是向他坚决看齐。布什家族就是典型的例子。表面上看，已经退出政坛的小布什前总统和杰布·布什常常对特朗普的行为发出批评之声，但是，布什家族第三代领袖、杰布的长子（老布什的长孙）、政坛新星普雷斯科特·布什却一直是坚定的特朗普支持者，在大选舞弊问题上始终与特朗普保持完全一致的立场，主动捐款支持乃至策划相关诉讼。与父亲和伯父不咸不淡的口头发言相比，普雷斯科特的实际行动恐怕更能反映布什家族的真实态度。

真的敢于挑战特朗普权威的共和党人则会付出惨痛代价。例如，前副总统切尼之女、前怀俄明州联邦众议员、原众议院共和党会议主席（共和党在众议院的三号人物）莉兹·切尼因为质疑特朗普的大选舞弊言论并投票支持了民主党发起的特朗普弹劾案，在2021年5月就被国会共和党人以破坏党内团结为由罢免了职务。2021年11月，怀俄明州共和党委员会投票决定停止认定切尼为共和党人，这等同于将切尼开除党籍[①]。2022年2月，共和党全国委员会决议委员会一致同意，停止对切尼和伊利诺伊州联邦众议员亚当·金辛格（Adam Kinzinger）等两名参加"国会骚乱案"调查的共和党人的所有支持，这是有史以来共和党针对党内公职人员发出的最严厉的批评。在2022年中期选举的共和党初选中，切尼不敌特朗普支

---

① 在美国政党结构中，这一做法的实际意义不大，但是象征意义很大，对作为政治世家的切尼家族（老切尼还被认为是美国历史上权力最大的副总统）而言，在大本营怀俄明州被开除党籍是非常丢脸的事情。

持的对手,丢掉众议院席位。切尼家族在共和党内特别是在怀俄明州数十年苦心经营的深厚根基和广泛人脉尚且抵不住特朗普雷霆一怒,又何况其他人?

那么,特朗普是如何通过一次次权力斗争打击分化对手、巩固自身作为党的领袖的政治地位、逐步掌握共和党大权的呢?回答这些问题正是本章目的所在。本章并不按照时间顺序介绍特朗普崛起以来经历的全部党内斗争,而是选择一些非常重要且有趣的特朗普与共和党建制派的斗争事件予以叙述和分析,以展示美国政党党内斗争的策略、手腕和阴谋,同时在前文基础上进一步阐释当前特朗普与共和党内不同派别的观念和利益分歧。具体来说,下文先讲述共和党以保罗·瑞恩为主角试图"驯服特朗普"最大并且看似最接近成功的一次努力及其失败历程,再以2018年中期选举共和党初选为主线讲述共和党为什么反倒会"被特朗普驯服"了。

二、失败的"驯服特朗普"

从2015年宣布参选以来,特朗普不仅要独自面对民主党和美国主流媒体的猛烈抨击,也屡屡遭遇来自共和党内部的有意打压,其中最大的一次危机当属2016年大选前夕的"荤段子门"事件。此处即以此事件和2016年5月另一次打压特朗普的事件为主线、以特朗普和保罗·瑞恩为主角描绘共和党党内权力斗争的生动图景。

2016年10月7日,"荤段子门"事件爆发①,趁着民主党和美国主流媒体群起而攻之的东风,共和党内倒特朗普之潮再起。首先站出来的是众议院议长保罗·瑞恩,他在第一时间宣称特朗普的"荤段子"令人作呕,宣布撤回他对特朗普参加在他的大本营威斯康星州举办的竞选活动的邀请。9日,亚利桑那州联邦参议员、2008年共和党总统候选人麦凯恩也发表声明,宣布撤回对特朗普参选总统的背书。与此同时,数名共和党议员和前高官也都声明放弃支持特朗普的竞选活动。在这样的形势下,10月10日,作为当时担任最高公职(国会众议长②)的共和党人,保罗·瑞恩正式宣布,将不再为特朗普的竞选活动服务。顷刻之间,山雨欲来风满楼,美国主流媒体纷纷传言共和党要临阵"更换特朗普",不少分析家更是煞有介

---

① 2016年10月7日,一段2005年特朗普在《走近好莱坞》(Access Hollywood)节目录制前的谈话录像被曝光。在这段录像中,特朗普和主持人比利·布什(Billy Bush,布什家族成员,老布什总统是其伯父,小布什总统和杰布·布什是其堂兄)大讲"荤段子"。特朗普说他曾想勾引一位有夫之妇,结果未遂,后来再次见到,该女隆胸了,接下来他又吹嘘,当你成名了,你想让这些女人怎么做都可以(相关英文用词非常粗鲁)。

② 在美国国家领导人排序中,众议长排在总统、副总统后的第三顺位。根据美国宪法规定,相关排序是总统、副总统(兼参议长)、众议长、国务卿。

事地开始讨论这一问题:应该由特朗普的副总统候选人搭档迈克·彭斯还是由众议长保罗·瑞恩代替特朗普作为共和党候选人参加 2016 年大选?

不过,更换候选人在很大程度上只是单纯的炒作。其实,从炒作话题的美国媒体和民主党到共和党高层都知道"更换特朗普"是不可能的,他们炒作话题是为了打击、牵制特朗普。事实上,在这次事件中撤回对特朗普背书的共和党高官也就只有上述寥寥几人。倾向民主党的美国主流政治网站"政治"(Politico)在 2016 年 10 月 13 日的一篇报道中就很清醒地写道:"在这个时间点上,无论什么事都不会改变他们(大多数共和党议员)对特朗普的支持。"

这次事件中,最值得玩味的是保罗·瑞恩的言行。特朗普崛起以来,瑞恩多次代表共和党建制派向特朗普宣战。2016 年 5 月,也是他掀起了第一次"更换特朗普"风波。2016 年的两次风波最终均以共和党建制派失败而告终,因此它们也是八年来共和党建制派在面对作为闯入者(乃至征服者)的特朗普以及他所代表的"新右翼"的汹涌民意时进退失据的集中体现。

(一)保罗·瑞恩的逼宫

2016 年 5 月前,共和党在前线阻击特朗普的都还是他的初选对手们。然而，随着杰布·布什、马尔科·卢比奥、特德·克鲁兹以及始终在"打酱油"的约翰·卡西奇一个个退选，共和党初选候选人之外的其他当权派大佬只好亲自出马，接过重任，并且建制派的战略目标也不得不从"战胜特朗普"（让他无法获得共和党总统候选人提名）变成了"驯服特朗普"（按共和党建制派意志开展竞选活动乃至实施上任总统后的执政举措），众议长保罗·瑞恩就是在这时从幕后走到了"驯服特朗普"的前台。

2016年5月4日，就在最后一名竞争对手、时任俄亥俄州州长约翰·卡西奇退选，特朗普成为2016年大选共和党"假定提名人"（Presumptive Nominee）①的次日，保罗·瑞恩宣称，他没有准备好支持特朗普，他认为特朗普还没有获得共和党提名。他在接受采访时表示，他认为共和党人期望的是具有真正保守主义价值观的候选人，他怀疑特朗普是否符合这一标准。瑞恩的表态一经发布，刚刚齐声宣布特朗普成为共和党"假定提名人"的美国主流媒体风向立转，再次集体唱衰特朗普。甚至有媒体报道，瑞恩在私下表示他认为克鲁兹还未退

---

① 根据美国共和党党章规定，只有在共和党全国代表大会投票表决后，特朗普才能成为正式的共和党总统候选人。但是，此时特朗普在初选中获得的各州代表票相加已经超过总代表票数的一半，已经铁定会在全国代表大会上当选。按惯例，还没有经过全国代表大会投票确认但是已经笃定在初选中获胜的候选人被称为政党的"假定提名人"。

选，希望2016年7月的共和党全国代表大会开成僵局会议（根据共和党党章规定，众议长瑞恩将是全国代表大会的主持人），无视共和党初选结果重新选举2016年大选共和党提名候选人。一时间，美国媒体议论纷纷，从各个角度为共和党如何"更换特朗普"献计献策。可以说，特朗普2016年5月面临的形势远比2016年10月"荤段子门"事件发生时更为严峻，毕竟当时共和党初选还未正式结束，僵局会议在制度上也确实有召开的可能。

（二）特朗普是如何反击保罗·瑞恩的？

由于这些年新媒体蓬勃发展和特朗普自带流量的特性，当下中国网友无须刻意寻找也能看到许多有关特朗普以及共和党党内斗争的新闻报道。不过，如果只看这些报道，会误以为特朗普常常以这样奇怪的剧情度过危机：以瑞恩等人为代表的共和党当权派一次次出手打压，特朗普风雨飘摇，眼看大事去矣，突然有一天，我们发现，前不久还和特朗普不共戴天的共和党大佬突然不再打压特朗普，反而与特朗普把酒言欢，共同谋划打败民主党、"让美国再次伟大"的新蓝图。

共和党党内斗争怎么就偃旗息鼓了？斗争结果到底是什么？是特朗普赢了还是特朗普的对手赢了？要回答这些问题，

就需要在媒体概略性报道之外，深入挖掘相关事件经过①。挖掘这些事件，也能让我们一窥更加真实的美国政党党内斗争。实际上，多位共和党大佬不再打压特朗普，反而主动为特朗普站台，并不是因为他们突然想开了，要为共和党大局协力共抗民主党强敌，而是因为自身实力不足以抵御特朗普的猛烈反击，不得不主动求和。

2016年5月5日，就在瑞恩走到反特朗普前台的第二天，面对瑞恩的挑战，特朗普阵营没有丝毫犹豫，没有做任何试图与瑞恩沟通妥协的努力，直接强硬回击。特朗普本人表态尚属委婉，除了表示自己对瑞恩的言论"很吃惊"之外，主要是谈论自己获得了一千多万共和党选民选票，当之无愧应该得到全党上下的全力支持。特朗普的新闻发言人卡特琳娜·皮尔森（Katrina Pierson）就没有那么客气了，她在接受采访时明确表示：瑞恩不支持共和党的假定提名人，只能说明他不适合再代表共和党担任众议院议长。福克斯新闻台主持人肖恩·哈尼蒂（Sean Hannity）在他的节目中更是露骨地讲道："我'没有准备好'支持瑞恩当议长，我认为我们需要一个新的议长。"

---

① 本章叙事的所有信息均来自CNN、Politico、NBC（美国全国广播公司）、FOX等美国主流媒体公开且权威的信息源。由于涉及报道过多，不一一标注信息来源。

时任共和党全国委员会主席①雷恩斯·普利巴斯（Reince Priebus）也批评了瑞恩的言论。普利巴斯表示，特朗普是按照共和党党章规定程序由选民选出的假定提名人，所有共和党人都应该支持特朗普。特朗普的前初选对手、大选顾问本·卡森②则谈到，他对瑞恩非常失望，瑞恩"太年轻，不成熟"。与说话含蓄的政客不同，众多特朗普草根支持者纷纷赤膊上阵，在脸书、推特等社交媒体上发出号召："是时候用选票终结那些不尊重人民选择的政客的职业生涯了，让我们从保罗·瑞恩开始！"

不过，以上都算是来自特朗普阵营及其新老盟友的反击。虽然反应之迅速、来势之凶猛可能超出瑞恩和共和党当权派的预期，但是总的来说，应该还都是意料之中的事。然而，后面发生的事恐怕就大出瑞恩所料了。5月6日，瑞恩的两位重要盟友、共和党在国会众议院的两名党鞭（瑞恩是众议院议长、共和党众议院党团领袖，党鞭则是党团领袖的助手，协助党团领袖维护党纪、落实党的各项战略特别是督导议员投票，因而一向都被视作国会党团领袖的忠实盟友甚至亲信）——佐治亚州联邦众议员林恩·威斯特摩兰（Lynn Westmoreland）和佛

---

① 由于美国政党的松散型特性，全国委员会主席是主持日常党务工作的事务性职务，而非党的领袖（对共和党和民主党来说，作为执政党时，总统就是党的当然领袖；作为在野党时，党没有实际上的领袖）。

② 特朗普上台后，任命卡森担任美国住房与城市发展部部长。

罗里达州联邦众议员丹尼斯·罗斯（Dennis Ross）在接受 Politico 网站采访时表示，他们难以理解瑞恩在想些什么，瑞恩违背了共和党的政治规矩和广大选民意志，他们两人都支持特朗普，他们绝不接受瑞恩的言论。

这就很不妙了，瑞恩刚在特朗普得意之时（成为假定提名人）捅了他一刀，还没来得及高兴就发现自己身后也被捅了两刀。

2016 年 5 月 7 日，特朗普阵营又在瑞恩的后院放了一把火。特朗普阵营悍将、2008 年共和党副总统候选人、"茶党女王"莎拉·佩林（Sarah Palin）在 CNN 的一个电视节目上猛烈抨击瑞恩。她表示："瑞恩之流的问题是他们脱离把他们选上来的人民太久了。"佩林警告瑞恩，不要忘了前任众议院多数党（共和党）领袖①埃里克·坎托（Eric Cantor）在 2014 年中期选举中输掉弗吉尼亚州联邦众议员共和党初选提名战的前车之鉴（坎托贵为政党和国家领导人，居然输掉党内初选，

---

① 根据美国政治惯例，当共和党或者民主党是众议院多数党时，多数党除了选出一名众议员担任众议院议长外，还会选出一名众议员担任多数党领袖职位。而如果是众议院少数党，那么共和党或者民主党的众议院党团则只选举一名众议员担任少数党领袖。简单来说，多数党领袖是众议院多数党党团的二把手（一把手是众议院议长），少数党领袖是众议院少数党党团的一把手。而在参议院，参议院议长由副总统担任，一般不直接参与参议院运作特别是投票表决（只有在参议院投票表决结果是 50 票对 50 票时，副总统作为参议院议长才能投下决定性一票，其他任何情况下副总统在参议院中都没有投票权）。两党在参议院均各设参议院多数党领袖和少数党领袖一名，他们各自是两党参议院党团的一把手。

正是因为他的对手得到了"茶党"的鼎力支持)。她也将竭尽全力支持保罗·奈伦(Paul Nehlen)从瑞恩手中抢走国会选举威斯康星州国会第 1 选区的共和党候选人提名资格。

枪打出头鸟,眼看特朗普阵营发动了让瑞恩应接不暇的猛烈反击,共和党当权派多位大佬、瑞恩曾经的同道们纷纷转变立场,奔向特朗普的战车。此前,在瑞恩发表"没有准备好支持特朗普"言论的 2016 年 5 月 4 日,参议院共和党领袖米奇·麦康奈尔就高调宣布支持"共和党选民的选择"——特朗普。2016 年 5 月 7 日,曾经被特朗普严重冒犯过并且坚决反对特朗普的亚利桑那州联邦参议员约翰·麦凯恩突然改变口径,公开表态支持特朗普,赞扬特朗普会成为共和党和美国"出色的领袖"。有记者不解地问道:"你怎么转变得这么快?"麦凯恩淡定地回答:"很多事情都有第一次。"也就是在这一天,特朗普在接受采访时谈到,这两天有很多以前坚决反对他的共和党政客打电话来表示对他的竞选活动的支持。特朗普表示,他很困惑,"你们变得这么快,这样真的可以吗?"

然而,这些政客纷纷回应:"没关系,我们都很有经验,我们会处理好的。"

(三)握手言和

此时此刻,众叛亲离、腹背受敌的瑞恩不得不步其他当权派大佬的后尘。不过，作为当时担任着最高公职的共和党人，比起其他直截了当转变立场的当权派大佬，瑞恩还是好好地扭捏了一番。

瑞恩和特朗普约定在2016年5月12日正式会面商谈大选事宜。5月9日，瑞恩就这次会面谈道："他（特朗普）是共和党的假定提名人。我会尊重党定下的规则，做任何他希望我做的事。"但是，他同时表示，由于与特朗普的分歧，他打算辞去当年7月召开的共和党全国代表大会会议主席（主持人）一职，又给特朗普出了个小难题。对此，特朗普肉麻地回应道（甚至使用了"love"一词）："我真诚热切地希望瑞恩担任全国代表大会的会议主席。"

与此同时，特朗普阵营其他人和新近投靠特朗普的共和党要员对瑞恩的攻击继续进行，"特朗普是共和党选民的选择，如果瑞恩不支持特朗普，他如何来做众议院共和党人的领袖？他背叛人民，必将成为共和党的罪人"。另一边呢？大多数支持民主党的美国主流媒体一开始时曾经是瑞恩"更换特朗普"的强有力盟友，一看形势不妙，纷纷变脸，开始嘲弄瑞恩甚至落井下石。特朗普、瑞恩，反正都是共和党要员，黑谁不是黑呢？

在此情形下，2016年5月12日，瑞恩与特朗普正式会面，两人的联合声明于次日公开发表，"我们虽然存在分歧，但是我们在许多重要领域达成了共识。我们将一起努力，为共和党赢得大选"。不过,瑞恩在这一刻仍然没有说出"支持特朗普",不甘心的美国媒体继续挑逗瑞恩。NBC 在共和党选民中专门做了一个"你更信任特朗普还是瑞恩"的民意调查,结果超过六成的共和党选民表示更信任特朗普。5 月 17 日,NBC 采访瑞恩时特意问起:"你怎么看这个民调结果?"瑞恩的回答充分体现出了职业政客的素质:"我非常高兴这么多选民支持作为共和党假定提名人的特朗普而不是我。"2016 年 6 月 3 日,保罗·瑞恩正式宣布支持特朗普。不过,此后一直到 10 月 7 日,瑞恩仍然时不时地以政党和国家领导人身份点评(批评)特朗普的言行以及他的竞选活动,莎拉·佩林则一直支持保罗·奈伦与瑞恩争夺威斯康星州国会第 1 选区共和党候选人提名直到 7 月中旬的初选过后。不过,这些争斗都是小打小闹,充其量只能算是互相恶心,直到"荤段子门"事件爆发。

(四) 如何理解美国政党的党内斗争?

昨日拔刀相见,今日把酒言欢,明日再背后一刀,是美国政治斗争的常态。在政治斗争中,"没有绝对的朋友,只有绝对的利益"。在 2016 年大选第二次总统辩论中,希拉里刚说了"我的好朋友米歇尔",就被特朗普一句"米歇尔在 2008 年做过一个针对你的广告,那是我见过的有史以来对你最恶毒的攻击"呛得无言以对。同样，希拉里在辩论中追问"特朗普质疑奥巴马出生地"问题，其实第一个质疑奥巴马出生地不在美国国内的恰恰是2008年希拉里的竞选团队。然而，这毫不妨碍希拉里和奥巴马在2016年7月的民主党全国代表大会上深情相拥，感动无数观众。在这次全国代表大会上，奥巴马表示，希拉里是美国有史以来最合适的总统人选，比他、比比尔（克林顿）都将出色得多。然而，此前奥巴马对希拉里最著名的评价是："几十年来，希拉里好话说尽，啥事不干。"

所以，斗争、妥协、结盟都是美国政坛常态，不值得大惊小怪，真正值得探讨的是这些政治斗争背后的东西。

1. 为何而斗？

2016年以来，保罗·瑞恩和诸多打压过特朗普的共和党当权派大佬们给出的公开理由一直是"特朗普不符合保守主义价值观"。所以，我们是否可以认为共和党党内斗争的源头是意识形态、政治信仰乃至宗教信仰？

显然不是。利益之争可以经常妥协，信仰之争却极少有迅速媾和的。更何况，瑞恩、麦凯恩等人在美国政坛意识形态谱系上都被划为共和党自由派。所谓自由派，很大程度上就意味着不太注重意识形态、价值观问题可以商量和妥协。相反，共和党内真正强调意识形态、严格捍卫保守主义价值观的是"茶党"（经济政策方面）和福音派基督徒（社会政策方面）。事实上，正如本书前面已经阐释的，特朗普的竞选纲领和个人特质还真是不太符合"茶党"（特朗普是共和党经济政策上最偏向"较大政府"理念的总统候选人，虽然反对"奥巴马医保"，但是他支持全民医保）和福音派基督徒（特朗普结过三次婚，在堕胎、同性恋等议题上是最"左"的共和党人）的价值观。

2010年以来，为了捍卫"小政府，大市场"价值观，共和党"茶党"议员们敢战善战，三番五次逼得奥巴马政府陷入关门危机，让共和党内数次爆发巨大冲突。例如，2015年9月，时任众议长的共和党人约翰·博纳（John Boehner）因"茶党"掀起的共和党内斗被迫辞职。此后，共和党迟迟无法推选出新的众议长，也就在很大程度上浪费了作为多数党的优势。按照民主党的说法，共和党"茶党"议员们把意识形态的纯洁性凌驾于国家利益乃至共和党自身利益之上。然而，彪悍的"茶党"众将却始终没有以"不符合保守主义价值观"为由反对特朗普。

同样，在2012年美国大选中，因为信仰冲突，曾经有数百万福音派基督徒选民宁可让民主党总统奥巴马连任也绝不出门为摩门教徒、共和党候选人米特·罗姆尼投票，现在对同样不符合基督教福音派价值观的特朗普却是默默支持。本·卡森（民主党媒体曾经爆炒卡森是"不信上帝就下地狱"的福音派极端教义派）刚一退选就转而背书特朗普。2016年10月，CNN采访一位美国南部地区的福音派选民（中年女性）对特朗普"荤段子门"的看法（在 CNN 的预期中，极度强调清规戒律的福音派基督徒会极力谴责特朗普），这位福音派选民回答说："选特朗普又不是选教皇，这事儿有什么了不起的。"

极端虔诚的教徒觉得特朗普讲"荤段子"无所谓，一向自诩理性温和、反对宗教信仰优先的共和党自由派们却怎么变成了"假道学"呢？关键还是利益。对当时当权的共和党自由派来说，他们的选民基础在"茶党"崛起的冲击下已经损失惨重，在 2010 年、2012 年和 2014 年三次国会选举中，多名由传统的党内密室磋商钦定甚至有数十年连任经历的大佬（例如前众议院多数党领袖埃里克·坎托）在共和党党内初选中连提名都没有拿到，让兰德·保罗、克鲁兹、卢比奥这些无甚根基的"茶党"新锐打得一败涂地。现在，"新右翼"崛起更会进一步收走共和党建制派所剩不多的选民基础（不太注重宗教和意识形态的选民），所以，莎拉·佩林说："特朗普的崛起让他们害怕，他们害怕失去他们的权力、财富和地位。"

具体到瑞恩，当时他在威斯康星州的国会选区根基还比较稳固（众议员选区很小，十几万张选票就能当选），当时佩林支持的保罗·奈伦并未给他造成实质性威胁。但是，瑞恩早有鸿鹄之志，作为 2012 年罗姆尼选择的副总统候选人，瑞恩一直有在 2020 年或 2024 年参加总统大选的打算。特朗普的崛起，特别是他带来的共和党选民基础和政策主张的大洗牌会完全打乱瑞恩筹划已久的政治布局和他所习惯的密室协商机制。

所以，瑞恩一直试图打压特朗普以给世人留下如下印象："特朗普不靠谱，我很靠谱，我才是共和党和美国人民的希望。"对此，莎拉·佩林在 2016 年 5 月就一针见血地指出："如果共和党在今年就赢得大选，这对瑞恩的 2020 年（参选计划）可不是什么好消息。我想，这才是瑞恩发声的原因。"

2. 靠什么斗？

政治斗争当然要靠实力。就美国政坛来说，政客/政治家最核心的实力就是精英派系和民意选票两个方面。当然他们也需要金主和资本支持，不过，第一，这些处于完全黑箱状态，我们很难观察到具体细节；第二，金主的态度和行为本身也会在一定程度上体现在前两者中。

简单来说，为什么很多共和党政客一会儿把特朗普骂得仿佛十恶不赦，好像他会亡党亡国；一会儿又把特朗普夸得仿佛天神下凡，必将带领美利坚"再次伟大"？关键就是民意选票。如果特朗普有较大希望成为下届总统或是在总统任上一直有比较稳定的民意支持，大多数政客当然会主动投靠，搭上特朗普的顺风车，生怕掉队。反之，他们会毫不犹豫地反戈一击。在 2016 年大选中，共和党有史以来最多的初选得票数（1 300 多万）和始终坚挺的民意就是特朗普"不被驯服"的本钱。2020 年大选失利直至 2024 年大选前，特朗普仍然是共和党内最孚民意的领袖，想要竞选公职的共和党人都期望得到特朗普的背书，获得特朗普的背书往往就意味着赢得共和党党内初选。

相较特朗普，瑞恩的实力就差了很多。表面上看，在特朗普赢得总统大选前，瑞恩是担任最高公职的共和党人和国会共和党领袖。然而，实际上他是在 2015 年底才登上众议长宝座的。而且，他能上位的主要原因并不是他有广泛并强大的派系支持，而是共和党其他派系内斗打得太惨烈了。2015 年 9 月，众议长、俄亥俄州联邦众议员约翰·博纳因为预算法案被克鲁兹领头的"茶党"议员逼得愤而辞职。按照美国政坛惯例，接任的应该是众议院多数党（共和党）领袖凯文·麦卡锡（Kevin McCarthy）。然而，麦卡锡和博纳立场相近，又是多年盟友，同样不被"茶党"接受，因此有 40 多名共和党"茶党"议员公开发表声明反对麦卡锡接任众议长。无奈之下，在短暂宣布参选后，麦卡锡只得又宣布退选。此时瑞恩还是麦卡锡的主要助手。为了避嫌，他在麦卡锡宣布退选后立即表态自己绝不会谋求议长之位。然而，经过党内多方博弈，数日后他又宣布参加众议长的党内选举，并在半个月后正式当选。

瑞恩获得众议长之位靠的是在"茶党"和建制派之间两边讨喜，他算是两派都不讨厌的人选。然而，这也就意味着他没有实力雄厚并且立场坚定的派系支持。进一步来说，在 2016 年两次打压特朗普事件中，瑞恩的不利之处在于，一方面，博纳、麦卡锡等人对克鲁兹的仇恨要远超对特朗普，博纳在 2016 年 4 月底的演讲中曾痛骂当时还未退出共和党初选的克鲁兹是"撒旦再世",并宣布支持特朗普。如果瑞恩持续和克鲁兹等"茶党"议员交往过密,麦卡锡和他的政治导师博纳还会一如既往地给予支持吗?另一方面,"茶党"则在2016年大选中一步步集合在特朗普麾下。

2016年1月,"茶党女王"莎拉·佩林率先背书特朗普,并成为特朗普阵营冲锋陷阵的一员悍将。3月,共和党当权派曾经的希望、"茶党金童"马尔科·卢比奥退选当场就叛逃当权派阵营,向特朗普投诚效忠。特朗普也给予其回报,卢比奥的参议员任期在2016年到期,按照共和党佛罗里达州委员会原来的规定,竞选总统和竞选参议员只能二者选一,卢比奥本来已经失去了连任佛罗里达州联邦参议员的资格,更何况在此前总统初选中居然以近20%差距输给特朗普(这么大的差距在美国大选史上是极其罕见的,被视作政客的巨大失败。在整个佛罗里达州初选中,卢比奥只在自己老家的县赢了特朗普,其余近百个县全部惨败而归)。不过,最终在特朗普的大力支持下,卢比奥突破党内对手的阻挠,拿下了参议员共和党候选人提名并在大选中成功连任。2022年中期选举,特朗普再次给了卢比奥巨大奖励,共和党内曾有不小呼声要求特朗普长女伊万卡(Ivanlza Trump)竞选佛罗里达州的联邦参议员席位(即卢比奥的席位),伊万卡也流露了这方面的意愿,卢比奥因此异常紧张。最终,是特朗普站出来直接否认了伊万卡参选传言,护送卢比奥拿下了共和党初选。2016年9月,就连特朗普初选的最大对手、在共和党全国代表大会还号召选民"凭良心投票"的"茶党太子"特德·克鲁兹也宣布背书特朗普①。同时,"茶党"组织"茶党爱国者"(Tea Party Patriots)高调宣布将竭尽全力帮助特朗普赢得大选。"茶党爱国者"是美国最大的草根组织,在全国拥有三百万成员。兰德·保罗、克鲁兹、卢比奥等一大批"茶党"新锐能打败共和党钦点人选和民主党对手赢得国会席位,都在很大程度上依赖于"茶党爱国者"的支持。

并且,特朗普自己的支持者也逐渐成了气候。特朗普曾经表示,他参加的不仅是一次选举,也是一场革命运动,这场运动将彻底改变共和党乃至美国的政治版图。共和党内,在2016年初选中经历了科罗拉多州共和党代表大会"钦定克鲁兹"事件和连续不断的全国代表大会将变成僵局大会传言后,特朗普的支持者从2016年5月起开始大规模地跻身并改组共和党全国委员会、各州委员会和各地基层组织,当权派的组织实力进一步被削弱。就连担任亚利桑那州联邦参议员长达30年(5个任期)的约翰·麦凯恩在2016年竞选连任中也要邀请特朗普来为他助选。

---

① 美国政坛的这些外号起得很奇怪,"茶党女王""茶党金童""茶党太子"这三个外号放在一起看,好像佩林是卢比奥和克鲁兹的母亲(其实佩林只比卢比奥和克鲁兹大几岁),卢比奥和克鲁兹的关系则很容易让人联想到一些兄弟反目、九子夺嫡的宫斗剧剧情。

治大国若烹小鲜：基层治理与世道人心

吕德文 著
定价：58元 2021年4月出版

直面复杂真实生动的基层实践，揭示基层运行规律
- 以抽丝剥茧的方式剖析基层治理的难点、痛点、堵点
- 探寻基层干部提高工作能力的方法
- 基于新闻案例和实地调查材料，呈现中国之治在基层的复杂实践

中国式社区

王德福 著 定价：69元 2024年5月出版

中国式社区承载着不同的生活常识、处事规则、人情期望
- 从居住形态出发剖析中国社会的形态，透视了中国社会的巨变图景。
- 用案例呈现社区居民最关心的关键小事，梳理了中国式社区的形成与发展历程。
- 扎实的调研，近年一线的社区业主自治、维权、居委会工作等新鲜素材。
- 让人理解城市社区及其治理的复杂形态与内在逻辑。

县域政制中的基层法院

刘磊 著
定价：69元 2024年5月出版

发现基层法院运行的"常识"
- 呈现了我国基层法院运行的实然状态
- 讲清楚了基层法院在治理秩序内的深层逻辑
- 剖析基层法院运行实践与理论研究为何存在显著差异

江山与人民：中国治理体系解析

熊万胜 著
定价：79元 2022年9月出版

一本书读懂治理体系是如何联结我们的生活的
- 一部构建我国自主知识体系的原创巨著
- 一部简明的中国治理体系史
- 阐明了我国政权与社会的关系
- 在全球化的大背景下从治理体系角度说清楚当代中国

好书推荐

中国人民大学出版社

— 县乡中国书系 —

县乡中国：县域治理现代化

杨华 著
定价：69元　2022年4月出版

"县官"如何治县？从这里读懂中国政治

- 一本展现中国县乡政治生态的写实白描书
- 揭示了县域政治运行的底层逻辑
- 一部从中国大地中生长出来的作品

故乡可安身：扎根型城镇化中的古源村

董磊明　谢梅婕　等著
定价：69元　2024年1月出版

从一个村庄的故事中，读懂乡村社会向何处去、
乡土文化根脉何以存续

- 一部乡村社会纪实作品
- 在故事的呈现中告诉读者，故乡何以成为城镇化中的根

韧性：县乡政府如何运行

田先红 著
定价：69元　2024年1月出版

从田野调查中发现县级政权如何保持韧性

- 呈现县乡干部的具体行为机制
- 阐明县乡政权的活力来源
- 对县域治理体制、政府动员、干部流动、财政制度、政策转化与执行等进行了透彻解读

县乡的孩子们

杨华　雷望红　等著
定价：79元　2023年9月出版

畅销书《县乡中国》姊妹篇。比新闻报道更深入教育本身的问题，比教育学的分析更贴近社会生活的逻辑

- 从田野调查中理解县乡教育现状
- 聚焦县乡学子的困境与前途
- 从社会学视角看教育背后的政治、经济与文化因素

中国新经济：创新与前瞻

彭火灿 王勇 等 著
2023年5月出版

我国新经济发展的创新与演变的特点与典型案例

- 适于作者在国家行政改革干部教育系统长期，对浦江达亲密接触
- 分外新经济与创新的方法的密切，书加深本书把它作为百家的社科起点的代表著等
- 以案例的方式展开，书中讲述了十个新经济发展的典型历程

花小生命周期

伊查克·爱迪思 (Ichak Adizes) 著 王培华 译
2017年10月出版

亚马逊4.8、6分，京东7800余条评论，一本畅销30余年的管理经典

- 爱迪思为4个20多年的经验，把我体分10余阶段30种，影响了无数人
- 阅读此本书，帮助你、你家公司、你同事及他同事，工作团体整套整体了解问题并未来应付的对策，帮我知道你如面对众多的问题

颠覆科技2：从实验室到市场

来磊 董昊源 李东 张鹰 著
2024年5月出版

讲述科技与经济 "两张皮" 难题

- 从体制的机制、人才、资源、融资等各家的机方面开展，探索科技改革的难点与难点
- 通过十余年技术基层实践，追十余年的创业和投资家的经验
- 我国的体系化历史和关系脉络发展，兼当下相关机构为读者端上一丰盛菜

颠覆科技：大国竞争的利器

国防大学教授的中心战时的专家及资深媒体家，是各市中创新创业机构的重要参考资源、著
2021年10月出版

讲述了颠覆科技的历史、革命性创新及其与大国博弈的关系

- 从历史的视角梳理科技创新与大国竞争及各国重的国策较量的关系
- 系统梳理近代以来的中小型和国型的变革，在革命性变革，围绕了我国的"卡脖子"、"弯道超"
- 回答颠覆科技的内含是是否为技术的含义
- 对比分析美国、日本，以中国产业在颠覆科技创新与发展的基础

好书推荐

中国人民大学出版社

潮起：中国创新型企业的诞生
（创新中国书系）

赵剑波 著
2023年8月出版
定价：79元

提升中国创新能力亟不可缓之旅

- 以"市场换技术"的"市"和"技"为切入点，对中国工业发展路径进行分析；
- 围绕这一主线深度探讨制约自主品牌形成的原因；
- 揭示未来我们该如何以创新不断赶超的路径；
- 鞭挞中国改革开放以来工业浸润岁月且主要创新的历程中奋进的激流。

现代营销论在中国

肖志 著
定价：89元 套价：79元
2023年8月出版

历史将我们引入了营销历史演变的长河。从何而来？
现状又将如何向哪里前行？

- 主要由中国学者撰写的现代营销学的诞生力作
- 探索了上游化研究及其强劲文化背景的主要领域和深层根源
- 讲述了泛而营销重要的中国经营实践故事

影响美国历史的商业七巨头

[美] 理查德·S.泰德罗（Richard S. Tedlow）著
傅晓娜 周浚光 吕雅倩 译

通过七位商界巨子的故事，解读企业家精神的真正内涵，探索企业家与国家繁荣的关系。

- 讲述美国历史上七位被誉为企业家传奇的巨子的故事
- 他们美国商界和时代精神的工业和商业领军的崛起
- 深刻影响了企业精神的发展，也与美国社会的发展息息相关
- 入选哈佛商学院《影响商业的50本书》，具有不可忽视的重要之作

家业强国：中国制造业强国之路

凌晨著网、机工之家栏目组 编著

有历史，有故事，有情怀的中国制造业强国之路

- "工业强"沉浸体验网络工程栏目精心推出11年的22部之作
- 聚焦中国实业且有生机且而且辉煌的发展
- 通过23个核心人物的深度追踪
- 寻踪这不远的过去，并探寻中国的前进之路

3. 曾经强大的共和党当权派为什么压制不了特朗普？

在 2016 年大选和 2020 年大选中，桑德斯和特朗普都是极端异质的候选人。为什么民主党当权派能连续两次压制桑德斯，共和党当权派却对特朗普无能为力呢？

这当然是多方面原因造成的。除了"超级代表"制度、政策主张、支持群体、竞选手段等原因外，共和党和民主党不同的政党结构也是重要原因。共和党的组织体系本就较民主党松散，2010 年以来又经受了"茶党"崛起的轮番冲击，掌握在当权派手中的政党机器的掌控力大幅下降。当年扛不住"茶党"对钦定议员提名人的挑战（2016 年大选中也扛不住冗长的初选名单，特别是卢比奥参选非常能说明共和党高层掌控力的虚弱，他虽然是"茶党"新锐，但毕竟杰布·布什曾经是他走上政坛的政治导师，更和杰布·布什都以佛罗里达州为大本营），2016 年就更无力压制特朗普对总统提名人的挑战了。另外，当时的共和党当权派诸位大佬看似势大，却都在等着别人当出头鸟，自己保存实力，相互间新仇旧恨也不少，有机会更不介意踩上出头鸟一脚。

就保罗·瑞恩来说，他最大的问题是高估了自己。在 2016 年大选中，由于特朗普参选导致共和党群龙无首[①]，所以

---

① 共和党政客们青睐的领袖（例如杰布·布什）在 2016 年共和党初选中早早出局，特朗普又是他们不愿意承认的领袖。

瑞恩可能产生了他是共和党领袖的错觉，其实他站在前台不过是共和党各派系谁都压不倒谁、只能相互妥协的结果。瑞恩站出来指点江山，其实是被共和党其他想反特朗普又不愿意出头的人当了枪使。

三、共和党的"特朗普化"

（一）2018年中期选举与共和党的"特朗普化"

2016年11月，特朗普赢得美国大选，并于2017年1月正式出任美国总统，同时也按照美国政治惯例成为共和党领袖。不过，此时共和党建制派众多大佬依然没有真正把特朗普当成党的领袖。2016年11月底，麦凯恩、格雷厄姆和保罗·瑞恩等人就公开表示大选可能存在"计票问题"，支持在特朗普均以微弱优势获胜的威斯康星、密歇根和宾夕法尼亚三州重新计票。更有意思的是，2016年12月开始，作为大选获胜方的共和党参议员们居然掀起声势浩大的"俄罗斯干涉美国大选"（"通俄门"）调查。并且，2017年5月，由特朗普提名的共和党人杰夫·塞申斯（Jeff Sessions）担任部长的美国司法部正式任命联邦调查局前局长、民主党人罗伯特·穆勒（Robert Mueller）担任调查"通俄门"事件的特别检察官，竭力降低特朗普这位共和党籍总统的当选合法性。

特朗普之所以会遭遇这一系列按过去政坛惯例不应该出现在当选总统身上的挑战，是因为他与过往绝大多数美国总统在竞选前就已经积累雄厚政治资本甚至出身于延续上百年的政治家族不同，他在共和党内缺少政治根基和人事班底。就"通俄门"调查来说，特朗普最大的不足就是在国会两院议员中缺乏追随者。美国的"新右翼"运动虽然在2016年大选中将特朗普一举送上总统宝座，但是在当时还没有孕育出一批可以担任要职的政治精英，几乎没有特朗普的追随者在2016年大选中进入国会。

不过，在2018年中期选举中，虽然共和党失去了众议院多数优势和众议长宝座，但是对特朗普有利的是，在11月正式投票前的共和党初选中，众多特朗普支持者已经成功击败了特朗普的反对者甚至只是和特朗普靠得不够近的中立者，赢得共和党候选人提名。最终，2018年中期选举之后，大批特朗普支持者正式进入国会两院。随即，曾经让特朗普麻烦不断的"通俄门"调查迅速草草结尾，特别检察官罗伯特·穆勒黯然离场。

换言之，2018年中期选举结果意味着共和党不仅无力再"驯服特朗普"，反而正在"被特朗普驯服"。更确切地说，这一大局其实不是在2018年11月中期选举中确立的，而是在此前上半年的共和党初选中就已经确立了。在这次共和党初选中，特朗普支持谁，谁就赢得提名；反对谁，谁就输掉选举，没有任何明显反例出现。绝大多数共和党参选人争相向特朗普的政策主张和竞选风格看齐，在向选民喊话时对特朗普不吝赞美之词。"特朗普"自此也成为共和党各路候选人竞选之路的核心词语。首先，只要获得特朗普本人支持，"像特朗普一样"已经是连续四次（2018、2020、2022、2024）国会选举共和党初选的胜利门票。例如，2018年5月，共和党初选开锣时，西弗吉尼亚州共和党联邦参议员竞选人唐·布兰肯希普（Don Blankenship）就高喊"比特朗普更特朗普"，在特朗普通过推特发表反对意见后败北。不过，特朗普的反对理由并非他不"更特朗普"，而是认为他会输给民主党。在6月弗吉尼亚州共和党联邦参议员初选中，三名候选人争打特朗普牌，胜选者科里·斯图尔特（Cory Stewart）模仿特朗普竞选风格，刻意突出"更特朗普"色彩，在特朗普通过推特表示支持后胜出。

在印第安纳州共和党初选中，出现了更有趣的现象。三位候选人角逐参议员提名，其中包括两位现任联邦众议员托德·罗基塔（Todd Rokita）、卢克·梅瑟（Luke Messer）和亿万富翁迈克·布劳恩（Mike Braun）。为了显示和特朗普关系非同寻常，这三位候选人费尽心思。罗基塔表示特别检察官穆勒应当立刻公布"通俄门"调查报告，要不就立刻下台；梅瑟主张2018年诺贝尔和平奖应当颁给特朗普；布劳恩最直接，请来了特朗普为自己的竞选活动站台，也因此顺利获得了印第安纳州联邦参议员的党内提名。

争夺佛罗里达州州长提名的共和党初选的跌宕起伏历程更能体现出特朗普对共和党选民民意的掌控能力。特朗普当时的忠实支持者、时任国会众议员的罗恩·德桑蒂斯在竞选中遭遇了建制派干将亚当·帕特南（Adam Putnam）的强烈压制①，在竞选资金上更是处于1∶5的劣势。因此，在2018年6月中旬的民意调查中，帕特南以32％的支持率遥遥领先于德桑蒂斯的17％。面对不利的竞选形势，德桑蒂斯找到特朗普求助，并顺利地获得了特朗普的支持。6月22日，特朗普发推特表示支持："众议员德桑蒂斯，是耶鲁大学和哈佛大学法学院的高材生，现在竞选佛罗里达州州长。他十分擅长边境、犯罪和减税议题，并且热爱军队和退伍老兵。他会成为一名优秀的州长，我全力支持他！"在特朗普发完推特的两个星期后，民调数据变成了德桑蒂斯以43％的支持率遥遥领先于帕特南的26％。也就是说，特朗普可以直接改变将近40％共和党基本盘选民的选择。

其次，特朗普批评者会遭遇特朗普及共和党选民的"惩

---

① 当时，亚当·帕特南政治根基远较罗恩·德桑蒂斯深厚。帕特南自2011年以来一直是佛罗里达州农业部负责人。在此之前，2001—2011年，他5次担任代表佛罗里达州第12国会选区的联邦众议员。并且，他在初次当选时年仅26岁，从2001年到2005年帕特南一直是美国国会里最年轻的议员。

罚"。2018年6月，在南卡罗来纳州共和党初选中，主张控制政府开支、要求特朗普公开纳税单的共和党建制派马克·桑福德（Mark Sanford）成为在共和党初选阶段出局的第二位现任国会众议员，其对手凯蒂·阿林顿（Katie Arrington）的核心策略是攻击曾在国会讲台多次批评特朗普的桑福德"对特朗普不忠诚"，是"绝不要特朗普"（Never Trump）分子。特朗普在南卡罗来纳州共和党初选投票结束三个多小时前发表推特抨击桑福德"对我非常没有帮助"，宣布为阿林顿的竞选活动背书，"桑福德对推进我的'让美国再次伟大'计划毫无帮助。他就像个逃兵，毫无作用，只会带来麻烦。他最好还是待在阿根廷吧。我全力支持凯蒂·阿林顿争取代表南卡罗来纳州的国会席位。她对待犯罪问题立场强硬，并且会继续为'减税'战斗。为凯蒂投票！"特朗普发出这条推特时，离投票结束只有不到四个小时。选前最后一次民调显示桑福德的支持率领先阿林顿十个百分点。然而，四个小时后，阿林顿赢得了共和党候选人提名。这时，特朗普还不忘显摆一下："我的政治顾问原本不希望我介入这场初选。他们认为桑福德能够很轻松地胜选。但是，在最后几个小时里，我决定放手一搏，在我发推特说明凯蒂如何优秀、桑福德如何差劲后，逆转发生了。恭喜凯蒂！"

需要补充说明的是，桑福德是资深共和党人，曾经两次担任南卡罗来纳州州长一职，纵横南卡罗来纳州政坛20余年，政治根基可谓相当深厚。他都会遭遇滑铁卢，使得共和党政客更加忌惮"特朗普效应"，极大削弱了共和党内对特朗普的异议和不满。事实上，现在早已不是任何一个共和党政客都敢于就"通俄门"等事件大做文章（这意味着从根本上质疑特朗普当选的合法性）的 2016 年和 2017 年了。在 2018 年中期选举的共和党初选以后，对共和党政客来说，批评特朗普都是"一件极其危险的事情"。2022 年中期选举的共和党初选，实际上在更大程度上重演了 2018 年中期选举的旧戏，曾经投票支持"国会骚乱案"调查的共和党众议员纷纷被特朗普支持者抢走了国会席位。

显然，共和党正在深度"特朗普化"，不仅在政治纲领上被特朗普重新定义，也在政党组织上被特朗普重新塑造。阿林顿在 2018 年中期选举的共和党初选胜选演讲中踌躇满志地说："我们是唐纳德·特朗普总统的政党。"斯图尔特则在共和党初选选战开始时就宣称："更友善、更温和的共和党人时代结束了。"前共和党众议长博纳则发出了悲鸣："共和党没有了，有的是特朗普党。"这也呼应了上一位共和党总统小布什的自我认定——"最后的共和党人"。

（二）建制派已经丧失选民基础

为什么共和党会"特朗普化"？为什么执掌共和党大权多年的建制派不堪一击，纷纷败退？前几章论述其实已经介绍了基本事实和因果机制，因此这里就只作简要的总结。

选民和选票是选举政治的基础。在2016年大选后，"锈带"蓝领和中南部白人构成共和党新的选民基本盘。然而，共和党建制派已经无法回应"新右翼"运动塑造的共和党选民联盟的基本诉求了。

数十年来，"锈带"蓝领一直是忠实的民主党选民。在2016年大选中，特朗普以"把工作带回美国"成功争取到他们的选票。在任期间，通过"减税"、退出《巴黎协定》、废除《清洁电力计划》等环保限制、与几乎所有贸易伙伴开打贸易战、频繁抨击将工厂迁出美国的跨国公司等一系列举措，特朗普确实使美国制造业衰退趋势略有缓解，特别是救活了曾经被奥巴马政府"判死刑"的煤炭等行业。那么，对全美煤炭工人乃至所有蓝领工人来说，若是不想再失业，又怎么会把选票投给经常和"新右翼"运动唱反调的共和党建制派？对他们来说，相比高高在上的精英政客，特朗普才是真正关心他们工作和生活的"大人物"。在这种情况下，不仅共和党政客需要向特朗普靠拢，在以煤炭工业为支柱产业的西弗吉尼亚州，为了保住手中权力，本来是民主党人的州长吉姆·贾斯蒂斯都于2017年8月3日在特朗普的"让美国再次伟大"集会上宣布退出民主党，正式加入共和党。

退出TPP和与世界各国开打贸易战在一定程度上损害了共和党中南部白人特别是农业相关行业的利益，然而，他们虽然有一些抱怨和不满，但是相比传统的共和党政客，他们仍然支持特朗普。根源在于，非法移民这些年给中南部各州造成极其严重的毒品犯罪和安全问题，已经超过了经济利益而成为他们的核心关切点。从 2015 年宣布参选到在任期间，特朗普不顾任何批评和反对，坚决遏制非法移民，从根本上赢得了中南部白人的信任。而在经济上，特朗普任期内实施"减税"政策给他们带来了收益，其"言出必行"的政治风格也让他们愿意给特朗普更多时间（包括在 2024 年大选中继续支持特朗普）兑现承诺。再说，他们也实在没有更好的选择了。对他们来说，无论是非法移民问题还是贸易议题，共和党建制派过去 20 多年都没有真正兑现过承诺，张开双臂欢迎非法移民的民主党当然更不能接受。

不仅是选民，共和党许多金主也正在抛弃失去利用价值的建制派。石油集团和军工集团曾经是共和党建制派的主要靠山。然而，对石油集团来说，敢于硬怼强大的环保主义、废除环保限制、不承认气候变化、主动打压清洁能源、鼓励石油天然气出口的特朗普显然比在清洁能源和化石能源问题上经常玩平衡、表态模棱两可的建制派更值得投资。同样，特朗普在任期间，大幅增加国防预算、与沙特等国签订数以千亿美元计的军购协议也让军工集团赚得盆满钵满。而对科技、金融业大公司来说，虽然特朗普严重损害了其利益，但是一贯的盟友民主党才是它们更好的选择。

（三）特朗普家族出现在美国政坛

像曾经的亚当斯家族、罗斯福家族、肯尼迪家族、布什家族那样，特朗普家族似乎已经在美国政坛横空出世。

其一，特朗普长女伊万卡·特朗普的影响力自然不必多说，在2022年中期选举中，共和党内就有一些势力和选民呼吁她竞选佛罗里达州联邦参议员席位，让在任参议员卢比奥（共和党）一度十分紧张。幸而特朗普早早表态支持卢比奥，打破了传言。

其二，相比美国媒体一致热捧的伊万卡，特朗普长子小唐纳德·特朗普其实更有希望继承其父的政治资产，在共和党选民中的声望远高于他那位政治态度相对温和（或者说不够坚定）的妹妹。在2020年大选时，共和党内就有不小的声音呼吁他竞选参议员。小唐纳德拒绝了参议员席位诱惑，表示自己更愿意做保守派活动家，指引美国保守派运动（"新右翼"运动），可见野心不小，总统宝座恐怕才是他的目标。而且，这几年小唐纳德很好地履行了保守派活动家的职责，积极扶持全美的保守派运动，特别是推动特朗普支持者改组各地的共和党地方和基层组织。莉兹·切尼先后被怀俄明州共和党委员会和共和党全国委员会开除党籍就与小唐纳德的长期活动高度相关。不掌握共和党的组织，曾是特朗普在任期间的明显短板，现在这一短板正在逐渐被补齐。

其三，在 2022 年中期选举前，共和党内曾一度传言特朗普二儿媳劳拉·特朗普［Lara Trump，即埃里克·特朗普（Eric Trump）之妻］要在她的家乡北卡罗来纳州竞选联邦参议员，后来劳拉澄清传言，表明此次不会参选，但她同时明确表示未来某一天一定会竞选这个席位。此外，特朗普大女婿库什纳、二儿子埃里克同样已经积累了雄厚的政治资本。换言之，特朗普不仅在政治方向上牢牢把控着共和党，他的影响力还将随着特朗普家族的崛起长期存在。

（四）共和党并未完全"特朗普化"

共和党建制派溃败的根源在于，表面上以温和自居，实际上却没有明确的政治纲领，没有坚定的立场。在选举政治中，即使以"温和"自居，也要亮出明确的政治主张，而不是把从民主党到特朗普等各个方面的政治纲领都抄一点。政党是以纲领凝聚的政治共同体，丧失了政治立场和政治纲领的共和党建制派又如何能凝聚人心、吸引选民呢？特别是在"新右翼"运动崛起大背景下，这一套吸引不了任何选民。与建制派不同的是，拥有明确立场和政治纲领的"茶党"共和党人并未在2016 年以来的"特朗普化"大潮中失势，反而在很多领域影响着特朗普的政治主张。

总的来说，共和党内存在三股势力：建制派、特朗普及其支持者、"茶党"。控制政府支出、减少赤字规模、放松市场管制是共和党的传统主张，自然也是建制派长期标榜的政治纲领。然而，美国政府财政就是在共和党建制派的宠儿——小布什总统任上从略有盈余变成8万多亿美元的巨大债务规模，建制派在奥巴马时期同样少有作为。相比之下，2010年才崛起的"茶党"却在预算问题上与奥巴马、民主党乃至共和党建制派展开过绝不妥协的激烈斗争。在选民眼中，"茶党"才更能代表共和党的传统理念。

"茶党"至少在两个方面影响着特朗普上任以来的执政举措。其一，"减税"计划。相比"反非法移民"和"把工作带回美国"两项主张，2016年参选之初特朗普并没有提出明确的"减税"主张。在共和党初选候选人中，特朗普最初的财政政策是比较"左"的，后来他推行的"减税"计划实际上是特德·克鲁兹和兰德·保罗等"茶党"悍将当初参加2016年大选共和党初选时的竞选纲领的修改版。其二，2017年以来，"茶党"与特朗普战斗起来毫不手软，例如，搞黄了特朗普废除"奥巴马医保"的努力。从现实来看，"茶党"的一些做法确实不够理智、不会妥协[①]。不过，至少在青睐他们的选民看

---

① 简单来说，站在"茶党"的立场上看，特朗普的医保方案再不济，也总比"奥巴马医保"要强。如果更现实一些，"茶党"议员应当选择支持特朗普的医保方案，而不是让"奥巴马医保"延续到了拜登上台。

来,"茶党"议员们也是信念坚定、言出必行、值得信任。

因此,在 2018 年、2020 年、2022 年三次国会选举中,共和党建制派的溃败并未波及"茶党",多次和特朗普作对的"茶党"团体——国会众议院"自由连线"党团似乎还有做大之势。不过,虽然"茶党"给特朗普找了很多麻烦,并且在可以预计的将来还会继续找更多麻烦,但是特朗普仍然愿意与"茶党"结盟,因为"茶党"是特朗普不得不认真对待的对手和值得争取的盟友。相比之下,共和党建制派则是既丧失了与特朗普抗衡的资本,也没有了可以让特朗普利用的价值。

(五)建制派的选择

另一个值得关注的现象是,众多共和党政要在最近几次选举前就主动放弃参选甚至从政坛退休。例如,在 2018 年国会中期选举中,决定不竞选连任的国会共和党众议员多达 50 人左右,远超以往历次中期选举,特别是许多和特朗普结下梁子的共和党国会重量级人物不惜主动弃选以避特朗普锋芒。例如,反特朗普先锋、亚利桑那州联邦参议员杰夫·弗雷克,在多次被特朗普辱骂"智商低得像条狗"之后,年仅 55 岁、才刚刚干满第一个参议员任期的他就宣布退休①。

---

① 只要不是在争取连任的选举中落败,美国参议员一般要干五六个任期,干到 80 岁以上才会考虑退休,前南卡罗来纳州联邦参议员斯特罗姆·瑟蒙德干到 100 岁才退休。

不止如此,还有更让弗雷克丢脸的事。后来获得弗雷克空出的参议员席位共和党提名的是时任亚利桑那州联邦众议员玛莎·麦克萨利(Martha McSally),麦克萨利和共和党建制派关系很好,所以特朗普在共和党初选中没有表态支持她。相反,弗雷克则主动背书麦克萨利,表示希望她成为自己在参议院的继任者。然而,麦克萨利团队居然为了避免被选民误解,公然拒绝接受弗雷克的背书。要知道,拒绝自己正在竞争席位的在任参议员的支持需要很大的勇气,也不符合美国政治惯例。果然,麦克萨利最后顺利获得提名,特朗普随后就在推特上肯定了麦克萨利识时务的决定,顺便还讽刺了一下弗雷克:"在亚利桑那州参议员党内初选中,候选人麦克萨利拒绝了参议员杰夫·弗雷克的背书……真是有史以来第一次啊!哈哈哈哈!"

与弗雷克相比,生于1970年、当时年仅48岁的众议长保罗·瑞恩宣布退休更有象征意义。瑞恩表示退休是为了留出更多时间陪伴家人、思考人生。显然,不会有人把瑞恩提供的这个退休理由当真。不过,瑞恩放弃参选倒不是因为担心在共和党初选中被特朗普追随者击败,瘦死的骆驼比马大,瑞恩在2018年中期选举中连任威斯康星州国会第1选区众议员席位并非难事。但是,问题在于,2018年中期选举后众议院共和党的人员结构显然会发生巨大变化,大批特朗普支持者将进入众议院。在这种情况下，即使共和党依然掌控众议院（拥有多数席位），瑞恩也很难保住众议长宝座，退而求其次当个全国委员会主席恐怕都是奢求，一个什么职务都没有的普通众议员恐怕意味着他的政治生涯彻底终结。相比之下，不参选至少能保住尊严和一些政治资本，今后既可以前任众议长之尊竞争共和党非特朗普派领袖，还可以伺机而动竞选州长或参议员席位。

还值得一提的是亚利桑那州另一名联邦参议员约翰·麦凯恩。麦凯恩在2016年赢得连任后，就宣布这将是他最后一个任期，因此他比其他共和党议员更坚定地与特朗普作对（不需要再考虑连任了），让多项特朗普提出的法案在参议院闯关失利。2018年他被查出患有脑癌，并且已经是无药可救的晚期。最终，麦凯恩决定放弃治疗，并于2018年8月25日去世。在他去世后，民主党的纪念热情明显更高，共和党内却少有人表达深切悼念[1]。特朗普在2016年大选期间曾公然抨击麦凯恩："我瞧不起（当过俘虏的）麦凯恩，我尊重那些没被俘虏过的（军人）。"此话招致共和党高层、民主党高层和全美媒体的一致猛烈批评，指责特朗普不尊重军人，但是特朗普直到麦凯恩死后都没有收回这番言论。然而，专治各种不服的是，美国绝

---

[1] 在麦凯恩死后，当年的死敌、俘虏并关押他长达6年之久的越南人都比美国共和党人更给他面子。

大多数现役军人和退伍老兵一直站在特朗普一边①，许多共和党选民在得知麦凯恩患上脑癌后，居然在社交媒体上纷纷预祝病魔早日战胜麦凯恩。

最为可惜的是前副总统迈克·彭斯。他一度被视为特朗普的亲密战友，任期内大多数时间也算是忠心耿耿、任劳任怨地为特朗普服务。然而，在2020年大选结果出炉后，特朗普不承认自己的失败，要求彭斯以选举舞弊为由启动调查，不得宣布拜登赢得了大选（根据美国政治惯例，大选结果在程序上是由参议长也就是副总统宣布），彭斯拒绝了这一要求，如期宣布拜登获胜。实事求是地讲，彭斯只是做了所有美国副总统（兼参议长）会做的事，维护了美国的宪政体制，也为共和党保住了脸面。2000年大选争议更大并且证据相对更多，时任

---

① 麦凯恩在共和党内丧失民心特别是得不到很多退伍老兵认同的原因在于，出身将门世家（麦凯恩的祖父和父亲都高居美国海军上将之位）、曾为越战英雄（当过越军6年俘虏）的麦凯恩虽然一直以退伍老兵代言人自居，但是只是为了给自己捞取政治资本，对退伍老兵的真正疾苦，对退伍老兵关心的医疗保险、退伍津贴、再就业等问题少有实际帮扶举措。麦凯恩的这些特点早就在美国政坛被人诟病已久。相反，特朗普虽然从来没有参过军，却在参选以来特别是执政后为退伍老兵落实过一些政策。两相比较，老兵们自然会更喜欢有实际行动的特朗普而不是夸夸其谈、占尽老兵便宜的麦凯恩。而特朗普之所以能得到多数军人和退伍老兵的支持，并不是因为他多懂他们的心理活动或者有共同的服役经历，而是他的这一做法："我不懂也没想弄懂你们的内心，但是我知道你们为这个国家流过血，我要把该给你们的钱给你们。"相比之下，2016年奥巴马政府一度要求不少退伍老兵特别是有过阿富汗、伊拉克参战经历的老兵退还他们在服役期间领取的一些津贴。

副总统、民主党候选人艾伯特·戈尔（Albert Gore Jr.）都没有利用职权否认小布什的胜利，而是主动承认落败。而且，彭斯即使做了特朗普要求的事，对拜登胜选、特朗普到期卸任、拜登顺利上台都不会有什么实质性影响。但是，彭斯依然招致了特朗普的强烈抨击，他指责彭斯"不忠"，彭斯遂从一度是共和党和美国二号人物的顶峰跌入谷底，在共和党内彻底边缘化，从2021年1月到2022年6月的一年多时间中没有出现在公开的政治活动中，至今仍乏人问津。

即便如此，彭斯对特朗普的"忠心"却依旧不改，从未发表过任何对特朗普不利的言论。在2022年中期选举中，民主党和主流媒体试图通过捧彭斯以打压特朗普、挑起共和党内斗。但是，彭斯毫不领情，反倒在2022年6月芝加哥大学俱乐部的演讲中（这是他卸任副总统一年多后首次公开演讲），猛烈抨击民主党和拜登，更是声称"一生中没有见过一位总统像拜登那样经常撒谎，也从未见过有总统像拜登那样与美国民众脱节"。

简而言之，2016年以来，特朗普始终纲领明确，行动坚决，虽然共和党内精英非议甚多，但是很快赢得了基层选民的普遍支持，他的主张已经成为全党共识（并且这一趋势并未被2020年大选失利打断）。同样，虽然特朗普与共和党各路精英矛盾重重，但是在麦凯恩去世、保罗·瑞恩等人放弃连任特别是大量特朗普支持者进入国会之后，共和党内无人敢于并且能够挑战特朗普的领袖地位。即使是在 2020 年败选后,特朗普是最受选民青睐甚至效忠的共和党领袖的地位也仍然难以撼动。在 2021 年保守派政治行动会议上,甚至出现了特朗普的金色雕像(并受到不少与会人士的顶礼膜拜)。他已经上演王者归来,代表共和党参加 2024 年美国总统大选。

第八章

民主党的路线之争

2016年大选以来，美国政治步入巨变时代，政治议题、政党格局、政党选民联盟都开始了大洗牌。"新右翼"崛起已经从根本上改造了共和党。同样，桑德斯和激进派的出现也挑战着民主党的固有格局，深刻影响了拜登政府的执政行为。不过，本书主题是"新右翼"崛起及其对美国政局的重塑，并不是要写作一本美国政治的"编年史"，因此我们不会全面地描述2021年至2024年民主党和拜登政府的各类行动，而是仍然从特朗普与"新右翼"崛起这一重大现实议题切入，探讨2016年以来民主党的应对策略和内部变迁，特别是2021年以来代表民主党执政的拜登政府采取了怎样的策略回应"新右翼"运动的冲击。

这大致体现在两个方面。其一，民主党激进派崛起与共和党"新右翼"运动诞生有着同样的政治经济背景，是美国社会结构变迁的共同产物，是一根藤上的两个瓜。区别在于，"激进左翼"和"新右翼"在面对同样的经济政治社会问题和民众诉求时就"美国向何处去"给出了不同的答案。较为系统地了解另一种选择，有助于我们更好地理解"新右翼"运动与美国变局。其二，经过八年的激烈斗争，共和党党内已经没有成体系的、有足够影响力的势力可以阻止"新右翼"崛起乃至掌控全党了，但是，在两党制的美国，民主党（不论是建制派还是激进派）依然能够对抗"新右翼"运动，民主党和"新右翼"运动、共和党的斗争与博弈，共同决定着美国乃至国际局势的走向，塑造着美国政治的新格局。

　　总的来看，目前学界对特朗普政治主张和共和党内部斗争与整合的研究已有不少①，但是对近年来民主党党内政治和权力结构变迁关注不多。因此，本章先系统梳理自由派、进步派等民主党两大传统派系的政治主张，比较它们的异同，搭建起一个理解民主党政治的基本框架；再系统介绍与"新右翼"运动几乎同期产生的、有关"美国向何处去"的另一个答案——民主党激进派的政治理念与政策诉求；最后从现实政治的角度探讨激进派崛起如何引发了民主党内部格局的变化。在第八章对民主党党内的路线之争论述基础上，第九章则将进一步阐释2021年到2024年拜登政府的执政策略——当然不是面面俱到地介绍，而是从回应"新右翼"运动和民主党激进派角度出发去观察拜登政府的针对性行动。

一、民主党的传统派系格局及其政治主张

　　要想理解新兴的激进派和传统民主党的路线之争，以及为什么民主党的传统议题不能有效地回应2016年以来的美国巨变，首先需要了解民主党建制派的政治主张。在激进派崛起

---

① 本书第二章、第七章对此话题也有详细讨论。

前，民主党内部也存在自由派（温和派）和进步派的分歧。

（一）自由派

在经济议题上，继承富兰克林·罗斯福以来的民主党传统，民主党自由派以劳工政治为主要战场，强调保护制造业蓝领的权益，主要包括两个方面的举措。一是支持工会运动，支持工人通过组织工会、集体谈判等方式向资方谋求较好的工资、福利以及其他待遇。相应地，各类工会组织过去一直是民主党最重要的选举支持者和资金来源。二是有限制的自由贸易和适当的关税，以保护美国制造业和蓝领工人利益。不过，民主党自由派并不在根本上反对全球化与自由贸易，这与今天特朗普（"新右翼"）和桑德斯（"激进左翼"）的主张有根本性差异。

同时，民主党自由派也支持提升最低工资标准，但是诉求十分温和。具体来说，其一，行动上并不积极。在2008年大选以前，"提升最低工资标准"一直不是民主党的主流经济主张。此前，联邦最低工资标准是克林顿时期确立的5.15美元/小时，十几年未有增长。其二，提升幅度要求不高。2008年大选以来，随着奥巴马（民主党进步派）的崛起，"提升最低工资标准"成为民主党的主要经济主张。但是，代表自由派的希拉里提出的最低工资标准主张一直低于她在2008年大选中的对手奥巴马和 2016 年大选中的对手桑德斯所提出的①。

民主党自由派也主张进行福利改革，适当增加税收获取更多的财政收入以扩大福利覆盖范围，特别是医疗保险的覆盖范围。不过，与最低工资议题一样，自由派的具体诉求比较温和。例如，克林顿曾经是美国医疗保险体系改革的发起者，他在第一个任期就打破常规任命第一夫人希拉里主持医保改革。然而，在 2008 年民主党初选中，以医保改革首创者自居（事实上也称得上是）的希拉里并未提出明确的医保改革政策诉求，反而批评奥巴马的全民医保主张是"不可持续、无法兑现的"。

为什么民主党自由派并不看重提升最低工资标准、增加税收、全民医保等议题？根本原因在于，这些诉求对当时民主党自由派的选民基本盘——白人蓝领意义不大。就最低工资议题而言，根据美国劳工统计局数据，2015 年美国制造业工人的平均年薪是 49 550 美元，平均时薪是 18.61 美元，明显高于 15 美元/小时。在工会势力最为强大的汽车行业中，底特律等地蓝领工人的平均时薪更是能达到 30 美元以上。正如第二章已经论述过的，提升最低工资标准主要影响的是以拉美裔和非洲裔为主要就业人群的低端服务业，数十年来美国低端服务业

---

① 在 2008 年民主党初选中，奥巴马主张联邦最低工资标准提升至 7.25 美元/小时，希拉里没有这方面的明确诉求。在 2016 年民主党初选中，希拉里最初主张联邦最低工资标准提至 12.5 美元/小时，桑德斯则要求将联邦最低工资标准提升至 15 美元/小时。

主流薪资水平一直紧卡联邦或所在州的最低工资标准。对此，桑德斯曾指出："提高最低工资标准将大大提高少数族裔劳动者的生活水平。如今，半数以上非洲裔美国人以及近百分之六十的拉丁裔劳动者每小时工资不足 15 美元。"① 就全民医保议题来说，美国中产阶层一直有购买商业医疗保险的传统，通用汽车等大型制造业企业还会给蓝领工人提供补充医疗保险等诸多福利。因此，全民医保对他们来说并不是生活必需品。全民医保的最大受益者同样是缺少稳定收入来源的、以拉美裔和非洲裔为主的非正规就业群体。

在社会议题上，数十年来，堕胎、控枪和同性恋等一直是民主、共和两党交锋的主要战场。不过，虽然民主党自由派一直在控枪、同性恋和妇女拥有堕胎自主权等议题上持支持态度，但是并不寻求激进改变，而是在承认现状基础上，试图推动渐进式改良。

（二）进步派

相比民主党自由派，在经济议题上，民主党进步派更加注重提升最低工资标准、扩大福利覆盖范围以及全民医保改革。

---

① 桑德斯. 我们的革命：西方的体制困境和美国的社会危机. 钟舒婷，周紫君，译. 南京：江苏凤凰文艺出版社，2018：147.

相应地，更多的财政支出也就需要增加税收，扩大政府规模。此外，进步派认为资本是美国社会日益严重不平等的根源，因此主张打击资本特别是以华尔街为代表的金融资本，更多限制自由贸易以遏制资本通过全球流动获得凌驾于国家之上的权力并攫取超额利润。奥巴马和马萨诸塞州联邦参议员、哈佛大学法学院教授伊丽莎白·沃伦（Elizabeth Warren）就是其中的知名代表。与民主党进步派相比，民主党自由派则认为资本与劳工具有一定的共同利益，强调对两者矛盾的调和，支持工会、支持劳资谈判，但是并不主张从国家层面对资本施加限制乃至打击。

在社会议题上，除了积极支持传统的妇女拥有堕胎自主权、控枪等议题外，女权主义以及少数族裔与LGBTQ等性少数群体平权也是民主党进步派的重要议题。表面上看，民主党自由派与进步派关注了类似的议题，但是两者所持有的现实立场和观念基础是不同的。具体来说，民主党自由派未必真正认同妇女在任何条件下都拥有堕胎自由以及性少数群体权利的正当性，他们之所以支持相关议题，是因为其政治哲学的"自由"（liberality）观念，旨在维护个人权利，即"虽然堕胎和同性恋等未必是好事，但是个人有权在不影响他人前提下自由地选择生活方式"①。与之不同，民主党进步派的政治哲学基

---

① "罗伊诉韦德案"奠定了美国妇女堕胎自由权利的基础，其判决依据是美国宪法第十四修正案的"自由"和隐私权原则。

础是"进步"（progressive）观念，他们认为，之所以存在对妇女堕胎自主权的限制、对少数族裔和性少数群体的限制与歧视，根源在于美国不平等的社会政治经济结构，是白人男性、基督教会、性取向正常人群等优势群体对弱势群体的压迫。所以，同样的议题（乃至同样的答案）对民主党自由派和进步派具有截然不同的意义，自由派是在"捍卫自由"，进步派是在"反抗压迫"。

（三）小结

简而言之，民主党自由派秉承富兰克林·罗斯福开创的民主党传统，注重劳工政治，以制造业蓝领和工会组织为选举基础，也试图拉拢中小企业主和农场主，在国会中有"蓝狗联盟"（Blue Dog Coalition）等党团组织。民主党进步派则是更多地反映少数族裔和性少数群体诉求，在国会中有"进步党团"（Progressive Caucus）等党团组织。在实际政治行动上，民主党自由派重视现实利益，其意识形态与传统共和党人的差距不算太大①，比较容易达成妥协；民主党进步派强调意识形

---

① 传统共和党人的政治哲学基础是"保护"，核心是"保护"近代以来西方世界的"自由"传统。换言之，共和党和民主党自由派都是以"自由"为核心观念和意识形态基础，差别在于它们对"自由"的理解有一些不同。

态，并且由于其现实主张与共和党差距较大，较难与共和党达成妥协。

不过，虽然自由派与进步派存在一些分歧，但是过去它们依然可以在民主党内得到有效整合。具体来说，其一，自由派和进步派关注的议题大多是相同的，分歧主要是在改进方案的程度上而非方向上。因此，它们在政治行动上常常能互相让步从而达成共识。例如，在2008年大选中，作为进步派代表的奥巴马提出了比较激进的反自由贸易主张，但是他上任不久后就签署了《美韩自由贸易协定》（这是他在竞选时曾经明确反对的），后来甚至大力乃至一意孤行地推动TPP和TTIP。同样，奥巴马在提升最低工资标准议题上也有类似举动。同时，自由派在2008年民主党初选时曾经明确反对全民医保，但是在奥巴马执政后也转向支持，助力奥巴马医改方案在国会顺利通过。也就是说，在奥巴马执政期间，在自由贸易、提升最低工资标准等议题上，进步派向自由派让步；在医保改革、公共福利等议题上，自由派向进步派妥协。其二，此时街头政治还未在美国社会中兴起，不论是自由派还是进步派，都愿意在民主党党内和美国国会的框架下以博弈、磋商和利益交换寻求共识，而不是发动社会运动。

然而，2016年以来，随着桑德斯和激进派的崛起，民主党上述格局正在被颠覆。

二、桑德斯与激进派

  目前国内外的学界和媒体大多还是以自由派和进步派的两分法来区分民主党的不同派系,将激进派视作进步派的一部分。但是,这种区分方法并不足以准确反映当前民主党内部的路线分歧以及这对美国政坛格局和走向的可能影响。具体来说,虽然桑德斯常常以进步派自居,并且在身为联邦众议员时曾经是国会"进步党团"的共同创立者,但是,从当下民主党党内分歧来看,桑德斯已经不能再被视作进步派了。民主党进步派主流并不认可桑德斯。在 2016 年大选中,许多民主党选民呼吁联邦参议员伊丽莎白·沃伦等进步派大佬背书桑德斯甚至成为桑德斯的竞选伙伴(副总统候选人),然而进步派参议员纷纷与桑德斯划清界限,众议院中多达 70 多人的"进步党团"也仅有 3 人为桑德斯背书。在 2020 年大选中仍是如此,例如同为初选参选人的沃伦一直强调自己在政治主张上与桑德斯的区别,在宣布退选后也没有转而支持桑德斯。一向亲近民主党(特别是进步派)的美国主流媒体更是将桑德斯单列为"社会主义者"①、"极左派"、"空想家"。出现这种情况,根本

---

  ① "社会主义"标签在美国政坛是重大禁忌。

原因在于,桑德斯与进步派政治主张的分歧要大于进步派和自由派的分歧。通俗地说,桑德斯和奥巴马之间的距离要大于奥巴马和希拉里、拜登之间的距离。因此,桑德斯及其支持者应当被视为新的一派,即民主党激进派。

(一) 经济议题

在经济议题上,无论是民主党自由派还是民主党进步派,都不否定美国现行体制,其分歧主要是在修补的方向和程度上。与它们不同,民主党激进派在很大程度上否定美国现行体制,要求重塑美国,正如桑德斯 2018 年出版的系统阐释其政治理念的专著的标题——"我们的革命"(Our Revolution)所言。民主党激进派试图从以下方面"建立一个全新的美国"(build a new America,桑德斯语)。

其一,大幅提升最低工资标准与反救济。虽然民主党各派系都主张提升最低工资标准,但是从提升幅度来看,自由派和进步派的诉求都只是略有不同的"渐进式改革",激进派要求的则是颠覆性变革。具体来说,目前美国联邦最低工资标准是奥巴马第一个任期确立的 7.25 美元/小时(2024 年仍然还是这个标准),奥巴马在 2012 年大选时曾将提升最低工资标准至 9.5 美元/小时作为自己的竞选承诺,但是并未兑现。在 2016 年民主党初选中,希拉里最初沿用了奥巴马 9.5 美元/小时的主张，桑德斯则直接提出了高于现行标准两倍多的15美元/小时主张。

更重要的是，在主张大幅提升联邦最低工资标准的同时，民主党激进派持有明确的反救济立场，这与自由派和进步派截然不同。相比共和党，民主党一向更关心社会下层民众，认为国家救济是向他们提供帮助的重要途径。那么，为什么作为民主党最左翼的激进派却会反对为下层民众提供救济？原因在于，激进派认为，政府的救济制度实际上并不是在帮助穷人，而是在补贴资本，政府救济使得资本可以以远低于生活成本的工资标准（例如7.25美元/小时）雇佣员工。桑德斯指出："无数劳动者需要这些计划（食品券、医疗补助计划、住房补贴），因为他们老板给的工资不足以维持温饱。政府给予低收入劳动者的援助实质上被支付低工资的公司收入囊中，但是我们纳税人不应该向这些富裕却向员工发放微薄工资的公司提供补贴。"①

个人所得税现在是美国政府财政收入的第一大来源。数十年来，企业所得税占美国财政收入的比重不断下降，个人所得税所占比重则不断上升。例如，1952年，企业所得税占联邦财政收入的32%，到2015年，这一比例下降了三分之二，

---

① 桑德斯. 我们的革命：西方的体制困境和美国的社会危机. 钟舒婷，周紫君，译. 南京：江苏凤凰文艺出版社，2018：150.

变成了10.6％，国家财政收入越来越多是由工薪家庭承担，而不是由利润丰厚的大公司贡献。换言之，美国政府在用从中产阶层征收来的个人所得税补贴拥有巨额利润的大公司。例如，美国税收公平组织（Americans for Tax Fairness）指出，美国纳税人每年给沃尔玛公司的补贴至少高达62亿美元。

作为美国社会基础的经济自由主义认为，自由市场博弈能够产生最优工资水平，因而反对国家强制规定最低工资标准，视其为对市场的负面干涉。进一步而言，市场或雇主对作为市场失败者的低收入群体不负有任何义务，帮助他们（提供救济）是国家的职责。在这一点上，传统民主党和共和党其实是一致的。主张"低福利"的共和党并不反"救济"，与传统民主党的分歧只是在于救济的额度、范围和方式上；同样，传统民主党虽然主张提升最低工资标准，但是其诉求幅度显著低于美国经济发展和物价增长水平。与之不同的是，民主党激进派要求取消政府救济，同时大幅提升最低工资标准。在激进派看来，资本应当为劳动者支付足够的酬劳，而不是将其转嫁为国家（个人纳税者）的负担；对辛勤劳动的低收入劳动者来说，足够工资而非依靠救济才是有尊严的生活。简单比较而言，传统的民主党和共和党都认为市场竞争自身会形成最佳秩序，国家救济是以消极方式弥补市场的可能不足；激进派要求的则是国家积极介入，以强制方式改造自由市场的固有缺陷。

其二，全民医保与打击利益集团。全民医保是奥巴马最大的政治遗产。桑德斯、希拉里也都支持全民医保。与奥巴马和希拉里的不同在于，桑德斯还要求打击制药业利益集团。众所周知，实施数年来，"奥巴马医保"造成了联邦政府赤字飙升和沉重个人负担等诸多问题，这也是"茶党"运动得以兴起的直接诱因。然而，"奥巴马医保"的症结并不是"茶党"所指责的"全民医保不可行"。显而易见，全民医保在经济水平并不强于美国的欧洲多国已经平稳运行了数十年，并未造成类似美国的严重财政问题。其中关键差别在于，美国的药品和医疗服务价格远远高于其他西方国家。

桑德斯多次指出，美国处方药的价格高居世界首位。他的政坛成名战之一就是在1999年以联邦众议员身份带领佛蒙特州一群患有乳腺癌的工薪阶层女性选民跨过美加边境前往加拿大购买治疗乳腺癌的处方药，他们在加拿大蒙特利尔买到的同一家公司生产的同样药物，价格仅为在美国售价的1/10。不过，根据美国乃至世界大多数国家的法律，桑德斯这一做法是违法的，涉嫌走私罪和售卖假药罪。虽然美国执法机构最终没敢追究乃至起诉作为在任联邦众议员的桑德斯的法律责任，但是桑德斯也因此丧失了获得任何来自制药行业政治献金的可能，而制药业利益集团是美国政坛的第一大政治献金来源。桑德斯一开始就展现出与现行体制和错综复杂的利益关系决裂的勇气。而在这一点上，桑德斯（"激进左翼"）和特朗普（"新右翼")倒是站在了一起。正如第六章已经介绍过的,特朗普在任期间也多次向美国医疗行业的高昂药价和贪婪的制药业资本发起挑战,号称要将美国的药品价格"降至世界最低"。

高昂的药品价格是美国年人均医疗费用高达1万多美元(目前美国人均GDP是6万多美元,年人均收入更低一些)的关键原因。2013年,医疗支出占到美国GDP的17.1%,比排在第二名的法国高出了50%,是英国的两倍。"奥巴马医保"实施后,由于有更多公共财政买单,美国药品价格更是呈现出加速上涨态势。例如,2015年6月,瓦伦特制药将糖尿病必需药盐酸二甲双胍缓释片(Glumetza)的售价从572美元/盒上调至惊人的3 432美元/盒。一个月后,再次提高至5 148美元/盒。奥巴马政府却鲜有平抑药价的举措。究其原因,美国制药行业在政治游说和竞选捐款方面从不吝啬,1998年以来仅在政治游说上就花费了超过30亿美元。简而言之,"奥巴马医保"的症结就在于,在不打击资本、平抑药价的前提下,全民医保必然成为资本的盛宴,造成国家财政和个人纳税者同时收支失衡。主张打击贪婪的资本是激进派与传统民主党的根本不同,也是桑德斯在2016年大选和2020年大选中连续遭受民主党和主流媒体刻意压制的主要原因。

其三,加税与反避税。加税是民主党的一贯主张,但是过往实践中存在两个突出问题:第一,金融市场的资本收益税率远低于普通工薪阶层的劳动所得税率;第二,富人和大公司避税途径众多,因此他们实际缴纳的税率要远低于法定税率。所以,传统民主党所谓的"向富人征税"其实主要针对的是不算很富裕、以劳动收入为主的中产阶层。相比传统民主党人,除了要求继续向年收入 20 万美元以上人群加税外,桑德斯还提出了两个新的诉求:第一,向金融资本征税,主张上调股票、债券、衍生品交易税。目前,美国股票市场的交易税率仅为 0.5%,债券市场的交易税率仅为 0.1%,衍生品交易税率更是只有 0.005%,他希望通过上调以上税率为美国政府每年增加 3 000 亿美元的收入。第二,反海外避税。桑德斯多次指出,2015 年美国公司在诸多"避税天堂"的境外利润共计 2.4 万亿美元,规避了 7 000 亿美元的税款。

事实上,桑德斯在这些方面和特朗普又有很多共同之处。在任期间,特朗普大力强化对资本市场的征税,并通过诸多手段迫使桑德斯也多次点名的苹果公司等跨国巨头汇回了巨额海外利润,补缴了巨额税款①。此外,桑德斯也是近年来最受年轻人欢迎的美国政治家,因为他直接指出了大学贷款让众多美

---

① 参见本书第五章。特朗普和桑德斯在这方面主张的差别是,特朗普同时降低了跨国公司汇回海外资金的公司所得税的税率。简单来说,桑德斯对跨国企业是"只打棒子"(按 35% 的公司所得税税率补缴海外资金的税款),特朗普是"打一棒子,也给个枣"(按 15.5% 的公司所得税税率补缴海外资金的税款,这一税率比美国国内公司所得税税率略低,但是跨国公司不能再把钱放在海外一分钱都不出)。

国年轻人终身不堪重负的事实①。相应地,桑德斯也做出承诺,加税收入将更多用于向年轻人提供免费的大学教育。

其四,反全球化,反自由贸易。为了保护蓝领工人利益,传统民主党主张对自由贸易有所限制,但是并不在根本上反对全球化,这也就无法遏制制造业工作岗位不断外流的趋势,这是造成美国东北部传统工业基地("锈带"地区)凋敝的重要原因②。对此,桑德斯认为:"所谓的自由贸易政策对美国工人来说一直不利好。由美国公司制定的协议使得公司更容易关闭在美国的制造工厂,抛弃美国工人,而更方便把工作转移到墨西哥、中国和其他低工资国家。"③ 因此,在三十多年的国会生涯中,桑德斯投票反对了北美各国、中美、韩美、日美之间等一切自由贸易协定。2016年以来,他反复强调要惩罚把工厂搬迁至国外的大企业。在这里,桑德斯又是和特朗普而非传统民主党站在了一起,他们关注的核心要点都是"如何为工

---

① 美国的大学学费高昂(不仅是私立大学,众多公立大学的收费也很高),美国助学贷款看似是一项帮助学生的政策性贷款,但是不仅联邦和各级地方政府没有财政贴息,助学贷款的实际税率甚至比住房贷款、公司贷款等商业贷款还要高。不少美国人都是到了退休时才能还清上大学时借下的助学贷款。
② 参见帕特南. 我们的孩子. 田雷,宋昕,译. 北京:中国政法大学出版社,2017;万斯. 乡下人的悲歌. 刘晓同,庄逸抒,译. 南京:江苏凤凰文艺出版社,2017.
③ 桑德斯. 我们的革命:西方的体制困境和美国的社会危机. 钟舒婷,周紫君,译. 南京:江苏凤凰文艺出版社,2018:192.

人留住工作岗位"而非支持工人向雇主寻求更多待遇。

（二）社会议题

与此同时，民主党激进派关注的社会议题也发生了很大的变化。首先，身份政治日益兴起。传统民主党以阶层为选举动员的基础，代表蓝领工人和低收入阶层诉求更多的工资和福利。2008年以来，身份动员在美国政治中日渐流行，民主党激进派认为美国存在对女性、少数族裔（非洲裔、拉美裔）和性别与宗教少数群体（LGBTQ、穆斯林）的压迫，因此必须为他们争取权利，要求按照身份分配公共资源乃至私营部门资源，例如学校按照族裔人口比例配额录取学生、公司按照性别比例分配高管职位、公共财政向少数群体提供特殊服务等。身份政治也日益嵌入各类选战之中，从2018年中期选举开始，民主党候选人中的女性、少数族裔、LGBTQ人士的比例大幅增加，更是集中出现了美国首位穆斯林众议员、首位同性恋州长、首位变性人候选人等极具代表性的政治人物。然而，相比党内/党外的竞争对手，他们的从政经验、竞选纲领和竞选表现其实并无多少出彩之处，赢得选举更多是因为他们具有的身份"代表性"。同样，2020年大选、2022年中期选举、2024年初选的民主党名单继续在身份政治方向上大踏步迈进，拜登上台后更是组建了美国历史上身份"最多元"的内阁。

其次，非法移民成为党派议题。最近数十年，非法移民一直是美国政治的焦点之一，但是它从未像今天这么重要，曾经也不是依照党派划界的议题。过去，既有民主党人为了保护劳工利益"反非法移民"，也有民主党人基于所谓"人权"反对"反非法移民"，同样，一些共和党人要求维护法制"反非法移民"，另一些共和党人为了一些行业的经济利益反对"反非法移民"。即使在奥巴马时期，美国政府依然推行着较为严格的移民执法。2016年以来，非法移民一度成为美国政坛头号焦点并且是针锋相对的党派议题。一方面，这是因为特朗普坚决的"反非法移民"立场；另一方面，也是由于民主党激进派更坚信所谓"人权""普世价值"等意识形态理念。2015年，桑德斯在美国政界首次提出特赦全部非法移民的主张。在特朗普紧逼和激进派裹挟下，传统民主党毫无还手之力，"特赦全部非法移民"被写入2016年的民主党党纲①，在2020年大选中已经成为所有初选竞争者共识，并在民主党全国代表大会后正式写入拜登的最终竞选纲领之中②。

需要注意的是，民主党激进派在这两点上存在着自相矛

---

① 2016年，希拉里参选之初尚在非法移民议题上采取了她惯有的含糊其词做法，尽量避免明确表态。随着桑德斯的不断紧逼，最终在2016年7月民主党全国代表大会上，"特赦1 200万非法移民"同时进入了希拉里的竞选纲领和民主党党纲。

② 但作为民主党自由派的拜登在上任后并没有真正履行这一曾经的承诺。

盾。一方面，激进派否定法律，反复渲染非法移民和合法公民没有任何不同，强调非法移民拥有与合法公民同等的各项权利；另一方面，在身份政治中，激进派却又不断刻意区分出不同小群体（例如要求政府文件和公共设施提供最少3种、最多73种的性别选择，而不是只能有传统的男、女两种性别选择），塑造人群差异，以身份动员要求赋予某些小群体更多特权。

（三）极简纲领与街头政治

民主党激进派与传统民主党的差别不仅体现在政治主张上，也体现在政治行动上。过去，不论持有何种政治主张，传统民主党人都愿意在体制内（党内、国会、政府、法院、媒体等）展开斗争、寻求共识、达成妥协。然而，民主党激进派并不信任美国现行体制，他们虽然参与选举政治，但是同时也习惯并擅长在体制外发起社会运动。近年来，频繁、激烈乃至暴力的社会运动已经成为美国政治常态，例如"占领华尔街""黑人的生命很重要"运动以及诸多支持非法移民、LGBTQ群体、穆斯林的游行等。

同时，极简纲领也成为民主党激进派街头政治的鲜明特征。极简纲领的主要特征是：第一，以道德观念和意识形态为根本标准，强调要以根本性变革为目标；第二，反对任何妥协。他们认为，一直以来，政客们常常以全局为名达成妥协，实则是欺骗人民，放弃底线；不论是民主党还是共和党，传统政治体制和政治人物早就被资本俘获，从未真正代表过人民。所以，今后人民绝不能再有任何的退让和妥协。例如，就非法移民议题而言，民主党激进派喊出了废除美国移民和海关执法局、废除一切边境管制的诉求，而并不在意这一诉求是否具有现实可行性。

三、激进派崛起与民主党现实政治格局的变化

前文系统梳理了自由派、进步派、激进派等民主党不同派系的政治主张，比较分析了它们之间的异同。简而言之，长期以来民主党存在自由派与进步派的分歧，不过它们都认同美国现行体制，分歧在于修补体制缺陷的具体方式和路径，因而能够相互妥协、达成合作。然而，2016年以来，与特朗普和"新右翼"运动相伴生的是，桑德斯横空出世和激进派崛起从根本上改变着民主党固有的派系格局和主要议题。在经济议题上，民主党激进派要求对美国经济体制进行根本性改造。相较于传统民主党人，激进派政治主张的最大不同就是强烈地打击资本、要求国家积极介入以改造市场缺陷，这在最低工资标准、全民医保、反避税、反自由贸易等具体议题上体现无疑。在社会议题上，激进派崛起推动身份政治和非法移民等议题成为民主党乃至美国政治的焦点议题。

在现实政治中,虽然崛起势头还远不如曾经赢得大选并连续三次代表共和党出战(2016年、2020年、2024年)的特朗普和已经掌控共和党的"新右翼",但是在桑德斯两次竞选总统党内提名(2016年和2020年)失利的同时,民主党激进派也在2020年大选和2018年、2022年两次中期选举中稳步扩张着在民主党党内和美国政坛的地盘与影响力。

其一,抢走了不少原本属于传统民主党人的国会、地方议会的议席。最著名的例子是1989年出生的拉美裔女性亚历山德里娅·奥卡西奥-科尔特斯(Alexandria Ocasio-Cortez,美国政坛和媒体一般将她的名字简写为AOC①,她在2016年大选时还只是桑德斯竞选团队的一名外围志愿者)以绝对优势击败了从1999年起就担任联邦众议员并且是众议院民主党主要领袖之一、当时已经准备在2018年中期选举后挑战佩洛西的众议长/众议院民主党领袖宝座的乔·克劳利(Joe Crowley),赢下了纽约州国会第14选区的民主党初选,最终在2018年中期选举中毫无悬念地以近八成的得票率击败共和党竞争者拿下了联邦众议员席位②。在AOC刚上任时,不少媒体和民主党

---

① 国内媒体大多也采用了AOC这一称呼,"奥卡西奥-科尔特斯"反倒无人知晓,故而本书亦采用这一称呼。

② 纽约州国会第14选区位于纽约市主城区,是民主党占据绝对优势的深蓝选区,已经有数十年没有共和党候选人胜出过。因此,在这类选区,真正的竞争在民主党初选中,赢下民主党初选就等于获得了众议员席位。

资深人士还预言她只是昙花一现，两年后就会败选。进入国会后，多位共和党和民主党资深议员试图给 AOC 教训，他们的挑衅行为被她逐一反杀。AOC 不仅在 2020 年、2022 年两度轻松赢得众议员连任，甚至在两次国会选举中体现出"造王者"的潜质，她支持的多位激进派政治素人抢走了民主党建制派更多的国会议席，并在 2020 年大选结束后就立即带头提议佩洛西不应再担任众议院议长职务。在 2022 年中期选举前，参议院民主党领袖、纽约州联邦参议员查克·舒默（Chuck Schumer）一度对 AOC 颇为忌惮，生怕 AOC 宣布竞争他的参议员席位。美国主流媒体则在 2020 年时就将 AOC 列为 2024 年民主党总统候选人的热门人选。

其二，许多寻求连任的民主党议员也在竞选纲领上（以及当选后的投票行为上）主动向激进派靠拢。值得一提的是，在激进派推动下，2018 年 8 月民主党全国委员会废除了曾在 2016 年大选中对桑德斯颇为不利的"超级代表"制度（"超级代表"制度当然不是为桑德斯量身定制的，民主党制定该规则的目的是要遏制各种持有激进政治主张的新锐候选人，维护当权派的利益）。

其三，冲击深红州。自 2015 年谋划参选总统起，桑德斯就开始进军过去民主党缺乏根基的南部深红州，寻找支持者，发动民众，组建基层组织，并在 2018 年中期选举中开始冲击国会席位。在 2014 年中期选举中，没有民主党候选人的国会选区尚有 36 个（大多位于深红州），而在 2018 年中期选举中只有3个国会选区没有民主党候选人。虽然立场截然相反,但是桑德斯和特朗普有一个共同点,就是他们都敢将战火烧向对方的大本营(传统蓝州/传统红州)。与他们相比,在里根时代之后的三十多年里,两党建制派早已习惯于划分地盘(蓝州/红州),各自守住基本盘,放弃争取对方传统领地,然后总统宝座的归属往往就取决于俄亥俄、佛罗里达、艾奥瓦等少数几个摇摆州选民的选择。

进而,民主党党内的变化也深刻影响着美国政局。对"新右翼"运动来说,"反非法移民"和"把工作带回美国"是特朗普的两大核心政治主张和执政期间的重要施政举措。其一,由于都主张要打击跨国资本,都反对制造业工作岗位外流,桑德斯和民主党激进派在反全球化、反自由贸易等议题上反倒会成为特朗普的助力,这是拜登执政后仍然不得不在很大程度上延续特朗普政府的贸易政策(例如并未重返 TPP 或 CPTPP,并且依然延续着对多个国家的关税限制)的重要原因。其二,激进派和特朗普在非法移民议题上尖锐对立,他们在 2018 年中期选举后大量进入国会使特朗普的"建墙"等诉求更加举步维艰,并促使 2020 年拜登在竞选纲领中全盘继承了桑德斯的"赦免全部 1 200 万非法移民"主张(不过,拜登在执政后坚持了传统民主党人的底线,并没有兑现这一承诺)。

当然,总的来说,传统民主党人依然掌握着相对于激进派的优势。那么,在 2021 年上台后,拜登政府采取了怎样的执政策略,是如何回应"新右翼"运动的挑战和党内激进派的诉求的?

第九章

"自由派主张＋进步派标签＋工人家庭的孩子"：拜登政府的执政策略

自2021年以来，拜登政府的执政策略可以归纳为"自由派主张＋进步派标签＋工人家庭的孩子"。"自由派主张＋进步派标签"策略能够帮助拜登在民主党党内僵持不下的派系斗争中压制激进派崛起的势头，确保传统民主党人仍然能够掌控民主党大局；自我标榜为"宾夕法尼亚州工人家庭的孩子"、在一定程度上回应"锈带"蓝领工人诉求则是拜登与特朗普和"新右翼"运动竞争的关键所在。

本章先回顾民主党党内斗争在2020年初选中如何孕育出了"自由派主张＋进步派标签"这一策略；再着重分析拜登在赢得2020年大选后如何进一步将"自由派主张＋进步派标签"上升为执政策略，探讨这一策略为什么能够较为有效地压制民主党激进派的政治诉求，确保拜登能够在这四年中对民主党保持有效的控制；最后重点分析打出"宾夕法尼亚州工人家庭的孩子"旗号的拜登如何与特朗普和"新右翼"运动争夺"锈带"蓝领工人这一关键选民群体。

一、2020年民主党初选与"自由派主张＋进步派标签"竞选策略的诞生

2020年民主党初选有着拥挤冗长的候选人名单。基于第八章搭建的分析框架，我们可以将这次选举民主党主要候选人

的政治主张与党内派别分类如下，如表9-1所示。

表9-1 2020年初选民主党候选人、派系及其政治主张

	自由派	进步派	激进派
是否打击资本	否	加税（所得税、财产税）、加强资本市场监管	加税（所得税、财产税、遗产税），反避税，限制利益集团游说
劳工政策	支持工会（制造业蓝领）	提升最低工资标准（服务业等低薪行业）、救济政策	大幅提升最低工资标准（服务业等低薪行业）、反救济
全球化/自由贸易	适当限制，但不反对自由贸易	限制自由贸易	反全球化（同特朗普）
身份政治	温和支持	重要议题	支持但不是重要议题
福利政策	改良"奥巴马医保"	改良"奥巴马医保"	改良"奥巴马医保"，减免大学学费和助学贷款
代表人物	拜登、布隆伯格	沃伦	桑德斯
	哈里斯、布蒂吉格、克罗布彻		

对候选人的政治主张不用再多做分析，这里重点介绍不少民主党候选人开始采用的新的竞选策略——"自由派主张＋进步派标签"。在表格中，卡玛拉·哈里斯（Kamala Harris）、皮特·布蒂吉格（Pete Buttigieg）、埃米·克罗布彻（Amy Klobuchar）等人的位置横跨了民主党自由派和进步派。但是，这并不是指他们的竞选纲领有效融合了两派的政治主张——自

由派和进步派的政治主张在很多方面存在基础性冲突，不可能真正融合，否则几十年来民主党也就不会有自由派和进步派的长期区分了。对他们的恰当描述是"兼具自由派的主张和进步派的标签"。在政治主张上，这些候选人是民主党自由派，他们的竞选纲领大致等同于表9-1第二列中呈现的内容，选民基本盘来自自由派选民，同时他们又各自具有民主党进步派的某种身份政治标签。例如，拜登政府的运输部部长、时任印第安纳州南本德市市长皮特·布蒂吉格是"同性恋"（并且他一直称自己的伴侣为"丈夫"）；明尼苏达州联邦参议员埃米·克罗布彻是女性，并且强调自己关注"气候变化"；拜登政府的副总统、时任加利福尼亚州联邦参议员卡玛拉·哈里斯则拥有最全面的身份标签（女性＋黑人＋拉美裔＋亚裔）①。因此，他们也能或多或少地吸引一些进步派选民。

接下来，我们以布蒂吉格为例详细分析这一竞选策略的

---

① 哈里斯当选参议员前一直从事检察官工作，于2010年出任加州检察长，是加州第一位女性、非洲裔、亚裔检察长。她还有一个中文名字——"贺锦丽"，但是她并没有华裔血统，这只是她早年竞选旧金山检察长时为争取华人社区选票而特意取的名字。哈里斯的父亲是牙买加人（拉美裔）、斯坦福大学经济学教授。虽然来自加勒比海地区，但是老哈里斯应该是没有或极少混血（与拉丁系白人和印第安土著）的纯种黑人。所以，哈里斯自己和美国民众主要将其视为非洲裔而非拉美裔。她已经去世的母亲是印度留学生（也是美国知名乳腺癌专家和女权运动人士），因此她有一半亚裔血统。

实战表现。在 2020 年民主党初选中，布蒂吉格表现抢眼，取得开门红，赢下了艾奥瓦州初选首战。后来，虽然他在奥巴马劝说下很快退出了竞选，为拜登铺路，但是也因此在拜登当选后获得了运输部部长职位的回报，成功跻身民主党高层。而他在艾奥瓦州民主党初选中成为黑马的关键就在于"自由派主张＋进步派标签"的竞选策略。具体来说，在政治主张上，布蒂吉格是民主党自由派。作为民主党冗长候选人队伍中最年轻的一位，布蒂吉格的政治主张却和拜登一样是所有候选人中最温和的、最建制派的。他的选票主要来自自由派选民，"年轻"带给他的加分不多。例如，从当时艾奥瓦州初选的出口民调看，桑德斯在年轻人、非白人和女性选民中得票率均为最高，布蒂吉格则在年纪大的人、白人和男性选民中处于领先。从选举地图看，艾奥瓦州的政治版图分为三大块，州府得梅因（Des Moines）是民主党的天下，以农业为主的西部地区是共和党的地盘，制造业较多的东部地区则是两党势均力敌。当时民主党初选结果显示，桑德斯在得梅因及其周边都市区占据显著优势，布蒂吉格则在东西部地区拿下了数量众多的小选区。同时，布蒂吉格和拜登的选情呈现出了此消彼长的关系。布蒂吉格在艾奥瓦州赢得胜利的一个重要原因是，彼时正是拜登的小儿子亨特腐败问题发酵最严重的阶段，一些民主党自由派选民因此厌恶拜登，但是又无法接受桑德斯（激进派）乃至沃伦（进步派）的政治主张，于是转向了（因为年轻和从政经历短）在政治上"最干净"的自由派布蒂吉格。同样，与拜登在南卡罗来纳州民主党初选中大胜相伴随的则是布蒂吉格的惨败。随后，布蒂吉格的迅速退选和背书则极大提升了拜登的竞选优势。

在个人特质上，布蒂吉格拥有身份政治的关键标签——同性恋。这个标签至少在竞选中发挥了两重作用。第一，吸引了一些 LGBTQ 选民。许多 LGBTQ 选民的投票行为有一个鲜明特征，即首先看候选人的身份标签而非政治主张。第二，有了同性恋身份护体，布蒂吉格能够避免很多来自进步派和激进派的身份政治攻击。与之相比，拜登、布隆伯格这样的民主党人（典型的异性恋欧洲裔老白男）几乎背负着"原罪"，在民主党初选中反复被对手用歧视黑人、反同性恋等话题攻击。此外，布蒂吉格还有一个让一些中间选民甚至共和党选民也会觉得不错的标签——退伍军人。尤其是，布蒂吉格是在 2014 年参军前往阿富汗服役的，当时他正在印第安纳州南本德市市长任上，本可以行使法律赋予民选官员的豁免权利免除或暂缓兵役。然而，布蒂吉格选择放下大好前途毅然参军，这不但与民主党内的反军队、拒服兵役的自由主义倾向截然不同，而且比有过逃脱兵役嫌疑的小布什总统还强一些。

之所以"自由派主张＋进步派标签"策略在民主党政治中逐渐成为主流，关键原因在于，民主党内部路线之争的矛盾已经趋向不可调和，但是民主党建制派的实力依然足够强大（而不像共和党建制派那样已经被"新右翼"运动击垮，所以我们看到的共和党是"重塑"），因此越来越多的布蒂吉格、克罗布彻们会选择以"新瓶装旧酒"方式来参与政治。拜登之后，典型的并且性取向正常的白人男性（非拉美裔）恐怕很难成为民主党的总统候选人。

二、拜登执政后对"自由派主张＋进步派标签"策略的进一步运用

在2020年大选中，拜登同样也运用了"自由派主张＋进步派标签"策略。虽然拜登自身的个人特质不符合这一策略的基本要求，但是他在初选中得到了奥巴马不遗余力的支持（包括但不限于背书、四处奔走拉票以及火速劝退布蒂吉格），也因此得到了大量非洲裔选民和其他少数群体选民的支持。在副总统候选人的选择上，拜登一开始就明确他的搭档必须是女性。当时的热门人选包括前竞选对手哈里斯、沃伦和因新冠疫

情防控声望高涨的密歇根州州长格雷琴·惠特默（Gretchen Whitmer）等人。最终，拜登选择了同为自由派、负面问题不少并且在初选中对自己攻击最狠但是身份政治标签最多的哈里斯（女性＋黑人＋拉美裔＋亚裔），而不是彼时名声最好并且身处"锈带"的惠特默和派系实力最强大的沃伦（代表进步派，并且能得到一部分激进派支持）。

（一）"自由派主张＋进步派标签"策略的主要特征

2021年上台以来，拜登更是将这一策略运用到整个执政方略中，以实现维护大公司、跨国资本等传统支持者利益，拉拢进步派、压制激进派的目的。

具体来看，一方面，拜登政府近年来推进的国家政策基本都是民主党自由派传统主张的体现，其主要目的是维护大公司和跨国资本的利益。桑德斯和民主党激进派的系统改革诉求则受到了全面压制或者刻意忽视。在具体政策上，拜登政府尽量绕开提升最低工资标准、全民医保、制造业与贸易、反避税等当下美国社会关注的重大议题。

另一方面，拜登政府在人事安排和边缘政策上积极打出进步派标签。拜登政府是美国历史上人事安排身份最多元化的政府。在拜登提名或任命的政府高级官员中，女性占比首次超过半数，各类少数族裔、LGBTQ 等少数群体成员所占比例颇高①。副总统哈里斯不仅是美国历史上首位女性副总统，也同时集齐黑人、拉美裔、亚裔等诸多身份标签。但是，这份政府高官名单还有另外一面：拜登内阁所有阁员的政治谱系几乎都属于民主党自由派，民主党进步派和激进派基本没有在内阁职位分配上享受到 2020 年大选的"胜利果实"。例如，进步派领袖、拜登 2020 年党内初选的主要竞争对手、马萨诸塞州联邦参议员伊丽莎白·沃伦曾经属意新政府的财政部长一职，并且民意呼声非常高。但是，沃伦对金融市场的强监管主张明显会损害华尔街金融资本的利益，最终拜登选择了缺乏民意基础、

---

① 在拜登政府内阁中，劳埃德·奥斯汀（Lloyd Austin）是美国第一位黑人国防部长，珍妮特·耶伦是第一位女性财政部长，亚历杭德罗·马约卡斯（Alejandro Mayorkas）是担任国土安全部长的第一位拉美裔和移民，哈维尔·贝塞拉（Xavier Becerra）是第一位拉美裔卫生与公众服务部长，内政部长德布·哈兰德（Deb Haaland）是第一位担任内阁级部长的原住民，皮特·布蒂吉格是第一位担任运输部长的 LGBTQ 群体成员，塞西莉娅·劳斯（Cecilia Rouse）是第一位有色人种女性经济顾问委员会主席，戴琪是第一位有色人种女性贸易代表，埃夫丽尔·海恩斯（Avril Haines）是第一位女性国家情报总监，任职卫生与公众服务部的雷切尔·莱文（Rachel Levine）是参议院批准的第一位公开的跨性别联邦官员。此外，在由拜登直接任命（无须经过参议院批准）的 1 500 名高级官员中，58% 是女性；超过一半不是白人，18% 是非洲裔，15% 是拉美裔，15% 是亚裔或太平洋岛民，3% 是中东或北非后裔，2% 是美国原住民；14% 是 LGBTQ 群体成员，4% 是退役军人，3% 是残疾人，32% 是移民子女。

此前在美联储主席任上就被诟病甚多但与华尔街关系较为融洽的建制派官员珍妮特·耶伦。激进派领袖、拜登党内初选的最大竞争对手、佛蒙特州联邦参议员桑德斯"屈尊"要求一贯被认为"边缘"的劳工部长职位,也被拜登一口回绝。

同时,拜登政府积极推进种族、性别、族群、气候变化等意识形态色彩浓厚但实质影响不大(特别是对大公司和跨国资本的利益影响不大)的进步派主张。例如,拜登上任第一天就签署了"关于防止和打击基于性别认同或性取向的歧视"的行政令,允许跨性别认同者在学校、政府等公共机构"基于心理认知性别而非生理性别选择厕所","性少数群体上厕所"问题从奥巴马时期到特朗普时期再到拜登时期一直是美国政坛和社会舆论的热点议题,但是这一议题显然不会影响大公司和跨国资本的利益。

(二)"自由派主张+进步派标签"策略的作用

无力解决党内分歧是拜登政府选择"自由派主张+进步派标签"策略的主要原因。根据美国政治惯例,大选年的党内初选本是磨合派系分歧、相互妥协、达成共识的主要途径和方式。然而,新冠疫情让桑德斯在2020年民主党初选中被拜登

轻松击败①。戛然而止的民主党初选对大选来说自然是件好

---

① 大体来说，新冠疫情从三个方面毁掉了桑德斯的竞选。首先，最重要的是股市暴跌。从源头上讲，2020年3月的美国股市暴跌并不是因为疫情，而是因为涨得太久了，正好遇到了新冠疫情这根导火索。桑德斯则对资本市场素来不友好，例如对资本市场加税3 000亿美元就明确写在他的竞选纲领中。这些主张有助于缓解美国巨额财政赤字、过度金融化和分配不平等等问题，也是桑德斯赢得大批选民青睐的重要因素。然而，美国股市与广大民众的绑定程度非常高（多数民众的退休金、各类保险大多以基金等形式持有股票），是他们的命根子。在股市大涨时，选民自然支持通过增税等方式让赚得盆满钵满的资本家稍微让出一些利益，但在股市暴跌大背景下，选民首先关心的是自己的养老金，桑德斯的主张就显得非常不合时宜，很容易引发新一轮暴跌。新冠疫情应对再不力，对大多数美国民众来说不至于有生命危险，但失去养老金和保险却会让很多人立即活不下去。所以，选民首先要选的是能保住股市而非应对疫情的总统。其次，新冠疫情让桑德斯的主要经济主张失去了意义。一方面，为了应对疫情，特朗普立即推出面向广大民众的现金补助发放计划。若在平时，这一做法之"左"都超过桑德斯了。然而，新冠疫情让共和党总统干出了过去民主党"极左翼"都干不出来的事。虽然这是短期行为，但是桑德斯很难再用福利议题在初选中争取选民了。另一方面，"最低工资标准提升至15美元/小时"是桑德斯的标志性主张，并且在2016年进入民主党党纲，这意味着该主张在民主党内有深厚的群众基础。然而，新冠疫情一度造成了大量失业。工作都没有了，"提升最低工资标准"还有什么意义？最后，新冠疫情对竞选活动的限制抵消了桑德斯和激进派选民的动员优势。在美国选举中，现场集会动员效果始终是各类媒体无法替代的。依靠身体素质优势，桑德斯在2020年民主党初选中的集会次数远多于拜登，本来效果还是不错的。此外，拜登代表自由派，桑德斯代表激进派，两派选民行为逻辑有一定差异，自由派选民一般只是自己投票，并不热衷于竞选活动；激进派选民不仅自己投票，还善于通过竞选活动影响其他选民。因此，竞选活动越多，对桑德斯就越有利，可惜新冠疫情让他的这一优势也难以发挥。

事，但是，民主党自由派、进步派和激进派也因此在诸多重大问题上均未实现妥协、达成共识或者分出胜负，"反特朗普"是当时支撑整个民主党团结的唯一共识。

虽然迅速收场的党内初选可以减少民主党内耗、有助于集中全党力量帮助拜登赢得大选，但是当"反特朗普"已经随着大选结束、政党更替成为次要矛盾时，拜登在执政过程中就必须重新面对民主党内自由派、进步派、激进派的尖锐冲突和对立了。例如，2020年大选刚一结束的11月中下旬，在特朗普和共和党还在发起"大选舞弊"诉讼的同时，民主党党内就已经迫不及待地围绕着"谁该为国会选举结果远不如预期"负责展开了激烈斗争①。自由派指责激进派的"社会主义"色彩的政策吓跑了中间选民，进步派、激进派指责自由派的"和稀泥"手段、"与特朗普同流合污"让民主党选民失望。在南希·佩洛西刚刚宣布将竞选连任众议院议长之时，激进派明星、纽约州联邦众议员AOC等人就明确表态佩洛西应当为国会选举失利负责，不应该继续谋求连任众议长，并在民主党内开始了串联。在2021年1月20日的总统就职典礼上，桑德斯又在不经意间抢走了拜登的风头，展示出了他和激进派的极高人望。

因此，如何将民主党进步派绑上自己的战车，同时压制激

---

① 选举前，民主党预计能夺回参议院控制权，扩大众议院领先优势。然而，选举结果是，民主党在参议院仅与共和党惊险打平，在众议院的领先优势则从40余席缩小到了9席。

进派诉求就成为拜登执政首先需要处理的难题。拜登政府选择"自由派主张＋进步派标签"策略的目的则在于：其一，确保自由派精英全面掌握国家行政机构，保证白宫的政令畅通，进而保障大公司和跨国资本等自由派传统金主的利益。其二，用身份政治压制民主党内部的对立冲突。基于这一策略，拜登政府可以避开进步派和激进派从政治主张层面对其人事安排和具体政策的质疑，但是从身份政治上给进步派一定的补偿，并且以"用魔法打败魔法"方式回应和压制进步派、激进派的可能质疑（谁质疑我提名或任命的官员人选以及他们上任后推行的相关政策，谁就是对这一人选的种族/性别/性取向/宗教信仰等的歧视）。同时，不少民主党选民特别是年轻选民的投票行为乃至思维方式也确实有一个鲜明特征，即常常看候选人的身份优先于看候选人的政治主张，因此这一做法也有助于安抚进步派和激进派的普通选民。其三，大量启用具有某种身份标签的人士担任政府高官，也划分出了民主党和共和党的清晰边界，有助于进一步巩固民主党的"反特朗普"共识。

简而言之，"自由派主张＋进步派标签"执政策略的基本逻辑就是：在党内，用种族矛盾、身份政治掩盖跨国资本、金融资本等与劳动者的阶级矛盾，维系自由派和进步派的脆弱团结；在党外，以激化国内族群对立、强化与特朗普/共和党冲突方式巩固民主党选民基本盘。换句话说，对拜登政府而言，只有确保美国的分裂，才能维系民主党的表面团结。

三、"宾夕法尼亚州工人家庭的孩子":拜登政府的贸易政策与社会议题

对拜登来说,"自由派主张＋进步派标签"策略可以用来压制民主党激进派崛起的势头,维系民主党的表面团结和一致对外,但是这一策略并不足以回应特朗普和"新右翼"运动的挑战,特别是对在两党之间(而非民主党内部)摇摆不定的"锈带"蓝领工人等选民群体并不具有吸引力。因此,为了赢得与共和党特别是与特朗普的竞争,拜登执政期间还不断强化自己"宾夕法尼亚州工人家庭的孩子"① 的身份标签甚至是"阶级"属性。这一策略具体体现在两个方面:贸易政策上与特朗普政府的有限度合流,抓住时机强化堕胎权等议题对中间选民的动员效果。

(一)贸易政策与特朗普政府的合流和差异

2016年以来,反全球化、反自由贸易在美国社会中形成

---

① 拜登出生于宾夕法尼亚州的斯克兰顿,是一个爱尔兰裔工人家庭的大儿子。

强大声浪,产生巨大影响。这不仅促成了特朗普和"新右翼"的崛起,同时也深刻影响着民主党,让拜登在执政后也不敢直接否定特朗普政府的贸易政策(曾经被民主党狠狠地攻击了四年的政策),而是在很大程度上萧规曹随,甚至在少数领域还有过之而无不及。那么,为什么拜登政府不得不在贸易政策上与特朗普政府合流?当然,拜登和民主党毕竟不是特朗普,他们也有必须维护的利益,两者的"合流"仍然是有限度的。那么,它们的贸易政策的差异又在哪里?哪些因素决定了拜登政府与特朗普政府贸易政策的"同"与"异"?

总体来看,现在全世界反全球化和自由贸易情绪最为强烈的美国其实在全球化和自由贸易中收获颇丰,但是这些收益在美国内部的分配很不均匀。跨国资本、金融资本、科技巨头在全球化浪潮中赚得盆满钵满,蓝领工人、无法跨国的中小企业和在地资本却是深受其害,付出了沉重代价。例如,有美国智库研究认为,美国每年从全球化中获得的收益高达1万亿美元,而损失只有500亿美元,但是这500亿美元代价主要是由传统制造业的蓝领工人承担的,而联邦政府和地方政府层面通过各种法案用于扶持、补贴、帮助他们转岗的资金只有40亿美元。这一数据未必足够精准,不过大的趋势确实如此。

因而,自20世纪80年代起,美国制造业蓝领逐渐积累了对全球化和自由贸易的极大怨气。不过,在很长一段时间里,工人的怨气并没有对美国内政外交产生方向性影响,因为这时候他们在选举中不重要，影响不了总统宝座、议员席位和国会控制权的归属。具体来说，20世纪30年代"罗斯福新政"以来，蓝领工人和工会一直是民主党的忠实支持者，美国东北及五大湖各州等工业基地（今天的"锈带"地区）一直是民主党的铁盘。因而，即使在制造业衰败后，"锈带"蓝领在很长一段时间里仍然保有"投票给民主党候选人"的路径依赖。更重要的是，在"新右翼"崛起和特朗普横空出世前，共和党一直比民主党更支持全球化和自由贸易。在两党政治体制下，"锈带"蓝领没有选择，他们的诉求无从表达、怨气无处宣泄。

然而，"新右翼"运动改变了这一切。在2016年大选中，特朗普树起了反全球化、反自由贸易的大旗，承诺将通过对中国、墨西哥、日本、韩国乃至欧盟、加拿大等一系列国家和地区发动关税制裁和贸易战方式来实现"把（主要是传统制造业）工作带回美国"的目标。由此，蓝领工人有了可以真正表达诉求或者说发泄怨气的选择。在2016年大选中，特朗普正是依靠倒戈的蓝领工人的选票赢了威斯康星、宾夕法尼亚、密歇根等三个关键的"锈带"州（此前共和党总统候选人在连续7届大选累计28年中从没有赢过这三个州），从而拿下总统宝座。同样，在2020年大选中，拜登获胜的关键则又在于以同样微弱的优势赢回了威斯康星、宾夕法尼亚和密歇根等三个"锈带"州。

简而言之，虽然蓝领群体选票总量不多——现在美国制造业工人总数也就只有1 200多万（而且这1 200万人并不是都受到了全球化的负面影响），但是他们在两党竞争激烈、胜负差距极小的"锈带"地区发挥着至关重要的作用，2％、1％甚至更少的选票差距就足以左右整个大选的胜负。所以，"锈带"蓝领成了当前两党争夺的关键选民群体。特朗普早在2018年就提出了共和党的三个特性：代表美国工人，代表美国家庭，代表美国梦。拜登上任以来则反复强调自己是"宾夕法尼亚州工人家庭的孩子"。由此我们看到一幅耐人寻味的场景：在全世界最资本主义的美国，"代表工人阶级"却成了两党共同的"政治正确"。因此，拜登政府整体上延续着特朗普时期的贸易政策，沿用了诸多贸易限制手段，而不是回归奥巴马政府（当时拜登任副总统）力主的TPP或CPTPP。事实上，拜登主动提出的"印太经济框架"目前最大的实施障碍恰恰是美国政府自己。

不过，拜登毕竟不是特朗普。在"政治正确"之下，美国支持全球化的力量依然强大，现在它们主要是通过民主党表达诉求。其一，非洲裔、拉美裔等少数族裔是民主党最重要的选民群体，而主要在低端服务业就业并且较依靠国家补贴生活的少数族裔受制造业工作外流的影响不大。同时，近年来少数族裔占比上升的美国人口结构变化对民主党十分有利。这意味着民主党对蓝领选票的依赖程度要比共和党低。其二，跨国资本、金融资本、科技巨头在2016年和2020年两次大选中均一边倒地支持了民主党（在 2024 年大选中大致仍是如此），对拜登获胜贡献甚大，民主党需要回报它们的支持。

所以，相较特朗普政府的"一意孤行"，作为"宾夕法尼亚州工人家庭的孩子"的拜登的贸易政策呈现出了更多的摇摆不定态势：一方面，延续着特朗普政府贸易战的基调，展现自己"心系工人"，拉拢蓝领选民的选票；另一方面，私下里通过多种方式放松了对一些国家和领域的贸易限制，维护跨国资本的利益。例如，在 2022 年 6 月举行的美国-欧盟峰会上，双方达成了取消报复性关税的协议。此外，拜登政府内部也出现了明显分歧，与金融资本、跨国资本关系密切的财政部长耶伦多次公开要求全面取消对华关税限制，贸易代表戴琪则坚决反对减少限制甚至要求加码贸易战。

需要注意的是，2023 年年底美国汽车工人联合会的一项重大胜利也将对拜登政府拉拢蓝领特别是"锈带"蓝领选票产生不可低估的积极影响。2023 年，美国汽车工人联合会与通用、福特、斯泰兰蒂斯（Stellantis）等美国三大汽车巨头开始了新一轮的劳资谈判。由于在上一轮协议截止的 2023 年 9 月 14 日前未能达成新的协议，美国汽车工人联合会宣布于 2023 年 9 月 15 日开始发动史上首次同时针对美国三大车企的总罢工。10 月 30 日，在持续六个星期后，罢工以三大汽车公司让步、基本满足了美国汽车工人联合会的要求（员工薪资上调 25%，并提供诸多种类的生活成本津贴等福利待遇）而告终。

12月19日，在美国汽车工人联合会这一胜利带来的巨大压力下，暂时还不存在工会组织的特斯拉公司也不得不主动给员工涨薪。

对拜登和民主党来说，美国汽车工人联合会的胜利有着两重积极意义。其一，劳工政治一直是民主党的优势议题，工会是民主党的传统盟友，是民主党动员蓝领选民的重要途径。近年来制造业外流对工会和工会运动造成了沉重打击。汽车业本是美国工会最大的阵地，但是特斯拉以及丰田、本田等外资企业在美国南方地区开设的工厂却大多成功地阻止了工会组建，"锈带"地区也有不少工人拒绝加入工会乃至离开工会。这也就会削弱民主党和蓝领的联系，让劳工政治一度显得在当今美国政坛失去了意义。这次胜利让美国汽车工人联合会大振声势，有望进一步扩大在没有工会的地区的组织体系和政治影响，推动劳工政治的回归，而这自然也就会成为民主党的助力。其二，在美国汽车工人联合会与三大汽车公司的谈判以及罢工过程中，拜登不仅积极参与调解，还多次主动展现了亲工会、亲工人的立场。虽然胜利本身并不得益于拜登的支持，但这始终是拜登在2024年大选中面对特朗普时可以打出的一张好牌。并且，三大汽车公司恰好就处在最近几次大选最关键的密歇根州。

（二）传统社会议题的回归：联邦最高法院"堕胎权判决"

在拜登执政期间，社会领域发生的头等大事就是 2022 年 6 月 24 日美国联邦最高法院推翻了 1973 年"罗伊诉韦德案"判决。这一判决石破天惊，立即引发轩然大波。从法学、社会学、女权主义等角度，已经有连篇累牍的文献对上述事件做了详细分析。基于本书主题，我们只从政党政治角度关注"堕胎权"这一社会议题对拜登、特朗普以及两党选情的影响。

堕胎权问题在美国社会长期存在，但是在 1973 年"罗伊诉韦德案"前主要是地方性议题，民主党、共和党各有相当比例的政客和选民群体支持或者反对妇女拥有自主堕胎权，例如保守主义运动精神领袖、1964 年共和党总统候选人巴里·莫里斯·戈德华特（Barry Morris Goldwater）① 就一直对妇女拥有自主堕胎权持支持立场。1973 年，联邦最高法院通过"罗伊诉韦德案"判决将堕胎权设定为由隐私权引申而来的宪法权利，这就使得各州均不能自主立法禁止堕胎（否则就违反了联邦宪法）。也正是由于此案，堕胎权议题自此进入全国政治舞台，并形成共和党反对、民主党支持的党派界线，成为政

---

① 虽然戈德华特在这次选举中表现不佳，但是他被公认为塑造了此后数十年共和党和美国保守主义运动的走向。

党认同塑造和选举动员的一大利器。

2022年联邦最高法院推翻1973年"罗伊诉韦德案"判决的判决本身并不是"禁止堕胎",而是裁定堕胎权并非联邦宪法赋予美国公民的权利,而应当是州级事务,因而应当由各州通过州级立法独立决定妇女是否拥有自主堕胎权。此前,十余个共和党控制的州已经制定了严苛的反堕胎法(但是因为"罗伊诉韦德案"判决裁定的违宪,并未生效)。2022年联邦最高法院判决后,这些州的反堕胎法立刻生效,并且更多更严格的堕胎限制性立法正在上路,自由派(民主党)的强烈反击同样已经开始。

简而言之,堕胎权是美国政治中高度对立的党派议题,无论是对注重宗教信仰的共和党选民还是对意识形态激进的民主党选民,都有着极强的选举动员效果。2022年判决使得堕胎权议题重回美国政治中心舞台,对两党都产生了重大影响。对共和党来说,特朗普的领袖地位因此更加稳固。具体来说,虽然特朗普本人在堕胎问题上一度态度暧昧,并且他的个人特质也不符合保守派的完美人设,但是决定此次判决的三位大法官都是他任命的,特别是他在卡瓦诺和巴雷特的任命上顶住了民主党甚至共和党党内的巨大压力。换句话说,是特朗普实现了保守派数十年的夙愿,在保守派看来他在堕胎权判决上居功至伟,也就会收获最坚定的认同。

不过,从选举角度来看,保守派推动的2022年"堕胎权判决"却是对拜登和民主党帮助更多。其一，转移了焦点议题，缓和了民主党党内分歧特别是关于贸易政策的争议。在"堕胎权判决"前，美国正处于数十年未见的高速通货膨胀中，民众普遍不满。为了控制高速通胀和在 2022 年中期选举中取得更佳战绩，拜登政府一度有意全面取消贸易限制特别是对中国的贸易限制，但是拜登团队内部和民主党党内对此事存在巨大争议，最有代表性的是财政部长耶伦和贸易代表戴琪多次发生公开争论。然而，当年 6 月石破天惊的"堕胎权判决"直接降低了贸易问题、通胀问题乃至经济问题的重要性，让耶伦和戴琪及其背后势力的尖锐矛盾消失于无形，是民主党在 2022 年中期选举中取得优于预期的选举结果的重要原因。其二，正如前文所述，拜登政府始终处于延续特朗普贸易政策以拉拢蓝领选票和放松贸易限制以维护资本利益的两难困境之中。相比可能导致党内分裂的贸易议题，推翻"罗伊诉韦德案"判决反倒能够让民主党各选民群体同仇敌忾，甚至还能激起一些中间派选民特别是女性选民的反感。尤其是在工人聚集的"锈带"地区，堕胎权绝不是一个对共和党有利的议题。这不仅会对拜登的 2024 年大选有帮助，也会是民主党在以后几次大选和中期选举中的有利因素。

后　记

　　当前，我国处于近代以来最好的发展时期，世界处于百年未有之大变局，两者同步交织、相互激荡。

　　——习近平在中央外事工作会议上的讲话，2018年6月

　　尽管我们所处的时代同马克思所处的时代相比发生了巨大而深刻的变化，但从世界社会主义500年的大视野来看，我们依然处在马克思主义所指明的历史时代。

　　——习近平在中共中央政治局第四十三次集体学习时的讲话，2017年9月

一

　　阶级理论和阶级分析是马克思主义政治学的基础。很多年前，当我还是一名中学生时，偶然翻到家中书柜里的《毛泽东选集》第一卷，读到了《中国社会各阶级的分析》开篇第一句

话——"谁是我们的敌人？谁是我们的朋友？这个问题是革命的首要问题"，顿觉振聋发聩、一针见血。某种程度上，毛主席的这句话引发了我对政治学的最初兴趣，影响了我的高考志愿填报和学术道路选择。当然，对毛主席和新中国而言，这一论断首先并不是一个学术成果，而是中国革命走向成功的实践指南，是马克思主义阶级理论和中国实践紧密结合的产物。

不过，在太平洋的另一边，一百多年来，美国始终被认为是马克思主义的例外之地。对政治学及相关专业的学人来说，大多都会读过或者至少反复听说过维尔纳·桑巴特在一百多年前写就的著作《为什么美国没有社会主义》。这本书被视作"美国例外论"的扛鼎之作，从美国的地理和资源条件、美国的国民组成及特性、美国人对钱财的喜好以及国民的生活方式等方面而非阶级视角分析了美国工人的诉求和行为，探讨了为什么美国没有出现同期欧洲乃至全世界都十分普遍的工人运动和无产阶级革命。

同样，在第二次世界大战后，即使是马克思主义阶级理论的发源地欧洲，也被认为不再适用阶级理论。当时西方世界普遍乐观地认为，资本主义已经探索出了一条调和之道，欧美各国形成了橄榄型的社会结构。在这样的社会结构中，没有鲜明的阶级分野和政治对立，"马克思主义特别是阶级理论已经过时"的论断一度盛行。在美国，总统选举长期处于"选谁都差不多"的状态，其核心内容更像是传媒议题（哪个候选人的形象更受欢迎、竞选传播方式更好）而非政治议题（应当选择怎样的道路、代表谁的利益）。21世纪初，更是安东尼·吉登斯的"第三条道路"（即资本主义和社会主义之外的道路，主要内涵是改良后的资本主义）理论在全世界盛行之时，中国的学界、媒体也都兴起了一股吉登斯热。当时我也很热衷于阅读吉登斯，用他的理论和框架撰写作业与尝试发表的论文。然而，"第三条道路"的好景不长。虽然其最忠实的践行者英国工党一度借此翻身，击败了曾经在撒切尔夫人领导下咄咄逼人的保守党，开启了"双子星"布莱尔和布朗两位首相长达13年（1997年至2010年）的连续执政，但是"第三条道路"在布莱尔执政后期就已经显露颓势，并终于随着接替布莱尔的布朗因国内矛盾被迫去职而彻底暗淡。

对"美国例外论"和"第三条道路"更彻底的打击则是2016年"新右翼"运动的横空出世。不只是已经七十岁高龄的特朗普在这一年正式从政并一鸣惊人地赢得了美国大选，欧洲各国的"新右翼"势力也同样声势大增，无论是在众多选举中还是在日常政治社会活动中都成为不可忽视的力量。在中国持续稳定发展、治理始终保持连贯性的同时，世界确实正在发生巨变。而对于"新右翼"崛起这一根本性变革，过去几十年主流的西方政治学理论已经很难解释（当时西方学界对特朗普以及"新右翼"的选情和政治活动就出现了一系列重大误判），例如为什么特朗普的许多重大政策诉求比过去最左翼的民主党还"左",为什么很多过去看似水火不相容的"左""右"主张居然能同时成为特朗普、桑德斯等人的核心纲领。相反,当我们找回马克思主义阶级理论时,却能迎刃而解地理解这一重大变革、这些看似新鲜的事物,理解"新右翼"运动的政治目标和行动诉求,理解特朗普横空出世和"新右翼"崛起背后的美国社会变革。正如习近平总书记所说:"尽管我们所处的时代同马克思所处的时代相比发生了巨大而深刻的变化,但从世界社会主义 500 年的大视野来看,我们依然处在马克思主义所指明的历史时代。"这不仅是对中国的判断,也是放眼世界的宏大视野。

二

求学期间,我一直读的是政治学专业(本科是政治学与行政学,硕博是政治学理论),工作后一直从事党建专业的研究工作。刚入职时,单位提倡教师既要深入研究中国共产党,也要懂一两个其他国家的主要政党。恰好当时单位里还没人研究美国政党,有些确实有专长的同志在实实在在地研究当时还算很生僻的印度人民党及其背后的国民志愿服务团(2014 年莫迪胜选后,印度人民党才逐渐成为焦点),还有一些老前辈早就是苏联东欧政党研究的学界权威。我其实有些诧异,因为美国的材料是最多、最丰富的，搞起来比较容易上手，并且单位的要求并不是让我们一定要在世界政党研究领域发表高水平的文章，而主要是希望我们在教学工作中能确保涵盖中外的知识储备。所以，我赶忙宣称自己以前对美国政党体制和选举体制就有深入研究、很熟悉（实际上只能算是有些积累），确定了一个相对容易的任务。

如果没有后来的"新右翼"运动兴起，我大概会做一些应付差事式的阅读和研究，不会深入挖掘。原因在于，一方面，关于美国的材料是最多、最丰富的，已有大量翻译成中文的文献，即使有些原著原文没有翻译，英文也是在中国普及度最高的外语语种，进入的难度比较低，积累比较丰富的知识并不难；另一方面，因为进入难度低，美国又确实很重要，所以说这个领域是很"卷"的，后来者想要出头十分不易，而且对我来说并无必要，当时我已经找到了更感兴趣的研究领域（党的领导体制、党的领导与国有企业公司治理等），这些现在也是我更主要、更有优势并给我带来更大学术声誉的领域。然而，2016年兴起的"新右翼"运动，既改变了西方世界，也改变了美国研究的范式和重心，让单位的一次无心插柳之举推动了我多年的追踪和研究。

需要强调的是，在中国，时常会把研究美国和研究中美关系混为一谈。其实这是两个问题，在学科归类上前者属于政治学范畴，后者属于国际关系范畴。我所从事的党建学科在

2022年以前一直是政治学下的学科方向，2022年9月"中共党史党建学"被列为一级学科。在关注美国时，我始终研究的还是一系列政治学问题、政党问题，特别是政党政治、选举政治的问题。通俗地说，不管研究的是中国还是美国，我始终是个"搞党建的"，并不具有学贯多个学科的能力。

当然，研究中国的政党问题，和研究美国以及其他一些国家的政党问题，在研究范式、研究对象和研究思路上都是有很多区别的。在研究美国政党时，通常是以选举活动为核心对象，关注政党选民联盟、意识形态、政治博弈等关键议题。在研究中国政党时，通常是以国家治理为核心对象，关注党的组织体系、党的领导体制、基层治理机制、群众路线等关键议题。

不过，仍然有一些东西具有相通性（当然并不是相同的）。奥巴马在2016年年底接受采访反思民主党的败选时说道："希拉里过于精英化，脱离群众。"他指出："今后民主党要重建基层组织，回到人民之中。"当看到这些话语时，我顿时感到一阵熟悉的恍惚。事实上，这些年美国政党的运作机制确实发生了一些重大变化。例如，重建基层组织体系。在电视传媒时代，西方政党理论曾经一度认为基层组织体系不重要（西方政党自诞生起就不太重视基层组织）。但是，无论是桑德斯早在2016年就开始的基层重建行动，还是小唐纳德·特朗普等人在特朗普2020年大选落败后的行动，都系统改变了民主党和共和党的内在生态与力量对比。再例如，密切接触选民。特朗普的"推特治国"乃至"新右翼"运动崛起本身一度被视为互联网革命的产物。然而，2021年特朗普卸任前，就被他当时使用最频繁的推特以及多个社交媒体封杀，但是这丝毫不影响他始终是共和党无法撼动的领袖。现在的事实已经清楚证明，是他一度复苏了推特，而不是推特或者其他社交媒体成就了他。在推特被马斯克收购后，特朗普更是在马斯克多次邀请下也没有回归推特。而他在卸任后一直做的事是，多年如一日、持续不断地参加遍布全美国的公开集会，几乎是全家出动来保持与选民的高频接触。

曾经，我们常常怀疑，我们的很多做法是不是不对的或者说并非最优的，因为我们的这些做法与西方不一样。但现在来看，世界总是有一些共性的，我们一直坚持的才是最正确的。

三

最后，本书的形成首先要感谢单位对我们提出的高标准和严要求以及充分的鼓励和支持，特别是在本研究上给我提供了十分充足的研究经费和其他一系列支持。同时，也得益于诸多学友和学界前辈的指点以及师友们之间的交流，私下诚挚感谢，在此不一一列名。本书中的一些内容最初曾以网络文章形式发表在观察者网、光明网、澎湃新闻等媒体，阅读评论区对我有很大的帮助。互联网时代虽然不可能改变政治运作的底层逻辑，但确实有助于提升学术研究的水平。现在学术话语权不像过去那样往往由少数专业学者掌握，大家都有着便捷途径可以了解世界，一些网友对我观点的批评、介绍的不同事实常常让我觉得既汗颜又获益匪浅。还要特别感谢中国人民大学出版社和本书的审稿编辑、策划编辑，正是策划编辑王海龙老师坚持不懈的关心、鼓励和催促才确保了本书的完成。好编辑是治疗"拖延症"最好的良方。

强舸

2024 年 5 月底